LE LIVRE GUINNESS DES
TIMBRES

James Mackay

Version française établie par

Marcel Hunzinger

Président du groupement philatélique
Alsace-Belfort

Edition°1

Titre original
"The Guinness Book of Stamps"
Traduit de l'anglais par
Solange Metzger

Sommaire

Préface

Les livres sur les timbres se partagent en deux catégories. Il y a les catalogues qui répertorient et cotent les timbres en ordre chronologique d'émission, et il y a les livres qui vont du manuel du débutant au traité érudit consacré à tous les aspects d'une seule émission.

Cet ouvrage est totalement différent dans la mesure où il s'attache aux faits et aux records philatéliques : les « premiers », les plus petits, les plus rares, les bizarreries et les extravagances en matière de timbres et de services postaux dans le monde entier. Nombre d'idées toutes faites ont été examinées, explorées et abandonnées. Quel est le pays qui émit *véritablement* le premier commémoratif ? Qui fut le premier collectionneur de timbres ? Qui est finalement l'inventeur du timbre-poste adhésif ? Quel est le plus petit bureau de poste du monde ?

Aurons-nous réussi à apaiser les controverses ? C'est le lecteur qui en jugera.

Les perspectives de cet ouvrage sont plus vastes que ne le laisse supposer le titre, car il englobe le développement des services postaux depuis la plus haute Antiquité. L'histoire postale — marques postales, modes de transport du courrier et administration postale — n'en a pas été négligée pour autant.

Les timbres-poste sont parmi les plus familiers des objets quotidiens. Chacun les manipule et les colle en leur accordant, je l'espère, plus qu'un simple regard. Nombre d'entre nous les collectionnent et certains les étudient en détail.

Ce livre s'adresse à tout le monde, du philatéliste le plus averti, qui découvrira de nombreux aspects du sujet débordant largement sa spécialité, au profane qui n'a pas encore pris le temps de s'apercevoir que ces petits bouts de papier de couleur constituent une forme d'art, ni de mesurer la prodigieuse organisation nécessaire pour faire parvenir un pli de sa boîte aux lettres aux extrémités de la terre.

Ce livre jette une lumière nouvelle sur les timbres et les services postaux. Un tel travail de pionnier comportera nécessairement des erreurs et des omissions. Dans un ouvrage de ce genre où abondent les superlatifs, tous les faits retenus sont sujets à débat, tout record est en passe d'être battu. La nature même de ces faits représente un défi pour le lecteur qui peut les contester et en trouver d'autres.

Après de nombreuses années consacrées à la recherche philatélique, je suis parvenu à la conclusion que le dernier mot n'est jamais écrit sur ce sujet complexe et fascinant. En particulier, lorsque je fournis des listes (les timbres les plus rares du monde, les timbres multilingues, les thèmes les plus populaires, les pays les plus prolifiques, les dessinateurs les plus productifs), les lecteurs s'emploieront, je l'espère, à faire leurs propres suggestions.

Marcel Hunzinger
Président du groupement
Philatélique Alsace-Belfort

1
Les services postaux

Les plus anciens services postaux du monde furent créés en Chine vers l'an 4000 av. J.-C., ainsi qu'en Égypte et en Assyrie dès 3000 av. J.-C. Comme en Chine, le service égyptien était surtout utilisé par les dignitaires de la cour, tandis qu'en Assyrie, il était apparemment ouvert aux marchands et aux fonctionnaires. On peut penser qu'il existait un service régulier entre l'Égypte et la Syrie (dont les princes étaient vassaux des pharaons), et entre les maîtres de l'Assyrie et ceux de Babylone. Il nous est parvenu une lettre de condoléances du roi de Mitanni (en Syrie) à Aménophis IV, roi d'Égypte, à l'occasion de la mort du père de ce dernier.

Les plus anciennes lettres connues sont des tablettes en argile couvertes de caractères cunéiformes, cuites et durcies, puis insérées dans des « enveloppes » en argile.
Elles émanaient de personnages de la cour, de marchands et de personnes privées originaires de Cappadoce (Asie Mineure) et datent de 3000 à 1500 av. J.-C. C'est l'archéologue tchèque Bedrich Hrozny qui en a découvert la plus grande quantité en 1925 à Kültepe (près de Kayseri au sud-est d'Ankara) en Turquie, avec des spécimens antérieurs à l'an 2000 av. J.-C.

Les plus anciennes références à des services postaux se trouvent dans l'Ancien Testament. Néhémie (II, 7-9) écrit : « Puis je dis au roi : "Si le roi le trouve bon, qu'on me donne des lettres pour les gouverneurs de l'autre côté du fleuve, afin qu'ils me laissent passer et entrer en Juda, et une lettre pour Asaph, garde forestier du roi..." Je me rendis auprès des gouverneurs de l'autre côté du fleuve et je leur remis les lettres du roi. » Cela se passait « au mois de Nisan, la vingtième année du roi Artaxerxès » (vers 446 av. J.-C.).

Caractères cunéiformes sur une tablette d'argile sumérienne

Esther (III, 12-15) écrit de son côté : « Les secrétaires du roi furent appelés le treizième jour du premier mois et l'on écrivit, suivant tout ce qui fut ordonné par Aman, aux satrapes du roi, aux gouverneurs de chaque province et aux chefs de chaque peuple, à chaque province selon son écriture et à chaque peuple selon sa langue. Ce fut au nom du roi Assuérus que l'on écrivit et on scella avec l'anneau du roi.
« Les lettres furent envoyées par les courriers dans toutes les provinces du roi, pour qu'on détruisît, qu'on tuât et qu'on fît périr tous les Juifs, jeunes et vieux, petits enfants et femmes... Les courriers partirent en toute hâte, d'après l'ordre du roi. L'édit fut aussi publié dans Suse, la capitale. »
Plus loin (VIII, 10-14), on lit : « On écrivit au nom du roi Assuérus et l'on scella avec l'anneau du roi. On envoya les lettres par des courriers ayant pour montures des chevaux, des mules, des chameaux et de jeunes dromadaires. »

Le plus ancien système de relais de poste du monde fut organisé par Cyrus le Grand, roi de Perse en 539 av. J.-C. L'historien grec Hérodote (v. 484-v. 420 av. J.-C.) nous donne une description vivante de ce système dans ses *Histoires* : « Rien n'est plus rapide que le système de transmission des messages inventé et utilisé par les Perses. Le long de chaque route, à intervalles réguliers représentant le trajet d'une journée, se trouvaient des hommes et des chevaux hébergés dans des relais prévus à cet effet, prêts à continuer le voyage. Ni la neige, ni la pluie, ni le froid, ni l'obscurité n'empêchaient ces messagers de remplir leur mission avec la plus grande célérité. Le premier passait les messages au deuxième, qui les remettait à un troisième et ainsi de suite jusqu'à leur destination finale... Ces relais portaient le nom d'*angareion* en perse. »

L'historien Xénophon (v. 430-v. 355 av. J.-C.) confirme l'existence de cette organisation dans sa *Cyropédie* (VIII, 6) : « Il (Cyrus) nomma dans chaque relais un fonctionnaire chargé de transmettre les dépêches d'un messager à l'autre, d'héberger et nourrir les hommes et les chevaux fatigués et de contrôler les finances... On aurait dit qu'ils allaient plus vite que les oiseaux eux-mêmes. »

Le plus vaste réseau postal de l'époque classique fut celui mis sur pied en Chine à l'usage de la cour impériale et de ses fonctionnaires. Lorsque Marco Polo se rendit dans ce pays au XIIIe siècle, il s'étendait de Pékin jusqu'aux confins de l'empire et comptait plus de 25000 relais. Mais il resta interdit au grand public sous peine d'amende jusqu'en 1879.

La plus longue route de poste de l'époque classique conduisait de Sardes à Suse via Ancyre, Melitene, Arteba et Calonne, par les oasis du désert iranien. Elle faisait 542 kilomètres, comptait 111 relais de poste et il fallait cinq jours pour la parcourir à cheval et quatre-vingt-six jours à pied.

La plus ancienne représentation d'un véhicule postal est un bas-relief qui date de 250 av. J.-C. environ. Il appartenait à la tour funéraire d'Igel et se trouve à Trêves en Allemagne de l'Ouest. Il représente un véhicule à deux roues du Cursus Publicus (service postal romain), pouvant transporter jusqu'à 200 kilos de courrier. Il en existe un moulage en France au Musée des P.T.T. de Riquewihr.

Le plus ancien guide postal se présente sous la forme de gobelets découverts en 1852 à Vicarello (Ier siècle ap. J.-C.) et connus sous le nom de « Vases apollinaires ». Ce sont quatre gobelets d'une dizaine de centimètres de hauteur sur lesquels sont gravés les noms des relais de poste entre Cadix et Rome et la distance des uns par rapport aux autres.

La plus ancienne carte géographique indiquant les routes de poste, connue sous le nom de « Table de Peutinger », date de la fin du IVe siècle ap. J.-C. et se trouve à la bibliothèque nationale de Vienne. Compilée par un moine de Colmar, elle indique les routes de poste romaine depuis la vallée de l'Indus jusqu'en Grande-Bretagne avec leurs *mansiones* (gîtes d'étape) et leurs *mutationes* (relais fournisseurs de chevaux frais).

Le *Cursus Publicus* sur un timbre italien de 1976

Le premier règlement postal date du IVe siècle ap. J.-C. et concerne le fonctionnement du Cursus Publicus, organisation postale de l'Empire romain. Le Cursus Publicus était sous le contrôle du préfet de la garde prétorienne. Les *curiosi* (inspecteurs des postes) s'assuraient du bon fonctionnement du système et de l'application du règlement.
La bonne marche quotidienne du service relevait du *praefectus vehiculorum* (chef des transports) de chaque province. Chaque relais avait à sa tête un *stationarius* (maître de poste) qui s'occupait des postillons, des palefreniers, des maréchaux-ferrants et de l'ensemble du personnel, et qui enregistrait les arrivées et les départs.
Les *tabellarii* (messagers) transportaient le courrier en choisissant les itinéraires et les heures de travail qui leur convenaient. L'État veillait à l'entretien des routes et des véhicules postaux et payait le personnel, mais chaque région avait à sa charge l'entretien de ses relais de poste. Le système romain tomba en décadence au Ve siècle, hormis dans l'empire wisigoth d'Espagne où il fonctionna jusqu'au VIe siècle et dans les États de Charlemagne jusqu'au VIIIe siècle.

Les premiers supports utilisés pour écrire sont les tablettes d'argile cuite (dont nous avons déjà parlé), en usage d'environ 3000 av. J.-C. jusque vers l'an 1000 av. J.-C. Le papyrus, espèce de papier translucide fabriqué avec des fibres extraites de la tige du roseau du même nom, fut utilisé par les Égyptiens à partir de 1200 av. J.-C. environ. Il fut ensuite adopté par les Grecs et les Romains qui continuèrent à s'en servir jusqu'au VIe siècle ap. J.-C. A l'ère préchrétienne, les Romains utilisaient des tablettes en cire appelées *codicilli* et, à l'époque impériale, ils écrivaient souvent leurs lettres sur des planchettes en bois extrêmement fines. A la même époque, les Grecs utilisaient aussi des peaux d'animaux. Du VIe au XVe siècle, l'Europe adopta le parchemin constitué de peaux de veau, de chèvre ou de mouton spécialement tannées et qui aurait été inventé à Pergame en Asie Mineure. Aux XIe et XIIe siècles, les Russes utilisaient l'écorce de bouleau, tout comme les Canadiens à une époque plus récente.

Le papier fut utilisé pour la première fois comme support à l'écriture au IIe siècle av. J.-C. par les Chinois. Son usage se répandit à travers le continent jusqu'en Asie occidentale, où il parvint au milieu du VIIIe siècle ap. J.-C. On sait que vers 751 ap. J.-C., les Arabes manufacturaient du papier à base de fibres de lin et plus tard de coton. D'Asie Mineure, il parvint en Grèce et dans l'Empire byzantin à la fin du XIe siècle. L'impératrice Irène aurait déjà utilisé du papier à l'époque, mais le premier manuscrit grec d'importance rédigé sur papier date du milieu du XIIIe siècle. Ce sont les Maures d'Espagne qui ont été les premiers à en fabriquer en Europe au XIIe siècle, et il est parvenu en Italie par la Sicile durant l'occupation arabe. Le plus ancien document européen sur papier est un acte du roi Roger de Sicile daté de 1102. La plus ancienne lettre écrite sur papier est datée de 1216 et se trouve au Public Record Office à Londres. Elle était adressée par Raymond, duc de Narbonne, au roi Henri III d'Angleterre. Dès le début du XIVe siècle, le papier se généralisa et supplanta rapidement le parchemin.
Le papier buvard est connu depuis 1465 : c'était un papier gris, grossier, sans format défini, mais le sable continua à être utilisé jusqu'au XVIIIe siècle pour sécher l'encre. Le papier d'emballage brun existe depuis 1570.

Les premières enveloppes sont les coquilles en argile qui enfermaient les tablettes également en argile des Assyriens et des Égyptiens en 3000 av. J.-C. Les lettres écrites sur des peaux d'animaux ou du parchemin étaient invariablement roulées et maintenues par de fines lanières de cuir (provenant le plus souvent de la même pièce) et scellées à la cire. Avec l'apparition du papier, on se mit à plier les lettres de manière à pouvoir indiquer le nom et l'adresse du destinataire au verso et on les maintenait fermées à l'aide de cire à cacheter. Cette pratique se perpétua en Europe jusque vers 1860 et même plus tard dans d'autres parties du monde.

Les premières enveloppes en papier étaient faites à la main : c'étaient des feuilles de papier coupées et pliées par-dessus la lettre et dont les quatre coins rabattus étaient fermés au dos à l'aide de cire à cacheter. En France, les enveloppes fabriquées à la machine remontent à 1790, mais elles n'étaient guère appréciées dans la mesure où elles doublaient le montant des frais de port. Ce n'est qu'à partir de 1840, où fut supprimé l'affranchissement proportionnel au nombre de feuilles, que l'emploi des enveloppes se généralisa. Les enveloppes envoyées par la poste avant 1840 sont rares et très recherchées par les collectionneurs.

Les premiers services postaux internationaux furent organisés par les corporations pour leurs membres. Parmi les premiers se trouve la Metzger Post mise sur pied par la corporation des bouchers en Allemagne au XVIe siècle. L'une des conditions attachées au privilège d'ouvrir une boucherie était de posséder un cheval et de transporter le courrier. Ce serait la corporation des bouchers qui aurait utilisé pour la première fois le cor annonçant l'arrivée du courrier — le cor de postillon qui figure sur nombre d'emblèmes des services postaux d'aujourd'hui. La Metzger Post continua à fonctionner jusqu'à la fin du XVIIe siècle où elle fut intégrée aux services officiels du Saint Empire romain germanique.

Dès 1301, la corporation des marchands florentins, connue sous le nom d'*Arte dei Mercanti di Calimala* (Société des drapiers), avait organisé un service postal opérant entre Florence et les principales foires commerciales de France. Les membres de la corporation payaient à leur messager un droit appelé *scarcelliere* (de *scarcella*, sac contenant les lettres).

En France, la Poste aux moines opérant entre les monastères, les abbayes et les couvents des grands ordres religieux, et leur quartier général en Italie et en France, fut organisée dès le début du XIIe siècle. Le messager monastique s'appelait *rotularius* ou *rotuliger* d'après les rouleaux de parchemin *(rotula)* contenant les messages. Ces rouleaux contenaient lettres et réponses cousues les unes à la suite des autres au fur et à mesure qu'ils circulaient de monastère en monastère et devenaient parfois extrêmement volumineux. Le rouleau annonçant la mort de l'abbesse Mathilde (fille de Guillaume le Conquérant) en 1113 mesurait plus de 20 mètres de long après être passé par 205 maisons religieuses. Ce type de rouleau monastique resta en usage jusqu'au milieu du XVIe siècle.

Les messagers de l'Université assurèrent la liaison entre les universités médiévales à partir du début du XIIIe siècle. Les étudiants étaient regroupés par « nations » dont chacune avait ses messagers chargés de faire le lien avec les pays concernés. La « nation anglaise » à la Sorbonne envoyait ainsi des messagers à Londres, Oxford, Dublin, Glasgow, Édimbourg, Aberdeen, Bergen, Uppsala, Cracovie, en Hongrie, en Bohème, en Moravie, en Poméranie, en Silésie et dans les principautés germaniques. Les messagers de l'Université se différenciaient des autres porteurs de l'époque par le fait qu'ils prenaient en charge la correspondance privée. Les bénéfices tirés de ces services aidaient à payer le personnel enseignant. Ces postes universitaires survécurent en Europe centrale jusqu'au XVIIIe siècle.

La plus ancienne poste municipale du monde fut organisée par la ligue hanséatique à Brême vers le milieu du XIIe siècle. Brême se trouvait en effet au cœur de la ligue, au point de départ de routes conduisant vers Lübeck via Hambourg, et vers Dantzig via Rostock et Stettin. Strasbourg revendique parfois ce titre, mais la première référence à son service de messagers *(Laufferboten)* ne date que de 1322.

Le service international ayant fonctionné le plus longtemps depuis le Moyen Age jusqu'aux temps modernes est le service organisé par les comtes de Tour et Taxis. Cette famille, l'une des plus anciennes et des plus nobles d'Europe, remonte à un ancêtre qui mérita le surnom de « della Torre » (de la Tour) pour sa conduite héroïque au siège de Milan à la fin du IVe siècle. Ce nom devint *de Tour* en français et *von Thurn* en allemand. Le nom de Taxis dérive, lui, d'un autre ancêtre, Tacius, dont la mémoire s'est perpétuée dans le Monte degli Tassi près de Bergame.

Le comte Roger Ier de Tour et Taxis créa un système de relais de poste entre l'Italie du Nord et le Tyrol, ce qui lui valut d'être fait chevalier par l'empereur Frédéric III en 1450. Francis Ier fut nommé « capitaine et maître de nos postes » par Philippe Ier, archiduc d'Autriche en 1501. Quatre ans plus tard, Philippe, devenu roi d'Espagne, signa à Bruxelles un traité postal établissant un service du courrier entre l'Espagne, les Pays-Bas, la France et l'Allemagne. En 1506 fut inaugurée une route reliant Malines en Belgique à Innsbruck en Autriche.

Par la suite, des membres de la famille virent leurs pouvoirs s'accroître au fur et à mesure que s'étendait leur réseau postal. Léonard Ier fut nommé premier maître des postes de l'Empire germanique par Charles V. Lorsque Lamoral Ier reçut la charge de grand maître des postes en 1574, le service fut ouvert au public alors qu'il était réservé jusque-là à la correspondance officielle. Le réseau postal de Tour et

Taxis continua à s'étendre durant le XVIIe et le XVIIIe siècle, en dépit d'événements comme la guerre de Trente Ans (1618-1648). Au sommet de sa puissance, la famille Tour et Taxis se retrouva à la tête d'un service qui s'étendait de la Baltique à l'Adriatique et de la Pologne au détroit de Gibraltar. A l'époque, le service faisait un bénéfice annuel de 4 000 000 de livres. La famille avait vingt mille employés, des milliers de chevaux et de véhicules, et un nombre considérable de biens immobiliers (dont le palais de Francfort-sur-le-Main abritant la diète de la Confédération germanique).

Le pouvoir supranational des Tour et Taxis fut brisé par Napoléon qui autorisa les États de la Confédération du Rhin à créer leurs propres services postaux. Si le congrès de Vienne les restaura dans leurs privilèges, ils ne purent cependant lutter contre la généralisation des postes nationales. En 1850, ils n'opéraient plus que dans trois grands duchés et une poignée de petites principautés — Brême (jusqu'en 1855), Cambourg, Gotha, Hambourg (jusqu'en 1859), Hesse-Cassel, Lippe-Detmold, Lübeck (jusqu'en 1859), Reuss, Saxe-Weimar-Eisenach, Schaumburg-Lippe, Schwarzbourg-Sonderhausen, Cobourg, Francfort, Hesse-Darmstadt, Hesse-Hombourg, Hohenzollern-Hechingen, Hohenzollern-Sigmaringen, Nassau, Saxe-Meiningen et Schwarzbourg-Rudolstadt. De 1852 à 1867, les timbres émis par cette organisation médiévale anachronique n'étaient plus valables que dans ces régions. La famille princière de Tour et Taxis soutint l'Autriche durant la guerre des Sept Semaines et se vit contrainte par la Prusse victorieuse de vendre son monopole postal pour 3 000 000 de thalers en 1867. Le prince Maximilien Charles, comte de Tour et Taxis, fut le dernier grand maître des postes héréditaire ; il mourut en 1871. Ce service postal familial avait survécu plus de quatre cent vingt ans.

La première poste d'État des temps modernes fut créée en France par un édit du roi Louis XI, daté du 19 juin 1464. C'est de son règne que datent la poste aux chevaux et l'installation des premières routes de poste. Les messagers à cheval prirent le nom de « chevaucheurs de l'écurie royale », et les relais, placés de sept lieues en sept lieues, furent confiés à des maîtres de poste. Louis XII et François Ier développèrent le système : la poste du roi était devenue un service organisé mais toujours réservé aux seuls besoins du souverain[1].

La poste fut mise pour la première fois à la disposition des particuliers, en France, sous le règne d'Henri III, par un édit de 1576. Cet édit créait parallèlement aux « messagers attachés au service du roi » et aux messagers de l'Université, un ou deux offices de messagers ordinaires appelés « Messageries royales », et il fixait en outre pour la première fois un tarif général applicable aux lettres. Vingt ans plus tard, Henri IV créa un service de relais pour ces Messageries royales et plaça sous la même autorité le service de relais et celui des postes. La Poste aux lettres était née.

Les bases du monopole postal en France furent définitivement confirmées et précisées sous le Consulat par un texte du 27 prairial de l'an IX.
En Angleterre, sir Brian Tuke fut nommé maître des postes en 1516, mais la correspondance privée ne fut prise en charge qu'en 1581.
Au Portugal, Luis Homem fut nommé grand maître des postes en 1520. Ce service s'ouvrit progressivement au grand public au cours du XVIe siècle, mais ne devint véritablement public qu'en 1798 quand le gouvernement le prit lui-même en main.
En Italie, le duc de Savoie nomma Messer Scaramuccia ministre des Postes le 10 janvier 1561 et l'éleva par la suite au rang de général des postes et amiral du Pô.
Des services postaux publics firent leur apparition dans d'autres pays européens au cours du XVIIe siècle : au Danemark et en Hollande, en 1624 ; en Russie, en 1630 ; en Suède, en 1636 ; en Finlande, en 1638 ; et en Norvège, en 1647.

Le premier service postal public d'Amérique vit le jour le 5 novembre 1639 lorsque Richard Fairbanks de Boston fut nommé maître des

Messager royal du Moyen Age et Fouquet de la Varane, qui ouvrit les postes d'Etat au grand public en 1598

(1) *Les dernières recherches contestent cette théorie. L'édit du 19 juin 1464 n'a jamais été retrouvé et la copie citée partout serait rédigée en style Louis XIV.*

postes de la Massachusetts Bay Colony. Le service postal devint monopole parlementaire le 17 février 1692. L'année précédente Thomas Neale était nommé premier ministre délégué des Postes (dépendant du ministre en titre à Londres) et chargé de traiter tout le courrier arrivant d'outre-mer et destiné aux diverses colonies européennes d'Amérique du Nord.

Le premier réseau postal interne américain fut mis sur pied en 1693 par Duncan et John Campbell, le père et le fils, qui organisèrent ce service en appendice à leur journal, *The Boston Newsletter*, largement diffusé dans les colonies américaines. Tous les quinze jours, ils envoyaient un courrier de Boston à New York et un autre de New York à Boston, avec mission de distribuer le courrier en route et d'échanger les sacs postaux à Say Brook.

Premières tentatives visant à faciliter le traitement international du courrier. Aux termes d'une convention postale mise en œuvre le 1er juin 1792, les lettres du Canada à destination des États-Unis étaient affranchies au départ, alors qu'auparavant le port ne pouvait être payé que jusqu'aux frontières, le montant du port dû aux États-Unis restant à la charge du destinataire. La Poste canadienne agissait comme agent de la Poste américaine et recevait une ristourne de vingt pour cent sur le montant des affranchissements américains qu'elle collectait. La Poste américaine, en revanche, refusa de remplir le même office pour le Canada, et le port du courrier américain à destination du Canada continua à n'être payé que jusqu'aux frontières comme auparavant. Lorsque les États-Unis introduisirent les timbres en 1847, la Poste canadienne cessa de collecter le montant des affranchissements américains. En conséquence, les lettres du Canada adressées aux États-Unis devaient porter des timbres américains (couvrant le port à l'intérieur des frontières des États-Unis), tandis que le port jusqu'à la frontière était payé en numéraire au départ. Ce système mal commode et rétrograde fut aboli en 1851, lorsque le Canada adopta à son tour les timbres ; les États-Unis et le Royaume-Uni signèrent une convention autorisant l'acquittement préalable des frais de port en timbres ou en numéraire n'importe où dans les pays concernés.

La Grande-Bretagne et la France qui avaient toutes deux d'importants intérêts commerciaux dans de nombreux pays d'outre-mer créèrent leurs propres services postaux et agences dans ces pays. Et par la convention postale franco-anglaise de 1843, les deux pays réglèrent l'épineuse question de l'acheminement du courrier sur les navires britanniques et français dans de nombreuses parties du monde. Toute une série de marques comptables servaient à distinguer les lettres originaires d'outre-mer, adressées en France par la Grande-Bretagne, ou toute autre combinaison. Cette convention fut modifiée en 1846 et en 1855, cette dernière version consacrant l'acceptation réciproque du courrier affranchi avec des timbres adhésifs. Conventions et traités postaux bilatéraux des plus complexes ont ainsi continué à se négocier entre deux ou plusieurs pays jusqu'à la création de l'Union postale générale en 1874.

La première union postale internationale fut négociée entre l'Autriche et un certain nombre d'États allemands en 1850. Elle comprenait l'Autriche-Hongrie, le pays de Bade, la Bavière, le Brunswick, le Hanovre, l'Oldenbourg, la

Francis (1450-1517), Baptista (1476-1541) et Léonard (1523-1612), comtes de Tour et Taxis, sur des timbres belges de 1952

Prusse, la Saxe, le Tour et Taxis, et le Wurtemberg, ainsi que les principautés italiennes de Modène, de Parme et de Toscane alors sous influence autrichienne. Dans le cadre de cet accord, les timbres émis par ces pays présentaient des couleurs plus ou moins standardisées pour chaque valeur. Les États de Bade, de Tour et Taxis, et du Wurtemberg portaient sur leurs timbres des inscriptions rappelant la convention austro-allemande.
Cette union postale, gravement ébranlée par les campagnes italiennes de 1859-1860 fut dissoute durant la guerre des Sept Semaines entre l'Autriche et la Prusse (1866). Elle fut partiellement remplacée par la confédération postale d'Allemagne du Nord (1867). L'expérience acquise avec l'organisation de la Confédération et l'unification ultérieure des services postaux allemands au moment de l'intégration de différents États au nouvel Empire germanique (1871-1872) permirent au ministre prussien des Postes, Heinrich von Stephan, d'émettre des propositions qui conduisirent à la création en 1874 de l'Union postale générale, rebaptisée Union postale universelle en 1878.

La première tentative d'union postale universelle eut lieu en 1863 à l'occasion de la Conférence postale réunie à Paris sous la présidence du ministre des Postes des États-Unis, Montgomery Blair. Étaient présents les délégués des pays suivants : Autriche, Belgique, Costa Rica, Danemark, Équateur, France, Grande-Bretagne, Italie, Pays-Bas, Portugal, Prusse, Espagne, Suisse, États-Unis et Hawaii, ainsi que ceux de la ligue hanséatique. La conférence eut lieu à l'hôtel des postes de Paris du 11 mai au 8 juin 1863, et si elle ne parvint à aucune conclusion pratique, elle jeta une lumière nouvelle sur les problèmes posés par le traitement du courrier international. Nombre de conventions postales et de traités bilatéraux signés après 1863 s'inspirèrent des résolutions de cette conférence. L'idée fut reprise au début de 1873 par Heinrich von Stephan qui décida d'un calendrier en vue d'une nouvelle conférence postale. Celle-ci réunit à Berne en Suisse, le 15 septembre 1874, les délégués de 22 pays : tous les pays présents en 1863 (à l'exception du Costa Rica), ainsi que l'Égypte, la Grèce, la Hongrie, le Luxembourg, la Norvège, la Roumanie, la Russie, le Serbie, la Suède et la Turquie. Un accord fut conclu le 9 octobre, ratifié à Berne le 5 mai 1875, et mis en application le 1er juillet 1875, sauf en France où les délibérations parlementaires requises retardèrent sa mise en œuvre de six mois.

L'Hôtel des Postes de Paris où se réunit la conférence de 1863

Le premier pays à rejoindre l'Union postale générale après ses membres fondateurs fut les Indes anglaises en juillet 1876, suivies de près par les colonies françaises, le Brésil, les colonies espagnoles et les possessions hollandaises d'outre-mer.

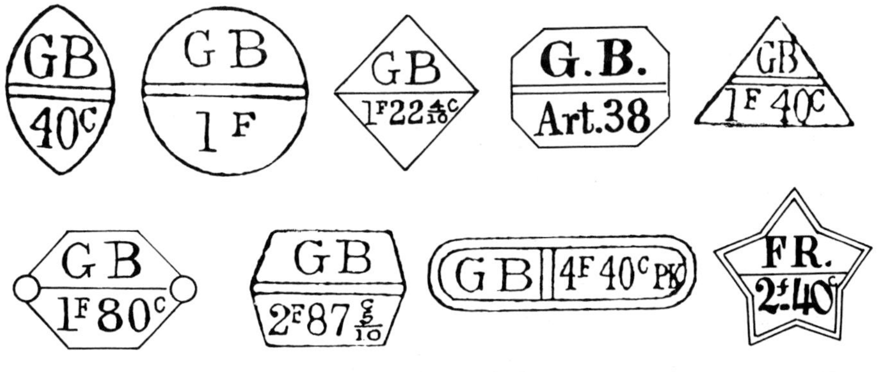

Marques comptables anglo-françaises

Le nom d'Union postale universelle fut adopté lors de la seconde conférence tenue à Paris en 1878, en présence des délégués de trente-huit pays. Aujourd'hui, l'Union postale universelle englobe pratiquement tous les pays et toutes les administrations postales du monde, et c'est le seul organisme international fonctionnant régulièrement depuis plus d'un siècle en dépit des deux guerres mondiales et autres conflits d'importance.

La conférence de Paris de 1947 donna à l'U.P.U. le statut d'agence spécialisée des Nations unies. Son siège permanent se trouve à Berne. Le sigle et l'emblème de l'U.P.U. figurent sur des timbres de service émis par les P.T.T. suisses en 1957 et en 1960.

Monument de l'U.P.U. à Berne

Timbre suisse surchargé à l'usage de la Société des Nations à Genève

Timbres émis par les Pays-Bas pour la Cour internationale de justice et par la France pour le Conseil de l'Europe et l'Unesco

La première organisation internationale ayant émis ses propres timbres est la Société des Nations. Des timbres suisses surchargés SOCIÉTÉ DES NATIONS sont utilisés depuis 1922 au départ du siège de la Société à Genève.

La Suisse surchargea par la suite des timbres pour le Bureau international du travail (1923), le Bureau international de l'éducation (1944), l'Organisation mondiale de la santé (1948), l'Organisation internationale pour les réfugiés (1950) ; enfin, des vignettes spécifiques rendent autonomes les organisations suivantes : l'Organisation météorologique mondiale (1956), l'Union postale universelle (1957) et l'Union internationale des télécommunications (1958), l'Organisation mondiale de la propriété intellectuelle (1982).

Des timbres à l'usage du siège européen des Nations unies à Genève ont été émis sous l'égide des P.T.T. suisses de 1950 à 1969. Depuis lors, le siège de Genève procède lui-même à ses émissions. Des timbres distincts sont émis par les Nations unies à New York depuis 1951 et par leur bureau de Vienne avec des motifs similaires depuis 1979. Par ailleurs, l'O.N.U. a émis des timbres en monnaie belge, utilisés à son pavillon lors de l'Exposition universelle de Bruxelles (1958), et en monnaie canadienne à l'occasion de celle de Montréal (1967).

Des timbres spéciaux ont été émis par les Pays-Bas à l'usage exclusif de la Cour internationale de justice de La Haye en 1943 et depuis 1950 de façon permanente, ainsi que par la France pour le Conseil de l'Europe à Strasbourg depuis 1958 et pour l'Unesco à Paris depuis 1961.

Le seul pays à avoir utilisé un double système de timbres émis par deux administrations, avec des motifs identiques mais dans des langues différentes, est les Nouvelles-Hébrides, en vertu du condominium franco-anglais établi sur ces îles en 1906.

La première émission, en 1908, se composait de timbres des Fidji surchargés en anglais et de timbres de Nouvelle-Calédonie surchargés en français. De 1911 à 1980, chaque timbre émis par l'administration postale anglaise (à l'exception du timbre commémoratif du couronnement de 1953) avait sa contrepartie émise par les Français. Dans la plupart des cas, les motifs étaient identiques, et seules différaient les inscriptions et la disposition des emblèmes nationaux britannique et français. La valeur de ces timbres était exprimée en centimes-or et en francs — système en vigueur dans la comptabilité postale internationale. Cette pratique s'est poursuivie avec les premières émissions du Vanuatu, nom adopté par les Nouvelles-Hébrides indépendantes en 1980, mais depuis 1981 les timbres portent simplement des inscriptions bilingues français-anglais.

Le seul pays disposant de deux administrations postales distinctes est l'Andorre, régie conjointement par la France et par l'Espagne depuis 1288 (ou plus précisément par le comte de Foix et l'évêque d'Urgel). Aujourd'hui, elle a deux chefs d'État en titre — le président de la République française et l'évêque d'Urgel. On pense que des timbres français et espagnols ont été utilisés pour la première fois dans la principauté, en 1877, mais, par la suite, l'U.P.U. confia la responsabilité du courrier extérieur d'Andorre à l'Espagne. La France organisa un service de courrier à travers les Pyrénées depuis Andorre entre 1887 et 1931. Le bureau de poste espagnol d'Andorra la Vieja date du 1er janvier 1928 et utilise depuis lors ses propres timbres. Un bureau de poste français y fut ouvert le 16 juin 1931, avec également ses propres timbres. Ces timbres libellés en espagnol ou en français, et aux valeurs exprimées en pesetas ou en francs, sont toujours en usage aujourd'hui, mais réservés au courrier extérieur.

Les seuls pays à offrir la franchise de port à leurs citoyens sont l'Andorre (voir ci-dessus) et le Groenland. Aujourd'hui, tout le courrier local intérieur circule en franchise en Andorre. Avant décembre 1938, tout le courrier intérieur du Groenland adressé au Danemark était transmis franco de port. Seuls les colis devaient être affranchis, raison pour laquelle le Groenland émit des timbres-colis de 1905 à 1938. Ces timbres étaient généralement oblitérés à l'arrivée à Copenhague et les spécimens portant un cachet groenlandais ont beaucoup plus de valeur. Les timbres avec une oblitération chiffrée servaient en réalité de timbre-épargne.

Série 1963 à 20 cents des Nouvelles-Hébrides, version anglaise et française

Timbres émis par les bureaux de poste français et espagnol d'Andorre

Les bureaux de poste du monde entier sont répertoriés dans la *Nomenclature internationale des bureaux de poste*, en trois volumes, publiée par l'Union postale universelle, et classés de Aaback (Finlande) à Zyznou (Pologne) par ordre alphabétique.
Le nombre de bureaux de poste dans le monde a atteint le chiffre record de 437 168 en 1968, mais il a considérablement diminué depuis. Ce sont les États-Unis qui en ont supprimé le plus en passant de 76 688 bureaux en 1900 (pour une population de 76 millions d'habitants) à 32 626 en 1967 (pour 200 millions d'habitants). Depuis lors, le nombre des bureaux est progressivement remonté pour atteindre le chiffre de 39 486 en 1979.

Le plus grand bureau postal du monde est la poste principale de Chicago, dans l'Illinois, qui abrite des guichets, un bureau philatélique, des salles de tri et des bureaux administratifs de l'U.S.P.O. (postes américaines). Il date de 1931.

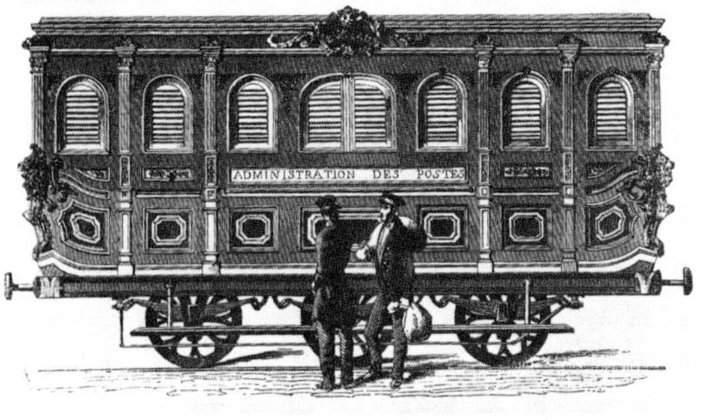

La Poste d'antan en France

Bureau de poste, recette principale, rue du Louvre, Paris.

Le plus petit bureau de poste du monde est revendiqué par plusieurs endroits, mais actuellement c'est celui d'Ochopee en Floride (U.S.A.).

Le bureau de poste permanent le plus haut du monde se trouve à Cerro de Pasco au Pérou, à 4 355 mètres d'altitude. Le plus haut des États-Unis est situé dans le village de Climax, dans le Colorado (3 450 mètres).

Le bureau de poste permanent le plus septentrional du monde est situé à Ny Ålesund, dans le Spitzberg, en Norvège (78° 55' 32" de latitude nord).

Le bureau de poste de la ville de North Pole, en Alaska (600 habitants) se trouve en fait à 23 kilomètres à l'est de Fairbanks, 65° de latitude nord, en dehors du cercle arctique !

Le bureau de poste le plus septentrional du continent européen est au cap Nord, en Norvège ; celui d'Asie est à Khatana en Sibérie ; celui d'Amérique à Barrow en Alaska.

Cachet de Barrow, en Alaska où se trouve le bureau de poste le plus septentrional des États-Unis

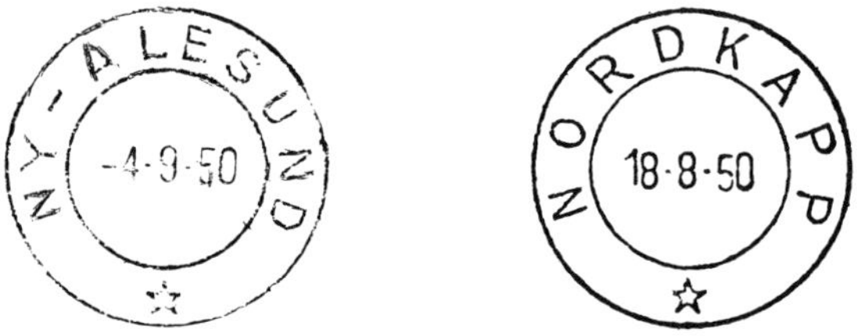

Cachets de Ny Ålesund et du Cap Nord, en Norvège, et de Haroldswick, dans les Shetland

Le bureau de poste le plus méridional du monde, Mac Murdo, est géré par les États-Unis au pôle Sud et dessert (en 1981) quelque mille fonctionnaires, scientifiques et naturalistes occupés à des recherches géophysiques. Le courrier à destination de ce bureau passe par Christchurch en Nouvelle-Zélande.

Le bureau de poste le plus oriental des États-Unis est Lubec, dans le Maine (1 600 habitants).

Le bureau de poste desservant la plus faible population se trouve à Suwarrow, atoll du groupe des îles Cook. Cet îlot de 800 mètres de long sur 270 de large, est situé à 320 kilomètres de toute terre habitée et ne compte qu'un seul habitant, un Néo-Zélandais appelé Tom Neale, nommé receveur le 22 juillet 1969. Le courrier de l'île se reconnaît à son cachet à date officiel et à la griffe circulaire de Tom Neale.

Cachet de Suwarrow, îles Cook, 1969

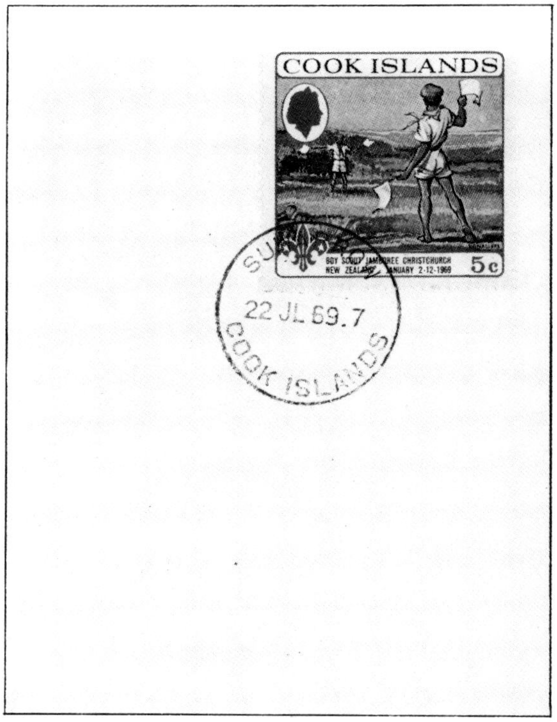

Le seul bureau de poste sous-marin du monde a été créé au large des Bahamas le 16 août 1939, dans le cadre de la Williamson Photosphere dépendant de l'American Field Museum. Il se compose d'une bulle à paroi de verre équipée pour l'observation des phénomènes sous-marins. La Photosphere et son bureau de poste sont l'œuvre du capitaine Charles Williamson. Le courrier porte un cachet spécial ovale avec la mention SEA FLOOR/BAHAMAS. Ce bureau de poste unique en son genre figure sur les timbres courants à 5 shillings et 1 dollar émis par les Bahamas de 1965 à 1971.

5 s des Bahamas de 1965 représentant le bureau de poste sous-marin de 1939

Tous les bureaux de poste ont été contraints de fermer leurs portes à l'exception de la poste principale, dans la principauté indienne de Bundi, en 1899, à la suite d'une famine qui ruina le pays. Ils ne rouvrirent qu'en 1914.

Le plus grand nombre de bureaux de poste étrangers dans une seule ville se monte à huit à Constantinople (mais ils ne fonctionnaient pas tous en même temps) : France (1799-1923), Grande-Bretagne (1832-1923), Autriche (1863-1914), Russie (1863-1918), Allemagne (1884-1914), Italie (1908-1923), Pologne (1919-1923) et Roumanie (1919-1923)[1].

Le plus grand nombre de bureaux de poste étrangers ouverts simultanément se monte à six à Constantinople et dans le port chinois de Shanghai au début du siècle. Dans ce dernier, des bureaux de poste distincts étaient gérés par la Grande-Bretagne, la France, l'Allemagne, le Japon, la Russie et les États-Unis. Ce nombre faillit être porté à sept en 1908 quand le gouvernement belge proposa d'ouvrir le sien, mais le ministre des Postes de la Chine impériale (un Français !) s'y opposa. Des timbres belges surchargés de la mention CHINE avaient été préparés mais ne furent jamais émis. En outre, Shanghai disposait d'une poste municipale, créée en 1864, qui comptait des succursales dans seize autres villes chinoises et qui émit ses propres timbres de 1865 à 1898. A partir de 1863, les douanes impériales chinoises mirent sur pied un service postal qui avait également un bureau à Shanghai. En 1898, les services municipaux et impériaux fusionnèrent.

Cinq bureaux de poste étrangers (britannique, français, allemand, japonais et russe) fonctionnaient simultanément dans le port de Yen-t'ai ainsi qu'à T'ien-tsin (britannique, français, allemand, italien et japonais). Les derniers bureaux de poste étrangers de Chine fermèrent leurs portes le 31 décembre 1922.

L'endroit ayant connu le plus grand nombre d'administrations postales différentes est l'île de Castellorizo, au large des côtes de l'Asie Mineure. Jusqu'en 1915, elle utilisait des timbres turcs, mais, occupée à l'époque par la marine française, elle reçut des timbres du Levant français jusqu'en 1920, où furent brièvement employées des figurines surchargées de la mention CASTELLORIZO. Le 21 août 1920, les Français cédèrent la place aux Italiens en vertu du traité de Sèvres. D'abord remise à la marine, l'île passa ensuite aux mains de l'administration civile italienne du Dodécanèse ; ses timbres portaient la mention ou la surcharge CASTELROSSO. Conquise par les Britanniques durant la Seconde Guerre mondiale, elle reçut des timbres anglais surchargés à l'usage des Forces du Moyen-Orient jusqu'au 31 mars 1947. Jusqu'au 15 septembre 1947, elle fut administrée par les militaires grecs et utilisa des timbres grecs surchargés S.D.D. (« Occupation militaire, Dodécanèse »). Depuis novembre 1947, elle emploie des timbres grecs ordinaires. En l'espace de trente-deux ans, Castellorizo a donc été successivement administrée par les Turcs, les Français, les Italiens, les Anglais et les Grecs.

Administrations postales comptant le plus grand nombre de bureaux de poste
(statistiques U.P.U., 1980) :

Inde	128 171
U.R.S.S.	102 917
U.S.A.	39 486
Japon	22 788
Royaume-Uni	22 627
Allemagne de l'Ouest	19 224
France	17 335

(1) *Les différentes périodes d'ouverture des bureaux restent l'objet de divergences. La Grèce utilisa un bureau très épisodiquement (1834, 1877-1878 et 25 avril 1881).*

Il n'existe pas de statistiques pour la République populaire de Chine, mais on peut penser qu'elle vient largement en tête.

L'administration postale comptant le plus grand nombre d'employés à plein temps est celle d'U.R.S.S. : 731 000 en 1980. Les États-Unis, qui employaient plus de 700 000 personnes à une époque, n'en comptent plus que 666 823.
Viennent ensuite :

Inde	501 000
Chine (continentale)	305 000
France	285 000
Allemagne de l'Ouest	279 295
Royaume-Uni	176 487

L'administration postale comptant le moins d'employés est celle de l'île de Pitcairn, dans le Pacifique Sud, avec un employé à temps partiel.

En 1980, le plus gros volume de courrier a été traité par les États-Unis, avec un total de 106 310 000 000 objets ainsi répartis :

1re classe	60 280 000 000
2e classe	10 220 000 000
3e classe	30 380 000 000
4e classe	63 000 000
Courrier affranchi à la machine	3 530 000 000
International	960 000 000
Divers	310 000 000

La même année, les postes britanniques traitaient 10 207 500 000 objets et la France 10 017 300 000.
Voici les chiffres de 1980 pour les autres pays :
U.R.S.S. : 8 268 748 000 lettres; 414 000 000 cartes.
Japon : 5 372 028 000 lettres; 7 927 160 000 cartes.
Allemagne de l'Ouest : 6 199 525 000 lettres; 676 207 000 cartes.
Inde : 4 742 529 000 lettres; 2 166 581 000 cartes.

L'administration postale totalisant en 1980 les recettes les plus importantes est celle des États-Unis, avec un chiffre de 17 142 760 000 dollars, représentant en réalité une perte nette de 306 392 dollars. Les recettes des autres principaux pays se montaient en francs-or à :

Allemagne de l'Ouest	15 787 989 000
Royaume-Uni	9 404 642 000
U.R.S.S.	7 330 385 000
Japon	7 242 089 000
Suisse	1 688 347 000
Inde	1 094 603 000

L'administration postale comptant le plus de véhicules à moteur est celle des États-Unis, avec 120 000 véhicules en 1980 — beaucoup moins qu'en 1979 grâce à la transformation de 7 000 tournées motorisées en tournées à pied, qui ont permis d'économiser en moyenne 2 282 litres d'essence par tournée dans l'année. Par ailleurs, le regroupement par camion et les réductions de format ont contribué à réaliser une économie de 10 % sur les dépenses d'essence en 1980.
Viennent ensuite les pays suivants :
Japon : 64 579.
U.R.S.S. : 45 116.
Allemagne de l'Ouest : 41 548.
France : 39 697.
Chine (continentale) : 34 990.
Royaume-Uni : 27 025.
En revanche, l'Inde, dont l'administration postale figure parmi les premières du monde, ne compte que 920 véhicules motorisés.

Les premières boîtes aux lettres furent les *tamburi* de Florence, créées au début du XVIe siècle. C'étaient des boîtes en bois fermées, munies d'une ouverture au sommet, installées dans les principales églises de manière à pouvoir « poster » les lettres anonymes dénonçant les malfaiteurs et les ennemis de l'État.

« Journée du timbre 1958 ». Timbre en l'honneur de la distribution postale motorisée

Le premier système orthodoxe de boîtes aux lettres fut créé à Paris en 1653 par Renouard de Villayer, maître de la Petite Poste, pour faciliter les échanges de correspondance dans la métropole française. Ces boîtes étaient érigées aux carrefours des grandes artères et relevées trois fois par jour. Malheureusement, elles devinrent vite la cible de vandales qui n'hésitaient pas à y jeter toutes sortes d'ordures, maculant les lettres. Parfois même, souris et vermine y élisaient domicile et se délectaient des missives.
Le dépôt des lettres se faisait chez le « boîtier », le plus souvent un commerçant, un huissier ou un portier d'hôtel, qui percevait l'affranchissement, s'assurait de l'identité de l'expéditeur et jetait lui-même la correspondance dans la boîte. Ce service, qui faisait également usage de « timbres » (voir le chapitre III, billets de port payé), survécut peu de temps, mais l'expérience fut reprise et perfectionnée en 1759 par M. Piarron de Chamousset à Paris.

Les boîtes aux lettres ressuscitèrent au début du XIXe siècle et furent adoptées par la France et la Prusse aux alentours de 1800, par la Belgique en 1836 et par les Iles britanniques seulement en 1852.

Des boîtes aux lettres fixées sur des véhicules publics sont sans doutes apparues pour la première fois sur les tramways de New York en 1886. L'usage s'en est étendu à Paris en 1891, puis à la Grande-Bretagne en 1893.

L'administration postale comptant le plus grand nombre de boîtes au lettres murales, « bornes » ou autres, est celle de l'U.R.S.S., avec 679 276 boîtes en 1980, soit 1 pour 386 habitants. Viennent ensuite, par ordre décroissant et avec le nombre d'habitants par boîte en italique :
Inde : 426 553 *1 497.*
France : 156 420 *341.*
Chine (continentale) : 156 399 *6 126.*
Japon : 141 644 *811.*
Allemagne de l'Ouest : 109 651 *559.*
Royaume-Uni : 100 000 *558.*

Les chiffres des États-Unis sont inconnus. Jersey prétend posséder le plus grand nombre de boîtes aux lettres par habitant du monde, mais cette affirmation ne tient pas à un examen plus approfondi des chiffres. Elle possède en effet 169 boîtes pour une population de 74 500 habitants, soit une boîte pour 440 habitants.

La numérotation des maisons dans un but postal a commencé en 1463-1464 dans le quartier du pont Notre-Dame.

La distribution la plus lente d'un courrier est périodiquement revendiquée par les uns ou les autres.

Mais le record appartient sans aucun doute au service postal parisien, qui retrouva en 1882, 1910, 1920, 1942, 1951, 1954 et 1968, des lettres attendant dans la Seine depuis le siège de 1870-1871.
Durant cette période en effet, pour faire parvenir le courrier dans la ville assiégée, on avait imaginé d'enfermer les lettres dans des boules de zinc munies d'ailettes et de les jeter dans la Seine qui les emportait vers la capitale.

C'étaient les fameuses boules de moulins, sur lesquelles malheureusement les tireurs d'élite allemands exerçaient leurs talents, et qui coulèrent en grand nombre. Les services postaux parisiens se sont néanmoins efforcés de faire parvenir les missives sauvées des eaux à différentes époques aux descendants des destinataires initiaux. La boule découverte et repêchée à Rouen en 1968 contenait plusieurs centaines de lettres datées de janvier 1871.

Les Postes françaises s'adjugèrent la boule et son contenu, mais le tribunal de Rouen jugea le 22 février 1972 qu'ils revenaient de droit à leur inventeur, M. Le Grevelle, à charge pour ce dernier de conserver les lettres jusqu'en 1998, au cas où les héritiers des destinataires viendraient à les réclamer. Le 14 avril 1982, un ouvrier découvrait une nouvelle boule à la Mailleraye-sur-Seine; il reçut en récompense 5 000 F et un abonnement d'un an aux « documents philatéliques officiels français ». Cette boule fut présentée à l'exposition internationale « Philex-france 82 ».

TRANSPORT PAR TERRE

Tout objet confié à la poste passe, à un stade ou à un autre de son acheminement, entre les mains d'une personne à pied. Le facteur, le messager, le porteur, le coursier à pied sont les véritables fantassins des services postaux du monde entier, si sophistiqué et mécanisé que soit par ailleurs le traitement du courrier.

Les premiers facteurs urbains de France sont ceux de la Petite Poste de Renouard de Villayer. Outre leur travail habituel, ils parcouraient les rues de leur circonscription, une heure après la distribution, en battant d'une claquette, pour recueillir les réponses.

Les premières malles-poste tirées par des chevaux depuis l'époque romaine furent employées par le service postal de Tour et Taxis, en Europe, vers 1650. Le mot « coach » de « mail-coach », désignant en anglais la malle-poste, provient du nom de la ville de Kocs, en Hongrie, où elles circulèrent pour la première fois.
La première malle-poste en service dans les Iles britanniques effectua le trajet Londres-Bristol le 2 août 1784.

Les premières malles-poste apparurent en France en 1792. En 1818, Louis XVIII, sur la route du retour, avait rencontré nombre de ces lourdes voitures affectées au transport des malles et des passagers, qui n'avaient pas encore bénéficié des multiples progrès réalisés dans l'art de la carrosserie. Il se souvenait du confort relatif des malles-poste anglaises et il fit exécuter par son directeur général le modèle d'une voiture bien suspendue à quatre roues pour un attelage de quatre chevaux, et capable de transporter quatre voyageurs en même temps que les dépêches. Le roi, à qui on la présentait, aurait déclaré qu'elle était de meilleur goût que les malles anglaises et surtout plus commode pour les voyageurs ! On allait désormais à Bordeaux en 47 heures au lieu de 86, à Brest en 62 heures au lieu de 87, à Lyon en 47 heures au lieu de 68, etc. La dernière malle-poste circulant entre Grenoble et Embrun fut supprimée en 1873 (1).

La plus longue « tournée » à pied s'étendait de Montréal à Niagara sur une distance de 660 kilomètres. Ce service régulier avait été créé vers 1789 par George Heriot. Un courrier partait au mois de janvier de chaque année de Montréal équipé de raquettes et le sac postal sur l'épaule. Il parcourait environ 24 kilomètres par jour et sa tournée durait trois mois.

Le système de distribution du courrier ayant survécu le plus longtemps est le système indien appelé « dawk » dont les origines remontent en droite ligne aux « coureurs » romains qui se relayaient d'étape en étape. Le coureur indien transportait les dépêches dans une canne creuse; il était accompagné d'un *mashalchi* (porteur de torche) qui le guidait dans la nuit et d'un joueur de tam-tam chargé d'éloigner les bêtes sauvages.
Au XVIIe siècle, ces deux offices revinrent à une seule et même personne. Les coureurs se relayaient vingt-quatre heures sur vingt-quatre. Ce système atteignit son apogée sous le règne d'Akbar (1542-1602) avec un total de 4 000 coureurs. Il fut repris sans aucune modification par la Compagnie des Indes orientales. Son efficacité fut encore améliorée par Warren Hastings qui ajouta des *munshis* (scribes ou inspecteurs des postes) et des *ghari-wallahs* (« chronométreurs ») qui s'assuraient que les coureurs maintenaient le rythme de 8 km/h. Il existe encore des coureurs en Inde de nos jours.

Les « chevaucheurs » firent leur apparition sous le règne de Sher Ali Shah (en 1541) sur les 3 220 kilomètres de routes entre le Bengale et le Sind. Des véhicules postaux *(dak tonga)* furent introduits au XVIIIe siècle.

Facteur de la Petite Poste de Paris

(1) *Toutefois, celle des Cévennes continua d'assurer un service local, en des lieux que le chemin de fer n'atteignait pas encore, et ce jusqu'en 1901.*

Le Pony Express fut créé en 1860 pour acheminer le courrier entre l'est des États-Unis et la Californie. Auparavant, le voyage entre Saint Louis, dans le Missouri, et San Francisco prenait trois semaines. Le Pony Express disposait de 190 relais avec 500 chevaux et 80 cavaliers de première classe (dont Buffalo Bill Cody qui effectua la distance record de 618 kilomètres d'affilée en changeant uniquement de monture). Le temps prévu pour aller de Saint Joseph, dans le Missouri, à Sacramento, en Californie, était de dix jours, mais les cavaliers du Pony Express transportèrent le premier discours inaugural de Lincoln sur les 3220 kilomètres de route en sept jours et dix-sept heures, ce qui constitue sans doute le record de vitesse de tous les temps pour l'acheminement d'une dépêche à cheval. L'achèvement de la ligne télégraphique de San Francisco le 22 octobre 1861 condamna définitivement ce service.

Messagers à cheval représentés sur des timbres de Belgique (1962) et de Suède (1967)

Char postal tiré par des chevaux en Inde, 1867. Les lettres étaient acheminées sur n'importe quel trajet pour moins d'un penny. L'un des chevaux est dans les brancards, l'autre harnaché à côté, ce qui provoquait souvent des accidents

Les bicyclettes furent utilisées pour la première fois pour l'acheminement du courrier en août 1883. Elles étaient équipées d'une grande roue et de quatre petites, et servirent au transport des paquets jusque vers 1900.

En 1893, James A. Healy organisa le Coolgardie Cycle Express pour les colis contenant de la poudre d'or, à l'époque de la ruée vers l'or en Australie occidentale, et il émit des timbres spéciaux à cet usage. En juillet 1894, Arthur C. Banta mit sur pied un service de courrier par bicyclette entre Fresno et San Francisco à la suite d'une grève des chemins de fer. Après le démantèlement des Postes autrichiennes, en novembre 1918, les autorités municipales de Vaduz au Liechtenstein (alors dépendantes du service autrichien) organisèrent un service à bicyclette qui acheminait le courrier jusqu'en Suisse, d'où il était expédié par les voies habituelles. Des timbres spéciaux furent émis pour couvrir les frais de ce port particulier. Un service postal par bicyclette appelé Coralit fut également institué en Italie en 1944 et émit des timbres spéciaux jusqu'en juin 1945, où il fut interrompu.

Timbre et publicité du Coolgardie Cycle express, 1893

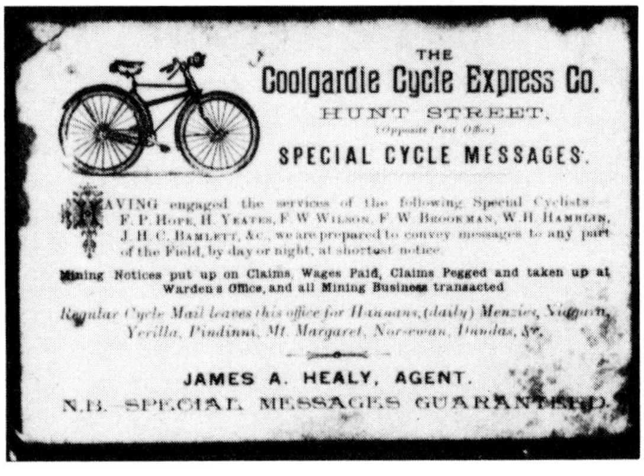

La « poste aux bœufs » fonctionna en Inde entre 1846 et 1904 avec des chars tirés par des bœufs et faisant la navette sur la grand-route reliant Allahabad et Delhi. A partir de 1855, ce service s'étendit aux routes postales entre Calcutta et Peshawar, et à travers tout le Bengale. Le bureau de poste de Calcutta disposait d'un comptoir séparé pour la poste aux bœufs et utilisait un cachet distinct sur les récépissés des colis. Au fur et à mesure du développement du chemin de fer, la poste aux bœufs ferma ses lignes, dont la dernière, d'Ambala à Simla, en octobre 1904.

Timbre indien de 1937 représentant la Poste aux bœufs

Un service identique, appelé la *Kuhpost* (poste aux vaches), fonctionnait entre Rothenuffeln et Hille en Allemagne, en 1878.

Les chameaux furent largement utilisés pour transporter le courrier à travers toute l'Afrique du Nord, le Moyen-Orient et l'Asie centrale. Ce que l'on sait moins, en revanche, c'est qu'ils l'étaient également en Australie occidentale et méridionale au milieu du XIXe siècle, ainsi qu'au Texas, au Nouveau-Mexique et en Arizona durant la même période. Il s'agissait en réalité de dromadaires, alors qu'en Asie centrale soviétique, les chameaux (à deux bosses) assuraient la liaison entre Douchanbe, capitale du Tadjikistan, et Guzar, terminus du chemin de fer, à 322 kilomètres de là. Des couples de chameaux étaient également attelés à des chars postaux.

Des rennes étaient attelés à des traîneaux postaux dans le nord de la Scandinavie et en Russie au début du siècle. Rien ne permet de croire en revanche que le caribou fut utilisé de la même manière au Canada à la fin du siècle dernier, légende née de l'existence d'un service postal local appelé Barnard's Cariboo Express, assurant la liaison entre la Colombie britannique et Vancouver.

Tri postal dans un bureau ambulant

Des chats, en 1879, furent utilisés au transport du courrier à Liège, en Belgique, où 37 félins avaient pour mission de distribuer des paquets de lettres dans un rayon de 30 kilomètres autour du centre de la ville. L'expérience fut de courte durée, les chats se montrant de nature par trop indisciplinée.

Des chiens servirent à tirer des charrettes postales dans les villes côtières du Sussex, en Grande-Bretagne, à la fin du XIXe siècle. Ce service fut brutalement interrompu à la suite de nombreuses protestations d'amis des animaux. Un service postal régulier utilisant des traîneaux tirés par des chiens fonctionna jusque dans les années cinquante à partir du Fort Yukon, en Alaska, mais disparut vers 1960 à la suite de la mise en place d'un service aérien. L'Alaska Dog Team Post effectue encore des tournées occasionnelles.

Du courrier fut transporté pour la première fois officieusement par chemin de fer le 11 novembre 1830 entre Liverpool et Manchester, en Angleterre, et, en Amérique, par la locomotive *Best Friend* de la South Carolina Railroad, le 15 janvier 1831. Le premier contrat postal officiel fut signé le 1er janvier 1838 par les Postes américaines et la Baltimore and Ohio Railroad. En Angleterre, du courrier fut transporté pour la première fois de manière semi-officielle par le train, le 4 juillet 1837, entre Birmingham et Liverpool. Le 10 décembre apparurent des trains spéciaux (Aller et Retour Spécial) au prix de 10 livres le transport. Frederick Karstadt, fils d'un inspecteur des Postes, suggéra l'emploi de wagons-poste, réservés au tri, pour que le personnel puisse trier le courrier en route. La première voiture de tri expérimentale, un wagon à chevaux transformé à cet usage, effectua le trajet Birmingham-Liverpool le 24 janvier 1838. Le premier cachet postal ferroviaire portant l'inscription *missent to railway post office* date du 27 janvier 1838.

En France, le tri ambulant en chemin de fer fut élaboré et préconisé dès 1842 par F.D. Blumstein, directeur des Postes à Strasbourg.
La première expérience de bureau « volant », comme on disait avant d'employer le terme d'« ambulant », date du 1er mars 1845 sur la ligne Paris-Rouen, dans des wagons à bagages pourvus d'un aménagement assez primitif. L'essai fut concluant et peu à peu apparurent sur les divers trajets des bureaux spéciaux dont le transport donna lieu à des conventions avec les

sociétés d'exploitation des chemins de fer. Celles-ci s'engageaient à construire les wagons sur les plans de l'administration postale et prenaient en charge leur transport. En 1848, les malles-poste couvraient 7 430 000 kilomètres par an à une moyenne de 100 kilomètres en 7 heures, les bureaux ambulants assuraient un parcours de 770 180 kilomètres à une vitesse au moins double.

Le premier exemple de courrier acheminé par train endommagé en cours de route remonte au 3 mars 1838, lorsque des sacs postaux expédiés par train depuis Manchester furent attachés entre la locomotive et le wagon postal et s'enflammèrent au contact des escarbilles.

Le premier train exclusivement postal du monde fut le Special Mail Londres-Bristol inauguré le 1er février 1855 et composé de deux voitures de tri et d'une allège tirées par une seule locomotive Fire Fly 7'. A Bristol, il était rattaché au train normal Paddington-Exeter. Cette liaison postale prit le nom de London and Exeter Railway Post Office. Le Special fut rebaptisé Limited Mail en juin 1869, lorsque lui fut adjoint un wagon de passagers de 1re classe.

Le premier train-poste autonome du monde portant mention de cette qualité dans son nom est l'Irish Mail qui assura la liaison Londres-Holyhead à partir du 1er août 1848. Avant l'achèvement du Britannia Tubular Bridge le 18 mars 1850, passagers et courrier étaient transférés en voiture à cheval de Bangor à Llanfair par le Telford's Menai Bridge.

Des malles-poste réservées aux colis et tirées par des chevaux furent utilisées pour la première fois par les Postes britanniques en 1887, dans l'espoir de réduire les frais de transport. Depuis août 1883, en effet, celles-ci devaient verser 55 % du bénéfice qu'elles tiraient de l'acheminement des colis aux compagnies de chemin de fer. Dès 1890, un service nocturne de transport des colis par malle-poste fut mis sur pied de Londres, à Oxford, Colchester, Watford et Chatham. Postillons et gardes assurant la surveillance du courrier étaient familièrement surnommés les « fantômes de la nuit ».

Le premier fourgon sans chevaux fut un véhicule à vapeur utilisé par les postes entre Londres et Redhill, dans le Surrey, en 1897. Plus tard, au cours de la même année, un camion à essence fut expérimenté à la poste générale de Londres. En 1898, un camion Daimler assura la liaison Reading-Newbury et, en 1903, trois camions à moteur relièrent Londres à Liverpool et Manchester.

Les Postes américaines lancèrent un appel d'offre en 1899 pour la création d'un service de véhicules à moteur à Chicago, mais ne reçurent aucune réponse. Le premier service motorisé fut mis sur pied par la New York Electric Company, le 15 avril 1901, pour transporter le courrier en provenance et à destination de la poste de Buffalo et de l'Exposition panaméricaine, sur une distance de 7 kilomètres.

Le premier autobus postal à moteur, un Daimler 29 CV, fut mis en service par les Postes bavaroises entre Bad Tolz et Lenggries, le 1er juillet 1905. Il se trouve aujourd'hui au Musée des transports de Nuremberg.

Le premier bureau de poste ambulant utilisant des véhicules à moteur pour le ramassage, le tri et la distribution du courrier, fut mis en place en 1941 par les Postes américaines entre Washington, DC, et Harrisburg, en Virginie. Il utilisait des cachets spéciaux portant l'abréviation H.P.O.

TRANSPORT PAR EAU

Le premier exemple d'utilisation des courants marins pour acheminer une correspondance date d'environ 300 av. J.-C., quand le philosophe grec Théophraste lança des bouteilles à la mer pour démontrer que la Méditerranée recevait une grande partie de ses eaux de l'océan Atlantique. Benjamin Franklin testa pour sa part les courants du Gulf Stream en envoyant des bouteilles contenant des messages à qui les découvrirait. En Angleterre, un déboucheur royal de bouteilles fut nommé en 1560, avec mission d'examiner les messages parvenus par eau, et cet emploi subsista jusqu'au règne de George III (1760-1820) !

Lady Grange, abandonnée par son mari sur l'île de Saint Kilda (1734-1742) « passait tout son temps à pleurer et à enrouler des lettres autour de morceaux de bouchons en les attachant avec du fil, dans l'espoir qu'une vague favorable les apporterait à un chrétien quelconque et qu'un être humain saurait enfin où elle se trouvait ». L'une de ces lettres, datée du 20 janvier 1738, ne parvint à son destinataire qu'en 1740. Cette méthode reposait sur la dérive de l'Atlantique Nord et les vents d'ouest dominants.

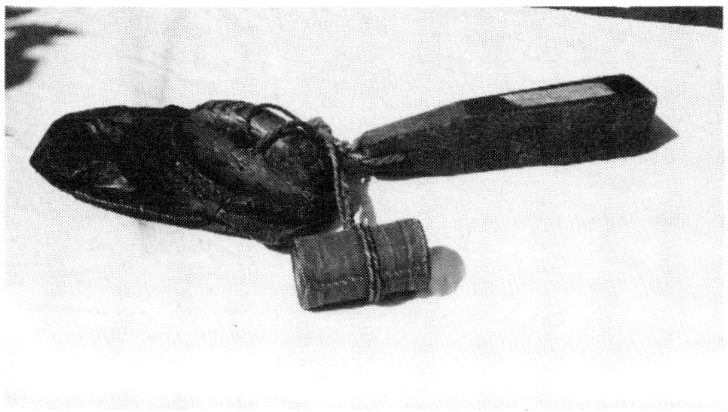

« Bateau-poste » de St-Kilda, 1898

En 1876, John Sands, exilé à Saint Kilda pendant sept mois, utilisa des morceaux creux de bois flotté (« bateaux-poste » de Saint Kilda) pour lancer des messages au reste du monde. Son premier bateau-poste, lancé en décembre 1876, fut récupéré à Sortlund, en Norvège, en septembre 1877. Mais un autre fut découvert quelques jours après son lancement à Poolewe, dans les Highlands. Les habitants de Saint Kilda employèrent régulièrement cette méthode de 1885 à 1930 (où l'île fut évacuée) et, à partir de 1906, le Service des postes offrit 2 shillings 6 pence à quiconque lui rapporterait des bateaux-poste. Depuis le retour des militaires à Saint Kilda, en 1956, du courrier glissé dans des boîtes métalliques et muni d'un cachet spécial est de temps en temps expédié de cette manière.

Autres exemples de courrier flottant :

1894. En vue de l'étude des courants océaniques par le Scottish Fishery Board, plus de 53 000 bouteilles ont été lancées jusqu'en 1955.

1899. Des bouées avec des lettres furent jetées du ballon d'Andrée, le 11 juillet 1897, et retrouvées le 11 septembre 1897 et le 14 mai 1899.

1902 à 1904. Des bouteilles lancées par l'expédition écossaise dans l'Antarctique ont été retrouvées entre 1907 (Victoria) et 1952 (Nouvelle-Zélande).

1903. Expédition allemande au pôle Sud, dans les îles Kerguelen ; des bouteilles ont été retrouvées en Nouvelle-Zélande en 1955 ! Le record de distance appartient à une bouteille lancée aux Kerguelen et retrouvée à Bunbury, en Australie occidentale, six ans plus tard, à 25 750 kilomètres de son point de départ.

1954. Étude de la pollution pétrolière par l'Institut national d'océanographie. Plusieurs centaines de cartes en PVC munies de flotteurs de liège et lâchées par avion au-dessus des routes maritimes convergeant vers l'Occident ont été

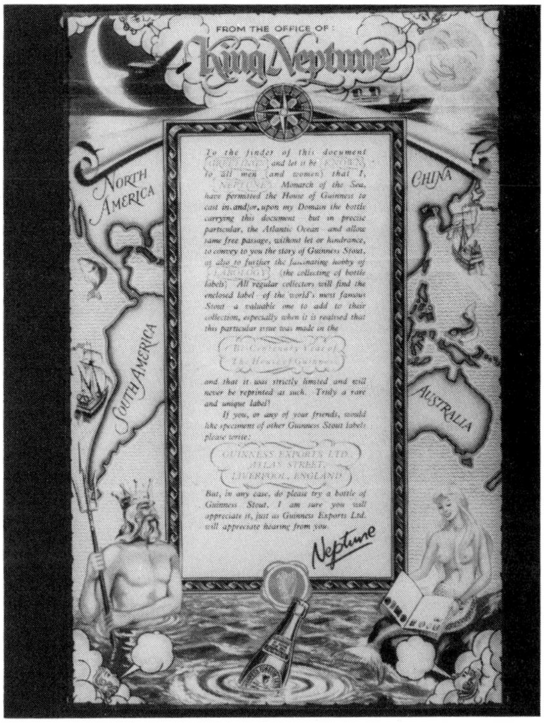

Message à la mer de 1959 : certificat du roi Neptune !

retrouvées entre la Russie arctique et le Tage au Portugal jusqu'en 1965, mais la plupart autour des îles britanniques.

1959. Les Brasseries Guinness, à l'occasion de leur bicentenaire, lancent des bouteilles au large de la côte américaine ; deux furent retrouvées à Saint Kilda, en mai 1960. Elles contenaient un certificat du roi Neptune !

L'acheminement du courrier en boîte métallique vit le jour dans les îles Tonga, en 1921, à l'initiative de Stuart Ramsay, après qu'un nageur indigène ait été tué par un requin en passant le récif corallien. Le service fut repris en 1932 par Walt Quensell qui appliqua jusqu'à vingt-trois cachets de couleur TIN CAN MAIL (courrier en boîte) sur la correspondance en partance.
Aux îles Cocos, des barils flottants et des boîtes à biscuits servaient à transporter le courrier des bateaux au rivage ; l'île pénitentiaire brésilienne de Fernando da Noronha était desservie de la même manière. Aucun cachet particulier n'était apposé dans les deux cas.

Du courrier fut acheminé pour la première fois par diligence d'eau, en 1691, sur le canal du Midi, en France. Des timbres spéciaux furent émis pour l'affranchissement du courrier transporté par la Compagnie du canal de Suez en 1868.

Paquebot à vapeur du service Calais - Douvres vers 1855

Le premier courrier acheminé par vapeur sur un fleuve remonta le Mississippi de la Nouvelle-Orléans à Natchez, le 23 janvier 1812, à bord du *New Orleans*. Vers 1820, des vapeurs assuraient le transport du courrier sur le Missouri, l'Hudson, la Delaware et le Saint-Laurent. Le premier service postal par voie d'eau en Europe fut celui organisé par la Société royale et impériale de navigation à vapeur sur le Danube et ses affluents, créée en 1839. La Donau Dampschiffahrts Gesellschaft émit ses propres timbres (1866-1874) à l'usage du courrier acheminé par le Danube, la Drave, la Save et la Tisza, entre la Bavière et la mer Noire. Le premier service de ce type en Asie (1828) assurait la liaison Calcutta-Allahabad par vapeur remontant le Gange sur 1 365 kilomètres.

Le premier service régulier de colis postaux fut institué en 1633 entre Douvres et Calais. Il resta hebdomadaire jusqu'en 1654 où il devint bihebdomadaire. Jusqu'en 1783, les Anglais refusèrent tout bâtiment étranger sur cette ligne. En 1863, ils créèrent un service entre Douvres et Nieuport. En 1688, Falmouth devint la base du Service des colis postaux à destination de l'Espagne, puis, en cent cinquante ans, l'un des premiers centres spécialisés du monde. En 1825, Falmouth se trouvait au carrefour de trente-neuf routes réservées aux colis postaux à destination de l'Europe, de l'Asie, de l'Afrique et de l'Amérique. Vers 1830, cependant, Southampton le supplanta progressivement.

Parmi les autres services internationaux de colis postaux, on trouve celui de Corunna à La Havane, quatre fois par an (créé en 1767), celui de la Baltique entre l'Allemagne et la Suède (1824) et le service France-États-Unis (1783).

En France, l'État fit pour la première fois appel à la vapeur également sur la ligne Calais-Douvres, au début du XIXe siècle. Par la suite, il construisit dix bateaux d'une puissance de 100 CV, qui furent affectés à deux lignes desservant l'Égypte et les Échelles du Levant (1835-1838). L'une partait de Marseille et aboutissait à Constantinople, et l'autre allait d'Athènes à Alexandrie. Elles se croisaient à Thyra (Santarin) où s'opérait le transbordement des envois.

Le premier vapeur à aubes à avoir transporté du courrier est le *Rob Roy* qui faisait la navette entre Greenock et Belfast en 1818, puis qui fut transféré sur la ligne Douvres-Calais en 1820.

Le premier vapeur à hélice à avoir transporté du courrier est le navire français *Napoléon*, chargé d'acheminer les colis sur la ligne Marseille-Corse en 1836.

Chargement du courrier à bord de l'hovercraft *Sea Hawk* sous l'œil vigilant de son capitaine. Le *Sea Hawk* assure la liaison entre Southsea (sur la côte anglaise) et l'île de Wight

Le premier vapeur à avoir convoyé du courrier à travers l'Atlantique est le *SS Royal William.* Construit au Québec pour la ligne Québec-Halifax, il quitta Québec pour Londres, via Pictou, le 5 août 1833, et mit vingt-cinq jours pour effectuer la traversée jusqu'à Cowes, île de Wight. Il s'agissait d'un transport non officiel, le premier officiellement autorisé ne devant avoir lieu qu'en 1838 sur le *Great Western* de New York à Bristol.

Le courrier fut trié pour la première fois à bord d'un navire le 1er octobre 1860, lors de l'inauguration du service Holyhead and Kingstown Packet. Quatre vapeurs, baptisés du nom des provinces irlandaises, assuraient la liaison. Chacun comportait deux salles de tri, une pour les lettres et l'autre pour les journaux et imprimés. Des griffes libellées H. & K. PACKET furent apposées sur le courrier en transit, à partir de 1860. Le courrier posté à bord des navires reçut également des oblitérations spéciales de 1919 à 1925, année de la disparition de ce service.

Les premiers bureaux de poste à bord d'un navire, offrant les mêmes services qu'à terre, furent installés en juillet 1879 sur les vapeurs *Columba* et *Iona,* qui assuraient la liaison Greenock-Ardrishaig. Ces bureaux de poste furent fermés au début de la Première Guerre mondiale, mais tri et oblitération du courrier continuèrent jusqu'au 14 avril 1917.

Le premier courrier transporté par hovercraft le fut le 20 juillet 1962, entre Rhyl, au nord du Pays de Galles, et Wallasey, dans le Merseyside. Des cachets illustrés furent apposés sur le courrier transporté dans les deux sens par l'hovercraft *Saunders-Roe.*

TRANSPORT PAR AIR

Premières mentions de la transmission de messages par la voie des airs :

Ve siècle av. J.-C. Messages par flèches, durant le siège de Potidée.

549 ap. J.-C. Lettres transmises par cerf-volant, en Chine, durant un siège.

1575. Utilisation des pigeons voyageurs durant le siège de Leyde, aux Pays-Bas.

1784. Lettres transportées par ballon par Vincent Lunardi, jetées par-dessus bord et récupérées à Northaw Common, dans le Hertfordshire, le 15 septembre.

1807. Tracts de propagande déversés sur les lignes françaises durant les hostilités, à l'instigation de l'amiral Cochrane.

1850. Tracts lancés par ballon libre sur le nord du Canada, durant les recherches effectuées pour retrouver l'expédition arctique de sir John Franklin.

Le premier transport officiel de courrier par la voie des airs eut lieu le 17 août 1859 entre Lafayette et Crawfordsville, dans l'Indiana, dans le ballon *Jupiter* piloté par John Wise. Cette première avait été annoncée dans les journaux et le maître de poste de Lafayette apposa la mention PREPAID sur les lettres. C'est ce qui donne au courrier du *Jupiter* sa sanction officielle (quoique locale).

Les États-Unis ont émis en 1959 un timbre de poste aérienne à 7 cents pour commémorer le centenaire de ce vol.

Le premier service aérien gouvernemental fut organisé durant le siège de Metz (5 septembre -3 octobre 1870) avec le lancement de 31 ballons libres porteurs chacun de 150 à

200 « papillons ». Des ballons plus gros, du type Goulier Robinson, avec 30 000 « papillons » à bord, furent lâchés du 15 septembre au 3 octobre. Durant le siège de Paris (1870-1871), 67 ballons montés s'envolèrent de la capitale. Des officiers des douanes, réduits au chômage par les circonstances, furent chargés de la construction des structures tandis que 25 couturières travaillaient jour et nuit à la confection des sphères en tissu. Sur ces 67 ballons, 22 étaient pilotés par des pilotes professionnels, 17 par des volontaires, et 28 par des marins. Six furent capturés par l'ennemi et deux se perdirent corps et biens en mer, mais les 57 autres arrivèrent à bon port. Le vol le plus court fut celui effectué par le *Général Ulrich* (35,4 kilomètres en huit heures et quarante-cinq minutes le 18 novembre) et le plus long, celui effectué par *La Ville d'Orléans* (3 132 kilomètres en quatorze heures avec atterrissage dans le massif de Lifjeld en Norvège — soit une moyenne record de 241 km/h, battue seulement en 1915 !). Sur ces 67 ballons, seuls 56 transportaient du courrier.

Du courrier fut transporté pour la première fois par un engin plus lourd que l'air en août 1908 de Paris à Saint-Nazaire sans caution des autorités officielles.

Le premier essai officiel de transport par avion en France date de 1913 où 10 kilos de lettres furent convoyés entre Paris et Pauillac, pour qu'ils puissent prendre le paquebot des Antilles. Après la Première Guerre mondiale, des

Timbre anglais commémorant le 50e anniversaire du premier vol transatlantique sans escale

Dessin contemporain représentant le lancement d'un ballon lors du siège de Paris par les Prussiens en 1870-1871

hommes aux noms prestigieux jetèrent les bases de l'aéropostale : Pierre Latécoère, Didier Daurat, Saint-Exupéry, Mermoz, etc.
Il fallut attendre le développement de l'aviation commerciale pour voir se créer en 1935 le premier réseau postal intérieur français exploité par la compagnie Air Bleu, équipée d'appareils Simoun-Renault. Mais ce service, assorti d'une lourde surtaxe, fut un échec commercial.
Quelques années plus tard, l'administration décida de supprimer la surtaxe aérienne et établit, avec le concours du ministère de l'Air, les premières liaisons postales aériennes de nuit. La Seconde Guerre mondiale interrompit le développement de cette postale de nuit.
En 1947, l'administration des P.T.T., souhaitant qu'une compagnie autonome exploite le réseau, signa avec Air-France une convention qui confiait l'acheminement du courrier à un secteur individualisé de cette compagnie, disposant de ses avions et de ses équipages. Ce réseau comprend actuellement dix-neuf lignes de nuit et une ligne de jour.

La première liaison postale aérienne du monde fut inaugurée le 18 février 1911 entre Allahabad et Nani, aux Indes. L. Pécquet était aux commandes d'un biplan de type Humber-Sommer et transportait ce courrier à l'occasion de l'Exposition des Provinces-Unies, muni d'un cachet illustré représentant l'avion. L'Inde a émis trois timbres en 1961 pour célébrer le 50e anniversaire de l'événement. Les premiers services postaux aériens de Grande-Bretagne, du Danemark, d'Italie et des États-Unis virent tous le jour en septembre 1911.

Du courrier fut transporté pour la première fois par un engin plus lourd que l'air entre deux pays, non pas par Louis Blériot lors de son vol France-Angleterre de 1909, mais par l'aviateur péruvien Jorge Chavez. Après avoir décollé de Brig, en Suisse, et traversé les Alpes le 23 septembre 1910, il s'écrasa à Domodossola, en Italie. Quelques cartes transportées lors de ce vol épique et tragique reçurent à l'arrivée une griffe quadriligne ainsi libellée : « Domodossola, premier poste de contrôle de la traversée du Simplon par avion. » Du courrier fut transporté par Agustin Parlá entre Cap Sable, en Floride, et La Havane, à Cuba, le 22 juillet 1913, entre Le Caire et Khartoum par Marc Pourpé le 4 janvier 1914, et entre Buenos Aires et Montevideo par Teodoro Fels le 2 septembre 1917. Des liaisons postales régulières entre Londres et Paris furent inaugurées en juin 1918.

La première liaison postale aérienne transatlantique fut accomplie avec succès par John Alcock et Arthur Whitten Brown à bord d'un bombardier Vickers Vimy reconverti, le 14 juin 1919. Le vol, de Saint John's, en Terre-Neuve, à Clifden, comté de Galway, dura seize heures et douze minutes. Des timbres de Terre-Neuve, spécialement surchargés et assortis d'une surtaxe de 1 dollar, furent apposés sur le courrier, à cette occasion.

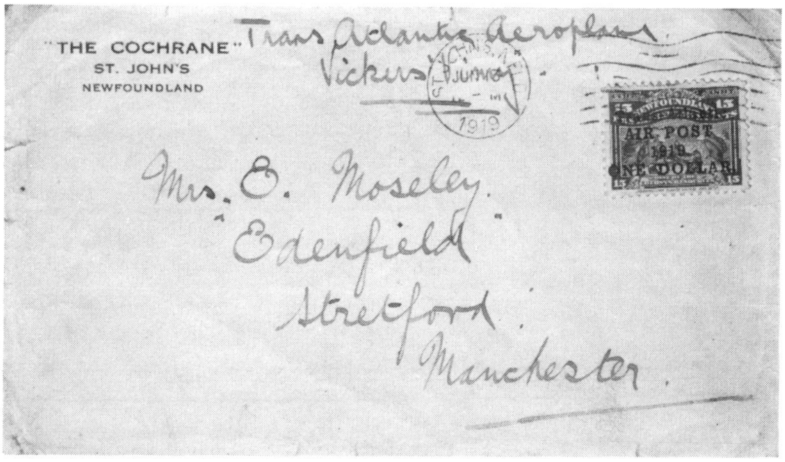

Enveloppe transportée par Alcock et Brown au-dessus de l'Atlantique en 1919

La liaison postale aérienne la plus spectaculaire de tous les temps fut celle réalisée lors du vol groupé de vingt-cinq hydravions Savoia-Marchetti de Rome à Chicago, aller-retour, en juillet 1933. L'escadrille commandée par le général Italo Balbo passa par Amsterdam, Londonderry, l'Islande, le Labrador, Shediac et Montréal, et transportait du courrier en provenance des Pays-Bas, d'Islande, de Terre-Neuve et du Canada. Pour célébrer ce vol, l'Italie émit une vignette commémorative et l'Islande une étiquette gommée spéciale. Pour le vol de retour, l'Islande et Terre-Neuve émirent toutes deux des timbres spéciaux ; mais c'est l'Italie qui réalisa l'émission la plus importante : des triptyques dont la partie gauche constituait un timbre d'enregistrement sans mention de valeur, la partie centrale le timbre d'affranchissement ordinaire, et la partie droite le montant de l'affranchissement jusqu'en Islande (11,75 lires) ou jusqu'aux U.S.A. (44,75 lires). Chaque triptyque était émis surchargé du nom des vingt pilotes en abrégé. Outre ces soixante triptyques, un dernier fut imprimé dans d'autres couleurs et surchargé de la mention SERVIZIO DI STATO pour les lettres officielles destinées au président Roosevelt et aux maires de New York et Chicago. Ce triptyque fut également surchargé de la mention VOLO DI RITORNO, mais ne fut jamais utilisé.

L'idée de microfilmer les messages pour réduire le poids des envois aériens fut utilisée pour la première fois durant la guerre franco-allemande de 1870-1871. La technique fut mise au point par le chimiste parisien Bareswil et employée pour les messages transmis par pigeons voyageurs de Tours à Paris. Grâce au microfilm, un pigeon pouvait transporter jusqu'à 40 000 messages sur des pellicules 12-18 mesurant 38 × 60 mm qui, une fois roulées, étaient de la taille d'une épingle et insérées dans des tuyaux de plumes de corbeau ou d'oie, attachés par un fil de soie aux plumes de la queue du pigeon. A l'arrivée à Paris, les pellicules étaient soigneusement enlevées, déroulées, montées sur des supports en verre et projetées sur écran, tandis que quatre télégraphistes transcrivaient les messages en clair pour les transmettre à leurs destinataires par la poste urbaine.
L'idée fut reprise par Kodak en 1932, mais rejetée par les Postes britanniques qui estimaient que le public n'accepterait jamais de remplir des formulaires ni de voir sa correspondance exposée au grand jour. Ce procédé fut cependant utilisé par le personnel militaire stationné au Moyen-Orient à partir de 1941 et progressivement étendu à d'autres zones de guerre. Ce service cessa ses activités le 31 juillet 1945. En quatre ans, 350 000 000 de messages sur microfilms furent ainsi transmis, utilisant 50 tonnes de pellicules (des lettres ordinaires auraient au moins atteint 4 500 tonnes).

Le premier passager clandestin dans un avion fut découvert lors de l'inauguration de la liaison postale Rouyn-Trois-Rivières au Canada, en janvier 1925, effectuée par le Laurentide Air Service.

La première liaison postale par jet eut lieu en mai 1952 sur *Comet-1* de la B.O.A.C., entre Londres et Johannesburg.

Le courrier par catapulte est une méthode inventée en 1928 pour accélérer l'acheminement transatlantique. Un avion léger, placé à bord du paquebot *Ile de France*, était catapulté dans les airs à l'approche de la côte française pour gagner un jour. Des essais eurent lieu le 8 et le 12 août 1928 (sans marques spéciales), puis des timbres spéciaux avec une surtaxe de 10 francs furent émis à l'usage du courrier transporté sur le vol du 23 août.
Les Français en abandonnèrent l'idée, mais elle fut reprise par les Allemands, tout d'abord à partir du *Bremen* le 22 juillet 1929, alors qu'il se trouvait à une journée de route de New York, puis le 2 août durant son voyage de retour à Brême. Des cachets spéciaux furent apposés sur le courrier en ces deux occasions, mais aucun timbre particulier ne fut émis. Par la suite, le *Bremen* utilisa le courrier par catapulte à New York, Amsterdam, Cherbourg et Southampton. Ce système s'étendit en 1930 à l'*Europa* et en 1930-1931 également au *Colombus*. Il fut interrompu en décembre 1931, reprit temporairement au cours de l'été 1932 et fut définitivement abandonné le 5 juillet 1932 à Southampton *(Europa)*.
Le courrier par catapulte fut également utilisé dans l'Atlantique Sud à partir du *Westfalen* et du *Schwabenland* ancrés au large des côtes américaines et africaines. En 1936, l'*Ostmark* spécialement conçu à cet usage vint renforcer ce service. Ces services par catapulte faisaient le lien entre les hydravions Dornier-Wal utilisés sur la route de l'Atlantique Sud par la Lufthansa et la Compagnie Condor.

Du courrier fut transporté pour la première fois par planeur en août 1923, lors d'un meeting de vol à voile à Gersfeld en Allemagne. Des timbres périmés de la série 1919 furent surchargés sans autorisation officielle pour l'occasion. Le 13 octobre 1923 eut lieu le seul transport de courrier par planeur jamais effectué en Grande-Bretagne. Le *Daily Mail* offrait 10000 livres à qui effectuerait le vol le plus long sur planeur équipé d'un moteur (ne transportant que 4,5 litres d'essence). Le courrier acheminé de Lympne à Hastingleigh portait des vignettes spéciales. Un planeur transportant du courrier partit de Wascheran bei Stockerau, en Autriche, le 19 octobre 1923. Le premier vol postal international par planeur eut lieu en mai 1933, entre Graz en Autriche et Maribor en Yougoslavie.

En 1930, un planeur fut remorqué à travers les États-Unis de San Diego, en Californie, à New York, et, en 1934, un train de trois planeurs fut remorqué de New York à Washington. L'un des pilotes associés à ce Lustig Sky Train, Jack O'Mearay du Pont, organisa un train de planeurs de La Havane à Miami en mai 1935, et Cuba émit à cette occasion un timbre spécial à 10 cents.

Du courrier fut transporté pour la première fois par autogire en mai 1934 à l'occasion de l'exposition sur la poste aérienne APEX, de Hanworth à Windsor. En novembre 1934, du courrier commémoratif fut transporté par le même autogire entre Melbourne et Portland à l'occasion du centenaire de l'État de Victoria. Le premier service officiel par autogire fut mis en place, en 1938, par les Eastern Air Lines entre la poste de Philadelphie et l'aéroport de Camden, pour hâter l'acheminement du courrier.

Du courrier fut transporté pour la première fois par hélicoptère en juillet 1946 sous l'égide de l'Air Transport Command et de l'Air Rescue Service de l'U.S. Air Force. Le courrier portait un cachet spécial. En Europe, ce fut le 5 novembre 1947 entre La Haye et Bruxelles, avec un cachet spécial.

Le recours aux pigeons voyageurs remonte à la plus haute Antiquité. Le premier exemple d'utilisation de cet oiseau, pour transmettre un message à l'homme, est évidemment la colombe apportant à Noé un rameau d'olivier en gage de la bienveillance divine. Les Grecs, les Égyptiens et les Assyriens auraient également utilisé des pigeons voyageurs. Pline

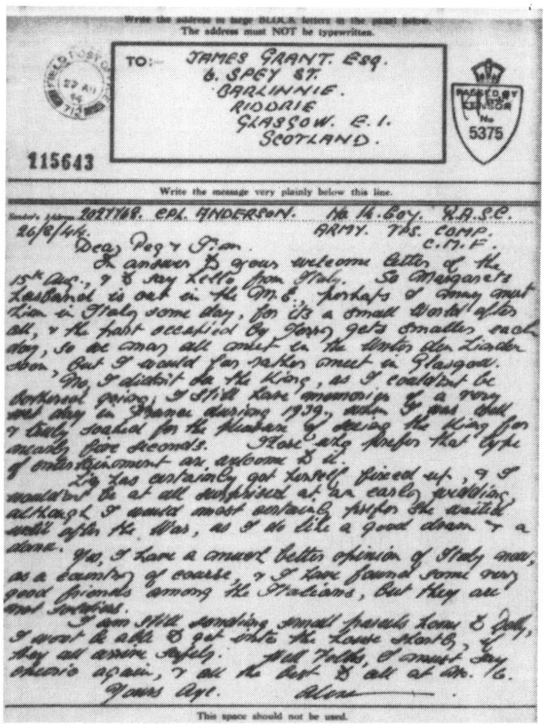
TO:– JAMES GRANT. Esq.
6. SPEY ST.
BARLINNIE.
RIDDRIE
GLASGOW. E. 1.
SCOTLAND.

115643

Message sur microfilm (1944)

raconte comment Brutus, assiégé par Antoine dans Modène, envoya des messages aux consuls romains par ce truchement. Des pigeons voyageurs jouèrent également un rôle au siège de Leyde (1575) et apprirent aux Rothschild la victoire de Waterloo (1815), trois jours avant que la nouvelle ne parvînt à Londres. En 1870-1871, plus de trois cents pigeons transportèrent des messages à Paris, des messages d'abord écrits à la main sur des morceaux de papier, puis photographiés sur microfilms. Les pigeons étaient eux-mêmes transportés hors de Paris à bord de ballons.

Le premier service commercial de pigeons voyageurs fut créé en 1855 entre Galle et Colombo, à Ceylan (Sri Lanka) pour apporter des nouvelles de la guerre de Crimée. Il mit fin à ses activités en 1858.

En 1896, W. Fricker testa des pigeons voyageurs entre les îles de la Grande-Barrière et Auckland (Nouvelle-Zélande), et inaugura un service public au début de 1897. Des timbres adhésifs particuliers furent émis en novembre 1898. Deux services étaient en activité en 1908 lorsque l'extension du télégraphe les condamna à disparaître.

Enveloppe transportée par autogire, mai 1934

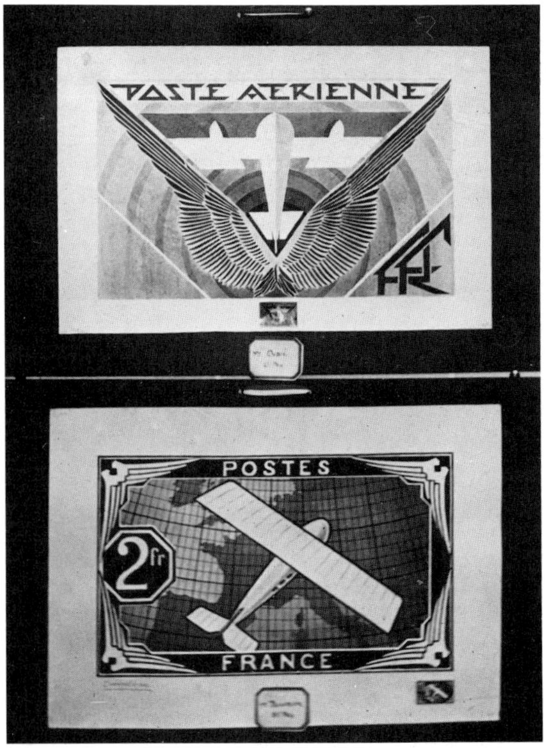

Exposition de maquettes de timbres célébrant la poste aérienne

Entre 1931 et 1941, des services semi-officiels de pigeons voyageurs opérèrent en Inde ; ils utilisaient des vignettes spécialement imprimées, souvent de nature commémorative, et dont la vente servit à collecter des fonds pour l'effort de guerre.

Un service de pigeongrammes fonctionna entre Guernesey et l'île d'Herm en 1949, et émit des vignettes et des timbres spéciaux à 1 shilling.

Le seul autre exemple d'oiseaux apprivoisés utilisés pour transporter le courrier se situe dans les îles Gilbert, en 1880, où les missionnaires confiaient à des frégates des messages roulés et insérés dans des tuyaux de plume attachés à la queue des oiseaux.

Des essais de transport de courrier par fusée ont été effectués en Australie, à partir de 1928, par Friedrich Schmiedl, mais, hormis des messages personnels, aucun courrier ne fut transporté de cette manière jusqu'en février 1931 où une fusée V-7 fut lancée avec succès.
La première fusée utilisée pour le courrier du grand public fut la R-1 un peu plus tard, la même année. Des timbres (non officiels), des enveloppes et des cachets spéciaux furent émis à cette occasion.

Le plus grand nombre de vols de fusées postales revient à l'Inde avec soixante-quinze vols opérés par le Dr Stephen Smith, entre septembre 1934 et décembre 1944.

Le seul timbre jamais émis par une administration postale pour une poste aux fusées est le 10 centavos produit par Cuba, le 15 octobre 1939, surchargé de la mention *EXPERIMENTO DEL COHETE POSTAL AÑO DE 1939*. Des timbres et des blocs furent émis en 1964 pour commémorer le 25e anniversaire de ce vol.

Durant le vol d'Apollo 11, en 1969, les astronautes emportèrent avec eux la matrice d'un timbre-poste les représentant en train de poser le pied sur la lune. Lorsque le module lunaire toucha le sol de la lune, les astronautes tirèrent une épreuve de ce timbre sur papier, créant ainsi le premier timbre-poste lunaire. Ils rapportèrent la matrice qui servit à imprimer le 10 cents poste aérienne américain, émis en septembre 1969. Les astronautes emportèrent aussi sur la lune une enveloppe avec une épreuve du timbre non dentelée et non oblitérée, qu'ils oblitérèrent sur la lune avec un cachet libellé MOON LANDING U.S.A. avec la date JUL. 20 1969 au centre. Le premier bureau de poste lunaire ne disposait que d'un matériel réduit — un cachet dateur en caoutchouc et un tampon encreur. Les trois astronautes posèrent ensemble la main sur le cachet dateur pour oblitérer l'enveloppe.

Méthodes inhabituelles de transmission des messages. Dans les pays scandinaves, à partir de la fin du IXe siècle, apparurent des bâtonnets en bois sculpté appelés *pilbud* ou *härpil* (en Suède) acheminés par des messagers qui les déposaient à des endroits convenus, où le suivant venait les chercher. Par la suite, aux XVIIIe et XIXe siècles, ils prirent une forme plus sophistiquée, *Budkarve* en Suède ou *Budstika* en Norvège, et servirent surtout à acheminer le courrier officiel.

Les pierres-bureaux de poste étaient de gros blocs portant des inscriptions qui invitaient le lecteur à vérifier si des lettres n'étaient pas dissimulées dessous. Ces pierres étaient utilisées par les navigateurs anglais et hollandais assurant la liaison avec les Indes et l'Insulinde. Lorsqu'ils partaient vers le sud, ils déposaient sous ces pierres le courrier que venaient récupérer les navires retournant en Angleterre et aux Pays-Bas. Les pierres du Cap furent utilisées de 1602 à 1632 tandis que celles de Sainte-Hélène datent du milieu du XVIIe.

Les chaussures-bureaux de poste étaient de vieilles chaussures ou des bottes suspendues à un gros arbre à Olifants Bay en Afrique du Sud et utilisées comme boîte aux lettres par les navigateurs assurant la liaison avec les Indes et l'Insulinde, au XVIIIe siècle.

L'arbre aux baleiniers sur le port de Stilla, près du cap Horn, servait de boîte aux lettres aux baleiniers de l'Antarctique. Les navires en route pour Nantucket, New Bedford et autres villes de pêcheurs de baleines de la Nouvelle-Angleterre faisaient relâche à cet endroit pour prendre le courrier laissé dans les racines de l'arbre. Les lettres mettaient de quatorze mois à quatre ans pour parvenir à leur destinataire.

Timbre américain de poste aérienne (1969) en l'honneur du premier homme sur la Lune

SALVED FROM
S.S. "LEINSTER".

DAMAGED BY
SEA WATER
IN AIRPLANE
ACCIDENT

GRANTHAM
RLY ACCIDENT

Griffes spéciales apposées sur le courrier récupéré à la suite de naufrages, d'accidents d'avion ou de train

LE TRAITEMENT DU COURRIER

La censure du courrier se pratiquait dans de nombreux pays aux XVIIe et XVIIIe siècles, mais aucune marque extérieure ne pouvait laisser deviner qu'il avait été examiné. Le premier exemple connu de courrier portant la marque de la censure date de la révolte jacobine de 1745-1746. Les lettres retardées dans leur acheminement entre l'Angleterre et l'Écosse portaient la mention OPENED BY THE REBELS inscrite à la main par le Service des postes. Durant les événements de 1916-1921, en Irlande, les enveloppes étaient frappées du tampon CENSORED BY THE I.R.A.

La censure officielle du courrier assortie de l'utilisation de marques distinctives apparut en Amérique durant la guerre civile. Divers timbres portant la mention EXAMINED ou APPROVED étaient utilisés dans les camps de prisonniers fédéraux sur le courrier destiné aux États confédérés. Les lettres émanant de prisonniers de l'Union détenus dans des camps confédérés portaient simplement la mention manuscrite EXAMINED. La censure postale du courrier émanant des combattants des régions reculées fut appliquée dans les deux camps lors de la guerre franco-allemande (1870-1871) et de celle des Balkans (1878-1879).

Le courrier sauvé des naufrages et des accidents ferroviaires est généralement frappé d'une griffe indiquant la cause du retard ou des dégâts. C'est en 1846 que des lettres sauvées du naufrage du *Great Liverpool* furent traitées pour la première fois de cette manière.

Des étiquettes spéciales apposées sur le courrier sauvé d'un accident de train furent utilisées pour la première fois au Canada, en janvier 1873, sur des lettres récupérées après l'accident du Grand Trunk Railway, près de Grafton, dans l'Ontario. Une griffe fut appliquée au courrier retrouvé à la suite des accidents ferroviaires de Mattawan River, dans l'Ontario (juin 1894), de Grantham, Lincs (septembre 1906), et après des incendies de trains en France (1917, 1919 et 1924) et dans l'express Capetown-Port Elizabeth en Afrique du Sud. Les lettres sauvées de la catastrophe de Tay Bridge (1879) reçurent simplement une mention manuscrite.

Le premier exemple de griffe apposée à la main sur le courrier récupéré à la suite d'un accident aérien, date de juillet 1934, où des lettres partiellement carbonisées furent sauvées après l'explosion d'une fusée postale expérimentale à Harris. Elles reçurent une griffe spéciale de trois lignes expliquant la cause des dégâts et apposée par le receveur des postes de Harris.

Le premier exemple de griffe appliquée au courrier récupéré à la suite d'un accident d'avion date de 1935 où les lettres retrouvées dans le *City of Khartoum* qui s'était écrasé au large des côtes d'Alexandrie fut traité de cette manière. La même procédure fut reprise pour le courrier récupéré dans le *Scipio* (1936), le *Boadicea* (1936), le *Cygnus* (1937), le *Calpurnia* (1938), le *Centurion* (1939) et après les accidents, survenus aux Comet, au large de Singapour et de Prestwick (tous deux en 1954).

La désinfection et la purification du courrier en temps de peste et d'épidémie furent largement pratiquées à partir du XVIIe siècle. Quatre méthodes de désinfection étaient utilisées :

- ouverture des lettres et exposition à l'air de leur contenu ;
- fumigation au-dessus d'un brasier.
- aspersion de vinaigre (taches) ;
- pratique d'entailles et de trous pour laisser sortir l'air pestilentiel.

Des marques spéciales furent utilisées en France, en Italie, à Malte et dans d'autres pays maritimes au XVIIIe et au début du XIXe siècle.

Lettre purifiée au Lazaret de Malte : à noter les entailles pratiquées pour laisser s'échapper l'air pestilentiel

2
Les marques postales

Les premières marques postales jamais enregistrées sont les marques rouges et bleues figurant sur les dépêches des dignitaires égyptiens de la IIIe dynastie (vers 3000 av. J.-C.), et ainsi libellées : « Au nom du roi vivant, vite ! » Des spécimens sont conservés au musée du Caire.

Les premières marques postales en Europe sont des injonctions invitant les messagers à acheminer rapidement la correspondance officielle. A Venise, au XIVe siècle, la formule employée était : *CITO, CITISSIME, VOLANTISSIME* en latin (Vite, très vite, en volant très rapidement). Au XVIe siècle, les Français apposaient sur leur courrier EN DILIGENCE raison pour laquelle les malles-poste françaises ont pris ce nom.
Dans l'Angleterre des Tudors, on trouvait sur les missives : *HASTE, HASTE, FOR LIFE POST HASTE* (En hâte, en hâte, pour la vie en hâte par la poste).
La plupart des dépêches officielles importantes portaient la signature des maîtres de poste successifs, ainsi que leur heure d'arrivée et de départ. Ces lettres *exprès* sont extrêmement intéressantes pour les historiens de la poste, car elles fournissent des renseignements sur les routes de postes médiévales et le temps qu'il fallait pour les parcourir.
Ce n'est qu'avec l'ouverture des services officiels au grand public qu'est apparu un système de marques manuscrites indiquant les frais de port à payer par le destinataire. Même après l'introduction des cachets à main, le montant de l'affranchissement était manuscrit — à l'encre noire s'il était payable à l'arrivée, à l'encre rouge ou au crayon de couleur s'il était acquitté au départ.

Les premières mentions manuscrites de frais de port sont apparues en France au XVIe siècle, lorsque les expéditeurs ont pris l'habitude d'indiquer sur les enveloppes *PORT QUATRE SOLZ* ou *DTE (DÉCOMPTE ?) POUR LE PORT CINQ SOLZ* pour en certifier l'affranchissement. Mais ces mentions n'avaient rien d'officiel. En 1588, cependant, la réglementation du service de la messagerie Toulouse-Paris stipulait que chaque missive devait porter sur l'enveloppe le montant payé ou dû « *à raison de huict soulz pour once poix de marc* », montant manuscrit en chiffres à l'encre rouge ou noire. Rares sont les exemples datés d'avant 1640 où cette pratique s'étendit à toute la France.
Les premières lettres émanant du grand public en Angleterre ne portaient aucune indication de frais de port. A partir de 1852, ces frais furent indiqués par simples chiffres. Les lettres affranchies portaient généralement la mention manuscrite *POST PAID* ou *P Pd* (Port payé), mais elles sont rares.
L'usage des mentions manuscrites pour indiquer le montant des frais subsista, à quelques exceptions près, jusqu'à l'avènement du Uniform Fourpence Postage (affranchissement uniforme à 4 pence) en décembre 1839 et de la Penny Post en janvier de l'année suivante, mais de nombreux bureaux continuèrent à inscrire les frais à l'encre noire.
Même après l'adoption des timbres adhésifs en 1840, les Postes britanniques autorisèrent

Diligence sur un timbre français de 1952

l'affranchissement en numéraire au départ jusque vers 1850, les frais étant indiqué à l'encre rouge ou au crayon de couleur sur l'enveloppe.

Les premières marques apposées au cachet à main indiquant le lieu de départ du courrier firent leur apparition à Milan au début du XIVe siècle, sur des lettres acheminées par le service municipal organisé par la famille Visconti. La première de ces marques était une estampille à sec aux armes de la ville, portant l'inscription latine *SUB PENA FURCARUM* (Sous peine de subir le supplice des fourches) — avertissement aux messagers de ne pas prendre de retard sous peine d'être torturés. Le dernier des Visconti, Felipe Maria, dut cependant avoir des ennuis avec ses hommes, car il introduisit en 1425 un nouveau modèle libellé *SUB PENA MILLE FURCARUM* (Sous peine de subir le supplice de mille fourches). Les sceaux ultérieurs comportaient de minuscules poignards et une étoile, représentant sans doute la roue sur laquelle étaient suppliciés les malfaiteurs. La coutume se répandit dans d'autres cités-États d'Italie; plusieurs utilisèrent également des estampilles à sec à leurs armes.

La première marque faisant référence aux postes apparaît sur une lettre partie d'Alep en Syrie et destinée à Léonard de Vinci à Amboise en 1519. Les mots POSTA CECA étaient frappés sur un sceau en cire, mais personne n'a jamais découvert ce qu'ils signifiaient !

La première marque en Europe portant un nom de ville ou de lieu est celle de D'JARSEY en 1683 (21 × 3 mm) : on l'apposait sur le courrier qui, en provenance de Jersey, arrivait à Saint-Malo. On n'en a retrouvé jusqu'ici que deux spécimens.

Elle précède de douze ans l'introduction générale des marques nominatives en France. La première marque nominative apposée à Jersey même n'apparut qu'en 1794. La France adopta les marques nominatives en 1695, les noms étant généralement précédés du mot *de*.

D'JARSEY

Marque d'arrivée de Jersey, 1683

DE LYON

Lyon, 1695 : première marque nominative française

Les premières griffes identifiant l'origine des missives dans les îles britanniques (autres que les marques à date — voir ci-dessous —) furent utilisées à Dublin en 1667-1668. Le premier type présentait la lettre *w* entourée d'un cercle, et désignait sans doute Warburton, maître des Postes irlandaises à l'époque. Il en existe un second type avec un *d* (Dowling ?) sur des lettres de 1669.

Marque de maître de poste, Dublin, 1667

Griffe au monogramme de la Compagnie néerlandaise des Indes orientales

Marque suédoise apposée sur le courrier privé

Les lettres transportées par les navires de la Compagnie hollandaise des Indes orientales portèrent le monogramme de la compagnie, VOC, à partir de 1665 — deux ans avant l'apparition des premières griffes aux Pays-Bas. Des lettres provenant de Stockholm (1685) étaient munies d'une marque ovale renfermant une couronne et un B (courrier privé) ou un F (courrier officiel).

La première marque à date postale du monde fut inventée par le colonel Henry Bishop, maître des Postes de Grande-Bretagne, en réponse aux critiques dénonçant les retards fréquents dans l'acheminement du courrier.

L'annonce parue dans le *Mercurius Publicus* d'avril 1661 était ainsi rédigée : « Il a été inventé un timbre qui sera désormais apposé sur toutes les lettres pour indiquer le jour du mois où elles sont parvenues au bureau de poste, de manière qu'aucun Porteur de Lettres ne puisse retarder indûment son acheminement comme auparavant. »

Marque Bishop, 1661

Première marque nominative américaine, 1756

La marque « *Bishop* » était un petit rond divisé en deux par le milieu. La partie inférieure comportait le chiffre indiquant le jour du mois, et la partie supérieure deux lettres indiquant le mois en abrégé. 18 MA signifiait ainsi 18 mars. Le cachet était en bois et ressemblait à deux petites baguettes de section semi-circulaire, solidement attachées ensemble.

La première marque portant le nom du bureau de départ utilisée en Amérique du Nord est une marque à deux lignes libellée *New York* et datant de 1756.

Les premières marques apposées à la main indiquant que le port était dû par le destinataire furent utilisées au Foreign Post Office de Londres de 1663 à 1667. Elles étaient rectangulaires avec une ligne centrale, un *d* (due) et le montant en chiffres. Elles disparurent subitement et pendant deux siècles la poste de Londres préféra indiquer le montant des frais à la plume, curieux retour en arrière !
Des marques élaborées incorporant les initiales de la ville de départ et le montant dû furent utilisées à Amsterdam au début du XVIIIe.

Les premières marques indiquant les distances furent adoptées en Angleterre en 1784. Les chiffres situés en dessous ou à côté du nom du bureau indiquaient la distance séparant celui-ci de Londres et aidaient le personnel de la poste à calculer le montant des frais, proportionnels à la distance parcourue. Ces timbres disparurent en 1795 quand on s'aperçut que la plupart des kilométrages étaient faux, mais ils réapparurent en 1801.

Les premières marques attestant l'acquittement des frais de port furent inventées par William Dockwra, marchand londonien, qui imagina des marques triangulaires à l'usage du service privé et créa en 1680, la London Penny Post. Dockwra institua un système de « bureaux de réception » à Londres et à Westminster. Les lettres traitées par ces bureaux étaient frappées d'une marque distincte à double triangle portant l'inscription PENNY POST PAID entre les deux triangles le long des trois côtés. Au centre se trouvait une lettre indiquant le bureau d'origine. La poste de Dockwra suscita des protestations vigoureuses de la part des messagers et porteurs qui voyaient ainsi leur emploi menacé. Titus Oates parla même à son sujet de « complot papiste » ourdi par les jésuites ! Finalement, le Service officiel des postes lui intenta un procès pour atteinte à son monopole et la Penny Post cessa ses activités en novembre 1682. Mais, peu après, elle rouvrit sous le contrôle de la Poste officielle. Des marques d'affranchissement triangulaires assez similaires furent utilisées par les services gouvernementaux jusqu'en 1795.

Les premières marques de levée furent également inventées par William Dockwra. Chaque lettre acheminée par sa London Penny Post portait une petite marque complémentaire en forme de cœur indiquant l'heure de départ du courrier. Ces marques de levée ne furent utilisées que par les Penny Posts de Londres et d'Édimbourg, et disparurent respectivement en 1843 et 1838. Par la suite, l'heure fut vaguement indiquée au moyen de lettres codées — M (morning), E (evening) ou A (afternoon) —, mais ces mentions disparurent à leur tour vers 1857. Progressivement, pourtant, les bureaux plus importants adoptèrent un système combiné de chiffres et de lettres qui identifiait le postier qui avait apposé la marque et donnait (aux postes, sinon au public) une vague idée de l'heure de la levée. Des codes à quatre lettres furent insérés dans les cachets dateurs à partir de 1894, mais la mention de l'heure en clair ne fut reprise et étendue à l'ensemble des Iles britanniques qu'en 1895. Au cours du XIXe siècle, la plupart des pays européens avaient adopté les marques de levée, et on peut s'étonner que le pays qui les a inventées ait mis une telle mauvaise volonté à s'en servir : les Postes britanniques avaient en effet beaucoup de mal à accepter que le public connaisse l'heure exacte de départ du courrier.

Marques de franchise française, anglaise et irlandaise

Premières marques d'affranchissement des journaux en Angleterre et en France

La plus ancienne poste locale du monde est la Petite Poste de Paris fondée par Renouard de Villayer, en 1653. Villayer, maître des requêtes, fut autorisé à créer son service par décret du 8 août 1653. Les lettres de Paris pour Paris pouvaient être déposées dans une boîte, munies d'un « billet de port payé » que l'on se procurait au siège de l'organisation. Cette expérience fut éphémère, mais elle sera reprise un siècle plus tard, le 5 mars 1758. On parle abondamment de ce service dans la littérature contemporaine, pourtant on n'a jamais retrouvé de lettres acheminées par son intermédiaire. Un timbre-poste représentant son écusson est paru en France en 1944.

Les premiers exemples de franchise postale autorisant l'acheminement de la correspondance officielle en franchise de port ne sauraient être avancés avec certitude, dans la mesure où les premiers services postaux du monde étaient précisément destinés à remplir cet office. Une fois que le grand public eut accès aux services postaux, se posa, cependant, la question de l'acquittement des frais de port; il devint nécessaire de faire la distinction entre le courrier soumis à l'affranchissement et le courrier circulant en franchise. Les premières dispositions à cet égard, en Angleterre, remontent au décret du Conseil d'État de 1652, à l'époque du Commonwealth, autorisant la circulation en franchise des correspondances entre les membres du Parlement et certains fonctionnaires gouvernementaux.
La correspondance du gouvernement français en 1692-1693 portait la mention manuscrite : POUR LES EXPRESSES AFFAIRES DU ROY.

La première marque associée au privilège de franchise comportait deux lignes sans encadrement libellées *AFFRANCHI/PAR ÉTAT* apposées en noir ou rouge sur la correspondance officielle au départ de Paris en 1672. Cette marque est d'autant plus remarquable qu'elle précéda de vingt-trois ans tout autre cachet postal en France. Il s'écoula un temps considérable avant qu'elle fût remplacée en 1744 par une marque d'une seule ligne libellée AFFAIRES DU ROI. Durant la Révolution, la prolifération des privilèges de franchise témoigna de l'agitation politique de l'époque.

La première marque postale attestant l'affranchissement des journaux et périodiques envoyés par la poste fut utilisée par la France en 1779. Elle se composait d'une double couronne au milieu de laquelle était inscrit PÉRIODIQUES, tandis qu'au centre figuraient le mot FRANCS, une couronne et une fleur de lis.
Les emblèmes royaux disparurent en 1793 et furent remplacés en 1797 par le bonnet phrygien, symbole de liberté et emblème de la Révolution.
Aucune marque spéciale n'existait à cet usage dans les Iles britanniques, mais comme tous les journaux portaient une estampille fiscale qui leur permettait entre autres d'être acheminés en franchise, on peut considérer qu'il s'agissait là d'une marque semi-postale.

Des marques dominicales furent utilisées à Londres et à Dublin. Pour jouir du privilège de franchise, les lettres devaient porter la date du dépôt écrite de la main de l'expéditeur et être postées le même jour. Comme les lettres en franchise postées le dimanche ne recevaient la marque nécessaire que le lendemain, c'est-à-dire trop tard, elles reçurent une marque spéciale SUNDAY (dimanche) pour justifier la contradiction apparente entre la date manuscrite et la date de la marque de franchise.

Marques dominicales d'Angleterre et d'Irlande

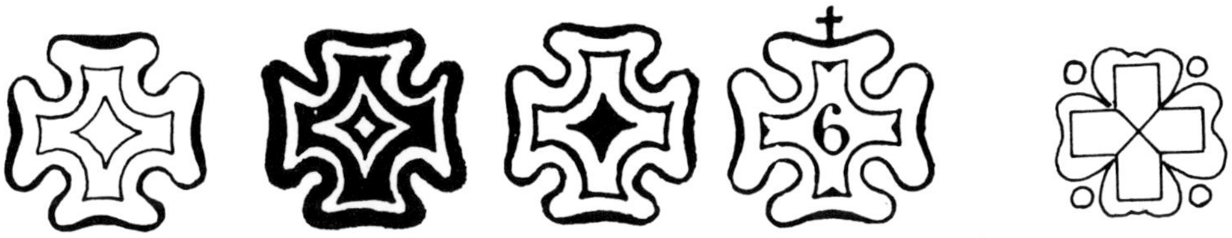

Cachet oblitérant Croix de Malte, 1840-1844, et rosette de Zurich, 1843

La première oblitération du monde, sorte de cachet destiné à annuler les timbres-poste et à empêcher qu'on ne s'en serve une seconde fois, est l'oblitération appelée « Croix de Malte » ; le cachet oblitérant pourvu de ce motif fut distribué à toutes les villes des îles britanniques comportant une poste et utilisé conjointement avec les timbres adhésifs introduits en mai 1840. En réalité, le terme de « Croix de Malte », forgé par les premiers philatélistes, est impropre car le motif était inspiré de la rose des Tudor et ne présente qu'une lointaine ressemblance avec la croix à huit pointes des chevaliers de Malte. Les cachets oblitérants étaient en cuivre et présentaient des motifs uniformes de sorte qu'il est impossible d'identifier leur bureau d'origine. Quelques cachets ultérieurs de remplacement sont cependant assez distincts pour être identifiables et ils sont très prisés par les collectionneurs. Les premiers sont à l'encre rouge mais, à partir de février 1841, ils sont à l'encre noire (utilisée à titre d'essai à Londres depuis la fin d'août 1840). D'autres couleurs étaient typiques de certaines villes. Il existe quelques spécimens de timbres adhésifs oblitérés avec des croix de Malte bicolores rouge et noir. La marque à date du bureau était apposée au dos de l'enveloppe comme cela se pratiquait avant l'adoption des timbres adhésifs.

Le canton suisse de Zurich, qui adopta les timbres adhésifs en mars 1843, s'inspira visiblement de la croix de Malte dans le choix de son oblitération. Elle présentait le même dessin, surchargé de la croix suisse, avec des ornements circulaires insérés dans les interstices. Ce cachet est connu sous le nom de Rosette de Zurich. Il fut utilisé à Genève à partir de septembre 1843 et sur les premiers timbres fédéraux (1850). Zurich préférait l'encre rouge et Genève l'encre noire, mais on trouve aussi de l'encre bleue.

Le Brésil, qui émit ses premiers timbres adhésifs le 1er août 1843, n'utilisa pas d'oblitérations spéciales mais se contenta des marques à date existantes ou de marques nominatives sans date.

Les premières oblitérations destinées à mettre en valeur le portrait du monarque régnant sont apparues en Espagne, en 1850. Elles présentent un quadrilobe avec des lignes partant vers l'extérieur depuis chaque lobe. Elles étaient conçues pour oblitérer fortement le timbre tout en encadrant le portrait assez avenant de la reine Isabelle. Une oblitération plus élaborée en forme de cadre baroque fut mise en service en Sicile en 1859, pour oblitérer les timbres représentant le roi Ferdinand (familièrement appelé « Bomba » parce qu'il ordonnait toujours à la marine de bombarder ses sujets insoumis). On trouve le seul autre exemple d'oblitération « respectueuse » dans l'état indien de Bhor en 1901. Mais, que l'on sache, ces cachets ne servaient pas à la poste officielle et n'étaient apposés que par complaisance.

Les oblitérations les plus indélébiles furent inventées au milieu du XIXe siècle par des administrations postales afin de lutter contre le fait que des gens malhonnêtes puissent, éventuellement, laver l'encre utilisée et réemployer les timbres. Parmi ces oblitérations conçues pour recouvrir le timbre d'un motif ligné défiant le nettoyage le plus résolu, se trouvent la grille ovale (Buenos Aires, 1858-1859), le losange ligné (Toronto, 1858), le cachet triangulaire composé de lignes parallèles rapprochées du cap de Bonne-Espérance (1853-1863), le motif ovale à lignes parallèles (Ceylan, 1855-1867), le losange de pointillés assorti de l'inscription FRANCA (Équateur, 1866), la grille en losange (lignes entrecroisées, France, 1849-1850), la grille en losange (lignes parallèles, Suisse, 1851), l'ovale ligné (Nouvelle-Galles du Sud, 1850), le motif circulaire à lignes parallèles (Norvège, 1855), le cachet « cible » quadricirculaire (Autriche, 1850), le motif rectangulaire composé de losanges (Toscane, 1851) ou les grilles circulaires épaisses (États-Unis, 1847-1850). Même l'Espagne abandonna ses oblitérations « respectueuses » pour appliquer sur ses timbres un cachet ovale aux lignes épaisses, en dépit du crime de lèse-majesté ainsi perpétré. Mais ce n'était encore rien à côté des mesures proposées par le Dr Thebussem (nom de plume du réformateur de la poste espagnole, M. P. de Figueroa) qui préconisait l'emploi d'encre corrosive ou, encore plus ingénieux, d'imprégner le papier de poudre à fusil pour que le timbre explose littéralement à l'oblitération !

L'annulation par déchirure du timbre n'est pas aussi hérétique qu'on pourrait le penser à première vue, et cette pratique est très répandue pour l'annulation des tickets. Heureusement pour les philatélistes, elle n'a été utilisée qu'à deux reprises.

David Bryce, propriétaire du *Lady Mc Leod* qui faisait la navette entre Port of Spain et San Fernando, La Trinité, annulait les timbres qu'il fournissait pour les lettres acheminées sur son navire en en dégageant un coin pour le gratter de l'ongle au verso. Par la suite, il jugea cependant que l'oblitération à la plume et à l'encre était plus rapide et plus efficace.

Pour annuler les premiers timbres d'Afghānistān, les célèbres « Tigres » de 1870-1871, les maîtres de poste décollaient un coin et le déchiraient. Il est donc pratiquement impossible de trouver des spécimens usagés de ces timbres en parfait état.

Les premières oblitérations numériques furent introduites par les Postes britanniques, en mai 1844. Si un cachet à date était apposé au dos des lettres, on se rendit compte qu'il fallait aussi pouvoir en identifier l'origine. Des séries de cachets d'oblitération numérique à motifs distincts furent donc répartis dans l'ensemble des îles britanniques.

Ces oblitérations disparurent au milieu du XIXe mais certaines survécurent jusqu'au début du XXe siècle.

Les oblitérations numériques furent également adoptées par de nombreux pays étrangers vers 1850.

Oblitérations numériques : motifs principaux par pays

Bade	Quintuple couronne (1851-1867)
Bavière	Timbre « roue de moulin » (1850); Traits concentriques (1856)
Brunswick	Losange style irlandais (1856)
Prusse	Quadruple couronne (1850-1859)
Saxe	Double couronne avec un motif de croisillons (1852-1866)
Schleswig-Holstein	Motif circulaire de barres horizontales (1850)
Tour et Taxis	Quadruple couronne (1852-1867)
Belgique	Rectangle enserré dans des lignes horizontales de format circulaire (1850)
Canada	Quadruple couronne (1851); Double couronne (1858)
Nouveau-Brunswick	Grille ovale de lignes parallèles (1851-1867)
Danemark	Triple couronne (1851)
France	Losange de pointillés (1852)
Grèce	Losange de pointillés (1861)
Inde	Divers motifs de barres en forme de losange (1854-1873)
Maurice	Triple couronne (1849); Double couronne (1850-1868)
Norvège	Triple couronne (1858-1868)
Pologne	Six carrés concentriques (1860); Quadruple couronne (1860-1863)
Portugal	Ovale vertical de barres horizontales (1855)

Oblitérations numériques des îles Britanniques, 1844

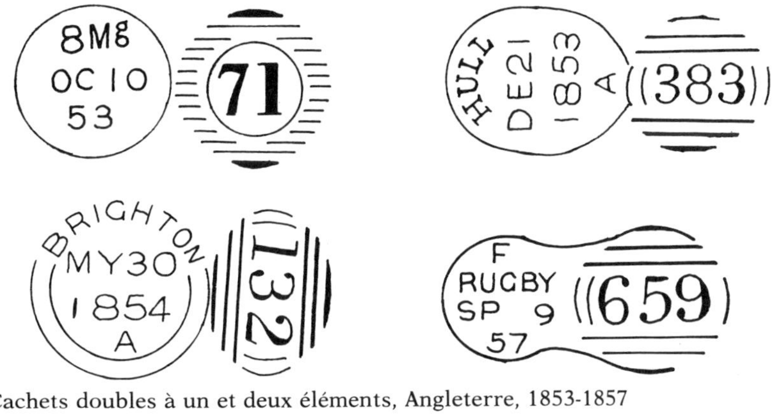

Cachets doubles à un et deux éléments, Angleterre, 1853-1857

Les premiers cachets doubles à un élément associant le cachet à date et l'oblitération proprement dite sur le même instrument furent mis en service à la London District Post en juin 1853 pour les lettres « en retard ». Le cachet ainsi obtenu présentait un cachet à date rectangulaire et une oblitération ovale à barres. Mais peu après apparut un cachet à l'usage des lettres ordinaires comportant un cachet à date circulaire. Sur ce dernier, le cachet à date et l'oblitération constituaient des unités séparées, tandis que sur les précédents, cachet à date et oblitération étaient intégrés en un seul élément : ils apparurent dans les bureaux provinciaux d'Angleterre à la fin du mois de mai 1854. Ils étaient généralement de forme inhabituelle.

Les cachets doubles à deux éléments furent adoptés par nombre de colonies anglaises et de pays étrangers. Le seul pays à les utiliser encore de manière régulière est les États-Unis, sans chiffre sur l'élément oblitérant.

Les cachets combinés, associant cachet à date et élément oblitérant en un seul et même motif, furent utilisés pour la première fois en Autriche en 1850.

Des exemples isolés de cachets combinant élément oblitérant, nom et date, existent à partir de cette époque jusque vers 1860; on trouve ainsi la roue dentée utilisée à Gfoehl, l'ovale de Kaposvar et l'ovale à barres d'Aussee Maehren, mais il s'agit là d'exemples plus ou moins uniques. Des cachets à date à double couronne, avec un ornement curviligne au pied de l'arc inférieur, existaient aussi depuis le milieu du XIXe et furent abondamment utilisés sous le règne des Habsbourg.

Les premiers cachets combinés d'Angleterre et du Pays de Galles furent les « cercles inscrits dans un carré » utilisés pour la première fois à Leeds en septembre 1879. Ils furent largement employés au XIXe siècle, mais certains restèrent en usage au XXe.

Le cercle inscrit dans un carré se retrouve en Italie, au Canada, en Afrique du Sud et en Nouvelle-Zélande au début du siècle. La version allemande de ce type de cachet est le cachet à date à « pont » sur lequel la date apparaît dans un « pont » formé d'une seule ligne entre deux groupes verticaux de barres oblitérantes. Utilisé pour la première fois en 1884, il fut largement utilisé en Allemagne jusque vers 1920, ainsi qu'en Autriche, en Hongrie, en Suisse et dans les pays scandinaves en différentes versions. Ce type de cachet fut également employé à titre expérimental en Angleterre (1905), en France (1913) et en Irlande (1922), mais tous ces exemples sont très rares.

Le premier bureau à avoir utilisé un cachet combiné avec une épaisse ligne noire entre les deux cercles de la double couronne est celui d'East Dulwich à Londres, en avril 1894.
Les collectionneurs appellent d'ailleurs ce type modèle Dulwich.

Le premier essai d'oblitération mécanisée fut réalisé avec une machine inventée par Pearson Hill, fils de sir Rowland Hill. Il avait déjà étudié le problème en 1853 et, en 1857, il avait construit une machine qui fut essayée à Londres en septembre de la même année, puis en février 1858. La machine de Pearson Hill fonctionnait à la vapeur ou à pédale ; elle produisait une impression double originale avec la date inscrite à l'intérieur de jeux de lignes verticales. Une version ultérieure portait le nom LONDON, autour de la partie inférieure du cachet. Ces deux types d'oblitération sont extrêmement rares.
En 1858-1859, une nouvelle machine de Hill, appelée Parallel Motion (Mouvement parallèle), fut mise à l'essai. Elle produisait une impression similaire au double cachet à deux éléments contemporain. Des expériences effectuées à Edimbourg avec cette machine naquit la célèbre Brunswick Star (Étoile de Brunswick) de 1863-1865. Ces machines « Parallel Motion » furent largement utilisées dans les îles britanniques jusqu'au début du XXe siècle.

La première machine à oblitérer à débit rapide, au sens moderne, fut inventée par Francis Wirth en Allemagne en 1867.
Elle fut introduite en Angleterre par J.C. Azemar et testée par l'Office des postes d'avril à juin 1869, puis du milieu de 1872 à janvier 1873. Elle produisait une impression avec un cachet à date circulaire et des motifs de barres horizontales épaisses. Mais ces essais ne furent pas jugés satisfaisants.
Albert Höster modifia la machine de Wirth et conçut des machines à pédale. Ces machines de Höster furent testées en 1882-1883, puis utilisées à Londres jusqu'en 1893. Elles produisaient une impression comportant un grand cachet à date et un motif de barres en diagonale. Mais les ratés étaient trop nombreux et l'Office des postes les retira de la circulation dès qu'elle disposa d'autres machines plus efficaces.

La première machine à oblitérer entièrement automatisée fut inventée par Thomas et Martin Leavitt à Boston, dans le Massachusetts, vers 1880. Mais ils ne parvinrent pas à la promouvoir et en vendirent le brevet en 1885 à Frank et Martin van Buren Ethridge de Boston, qui créèrent l'American Postal Machine Company. La première machine Ethridge — à vapeur — fut installée à Boston en 1886 et une machine identique fut essayée à Londres entre septembre 1886 et avril 1887. Ces machines à vapeur, puis électriques, furent adoptées au Canada (1895), en France (1898) et se répandirent dans presque tous les pays d'Europe occidentale vers 1900.

Le premier cachet à texte publicitaire vit le jour à Londres en 1661. Il était apposé à la main sur les lettres destinées aux personnes habitant le long de la route du Kent et comportait une inscription de neuf lignes entourée d'un grand cercle : *THE POST FOR ALL KENT GOES EVERY NIGHT FROM THE ROUND HOUSE IN LOVE LANE & COMMES EVERY MOR (NING)* (La poste du Kent part tous les soirs de la maison ronde de Love Lane et revient chaque matin). Deux types de cachets à main furent utilisés jusqu'en 1663. Un slogan identique était apposé sur le courrier adressé

Cachet à date de Dulwich, 1894

Couronne inscrite dans un carré : premiers cachets associant date et élément oblitérant

Timbre italien de 1976 représentant la seconde machine à oblitérer de Pearson Hill (Parallel Motion)

Oblitérations expérimentales à la machine : Pearson Hill (1857), Rideout et Creswell (toutes deux en 1858)

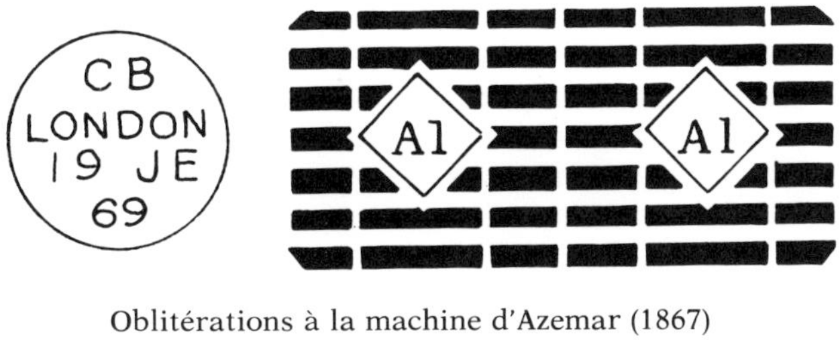

Oblitérations à la machine d'Azemar (1867)

aux habitants de la route de l'Essex en 1674-1675 et, ici encore, il en existait deux types. Mais tous ces slogans du XVIIe siècle sont extrêmement rares; cette intéressante ouverture vers la publicité postale ne devait porter ses fruits que deux cent cinquante ans plus tard.

La première oblitération mécanique comportant un texte publicitaire annonçait l'Exposition colombienne à Chicago en 1893. A partir de 1894, nombre de bureaux de poste américains utilisèrent des oblitérations mécaniques assorties du drapeau des États-Unis.

Les sept lignes ondulées de ce drapeau furent adoptées par la suite comme élément oblitérant dans de nombreuses machines à travers le monde. Les oblitérations, comportant un drapeau, fournies avec les machines américaines apparurent dans de nombreux pays à la fin du siècle dernier : Canada (1897-1900), France (1898-1900), Nouvelle-Zélande (1899). L'Italie et l'Allemagne présentaient toutes deux des oblitérations incorporant leur drapeau respectif. Une plaque fut fournie à l'Angleterre en 1897, avec l'Union Jack et l'inscription 1837 VICTORIA 1897 pour célébrer le 60e anniversaire de la reine, mais elle ne fut jamais régulièrement utilisée. Une oblitération avec le drapeau américain fut utilisée au pavillon des États-Unis durant l'Exposition universelle à Paris en 1900.

Parmi les griffes publicitaires annonçant des événements du début du siècle, on trouve des slogans pour l'Exposition nationale du Canada à Toronto (1901), la Foire mondiale de Saint-Louis (U.S.A., 1902-1903) et le Tricentenaire de Jamestown (U.S.A., 1907), la Représentation de la Passion à Oberammergau (Bavière, 1910), la Foire de Bruxelles (Belgique, 1910) et l'Exposition d'Auckland (Nouvelle-Zélande, 1912).

La première proposition de slogan mécanique, en 1878, émanait d'un certain M. Vaile qui soumit aux Postes britanniques un projet de machine à oblitérer comportant une plaque spéciale à cet effet. Mais elle ne fut jamais essayée. Plusieurs firmes britanniques au début du siècle proposèrent à l'Office des postes des sommes importantes pour pouvoir faire de la publicité sur les oblitérations.

La publicité commerciale sur les griffes n'a été autorisée que dans deux pays. En 1923 apparut sur le courrier destiné aux grandes villes italiennes une griffe ainsi libellée : ESPACE

RÉSERVÉ A LA PUBLICITÉ — S'ADRESSER... avec l'adresse et le numéro de téléphone du service de publicité de la poste.

L'année suivante apparaissaient les premiers fruits de cette campagne. Les lecteurs d'*Il Corriere Italiano* étaient invités à lire le nouveau roman de Guido da Verona, *Mata Hari* (cette publicité s'ornait même du buste de la voluptueuse espionne), un magasin de vêtements annonçait ses soldes et, bien sûr, les marques de cigarettes n'étaient pas en reste. Selon un slogan, les fumeurs de Toscane préféraient les cigarettes Roma tandis que les Vénitiens se devaient d'acheter des Savoia-Eva — LES MEILLEURES ET LES PLUS PRATIQUES.

Dans les années d'après-guerre, on vit des slogans publicitaires vantant les mérites du pain Motta et du parfum White Orchid, des tissus synthétiques Rilsan et des pistons Allonlit, sans oublier ceux de la Fiat Nuova 500. Les derniers datent à peu près des années soixante.

La France suivit bientôt l'exemple de l'Italie et fit de la publicité pour les médailles de l'Hôtel des monnaies (1924). La publicité à caractère plus commercial semble cependant s'être restreinte aux cigarettes et cigares avec les campagnes en faveur des Gitanes, des Celtiques et des cigares Nouveau Diplomate dans les années trente.

Les Postes britanniques se heurtèrent de leur côté en 1926 à l'hostilité des grandes sociétés qui craignaient de voir sur leur propre courrier de la publicité en faveur de leurs concurrents.

La première griffe à publicité locale vantant les mérites d'une station de vacances fut utilisée à Calais en 1921[1], avec le slogan suivant : LE PORT, LA PLAGE, LES DENTELLES. Cette idée fit son chemin et, en 1924, Boulogne-sur-Mer annonçait une CURE D'AIR et vantait son casino. Vinrent ensuite Hyères, Saint-Lunaire, Dinard, Dijon et Carcassonne (1925), Cluses, Saint-Claude (1926). Même les centres industriels et commerciaux reconnurent l'intérêt de cette publicité et, dès 1926, Le Havre et Lille sortirent leurs propres slogans. Mais ces griffes ne comportaient encore que des mots et la première flamme française illustrée (le mot flamme vient des bannières portées par les chevaliers du Moyen Age) apparut vers 1924 à Nice, même si le concept en était établi depuis longtemps (par la mise en service du « drapeau blanc » de 1898). Le premier slogan publicitaire utilisé ailleurs fut VISIT THE DUNES, MICHIGAN CITY, autorisé par un acte du Congrès, le 5 octobre 1921.

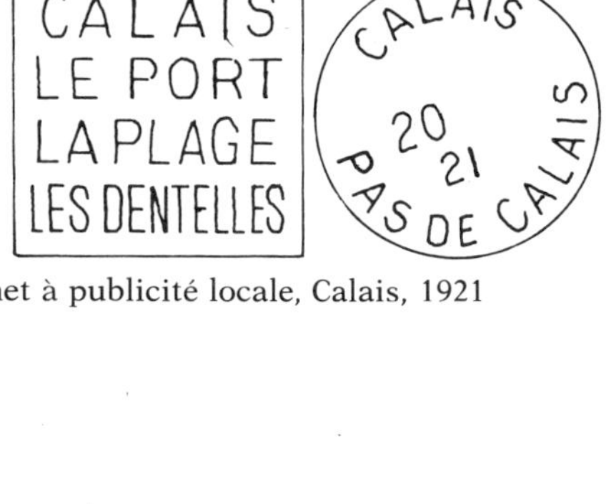

Cachet à publicité locale, Calais, 1921

L'utilisation des flammes type « Daguin » fut aussi variée qu'étonnante : de la publicité au message personnel (Algérie-Tunisie 1943-1945, plusieurs bureaux) : « Je fais La guerre ».

Des slogans malheureux ont été utilisés à plusieurs reprises, parce qu'ils étaient en contradiction soit avec le timbre qu'ils oblitéraient, soit avec le courrier sur lequel ils étaient apposés. Les exemples les plus fréquents sont les slogans publicitaires en faveur du tourisme accompagnant les procès-verbaux pour infraction au code de la route. Le slogan national britannique ARE YOU FULLY INSURED? (Êtes-vous bien assuré ?) était bien mal venu quand il oblitérait une lettre convoquant un malade à l'hôpital pour une opération. Et on raconte que le slogan américain des années cinquante qui disait : REPORT OBSCENE MAIL TO YOUR POSTMASTER (Signalez le courrier obscène à votre receveur) fut brutalement retiré de la circulation après qu'il eut figuré sur toutes les invitations au mariage de la fille d'un sénateur.

Il est difficile au Service des postes d'éviter ce genre de bévues. En revanche, il pourrait prendre en considération les types de timbres sur lesquels il appose ses flammes. L'exemple le plus frappant est sans doute celui du slogan canadien CONSERVE CANADA'S WILDLIFE (Préservez la vie sauvage au Canada) qui oblitérait fréquemment des timbres consacrés à la chasse à courre, au tir et à la pêche.

En 1960, Dame Laura Knight dessina une flamme publicitaire à l'occasion de l'année mondiale des Réfugiés, qui représentait une main levée en signe de supplication. Malheureusement, le pouce de cette main avait tendance à se trouver dans le prolongement du nez de la reine sur les timbres courants de Wilding. La flamme fut donc retirée de la circulation, mais, auparavant, le receveur de Halifax avait

(1) *Certains disent 1924 mais il n'existe pas d'archives en la matière.*

fait disparaître la main de la flamme utilisée dans son bureau de poste. Les exemples de flammes de Halifax ainsi modifiées sont aujourd'hui très rares.

Le premier cachet inventé en liaison avec un événement particulier est un cachet à date à une couronne libellé INTERNATIONAL EXHIBITION/LONDON W, produit par les Postes britanniques pour le bureau temporaire de la Grande Exposition de 1851. On connaît des spécimens de ce cachet frappés à l'encre bleue, mais, en l'absence d'enveloppes complètes le portant, il est impossible de dire s'il fut vraiment utilisé. Le premier cachet concernant un événement particulier utilisé en dehors des îles Britanniques est celui de l'Exposition universelle de Paris en 1855.

Le premier cachet apposé à des fins commémoratives, sans même l'intervention d'un bureau de poste temporaire, remonte à janvier 1959 où les Postes britanniques autorisèrent les Amis du poète Robert Burns à poster des enveloppes et des cartes dans sa ville natale pour célébrer le bicentenaire de sa naissance.

Ce précédent ne suscita pas de commentaires et ne fit pas immédiatement école. En 1963, les Postes célébrèrent le tricentenaire du service des colis de Douvres avec une flamme illustrée. C'était la première fois qu'un cachet apposé à la main sans bureau de poste temporaire n'était destiné qu'à exploiter un anniversaire historique. Trois ans plus tard sortit une longue série de timbres à date spéciaux pour oblitérer les enveloppes souvenirs et les cartes des différents matches de la Coupe du monde de football. A partir de ce moment-là, le nombre des bureaux de poste temporaire déclina, tandis que celui des cachets spéciaux montait en flèche.

Les premières marques illustrées furent les marques aux armes des cités-États italiennes utilisées à partir du XVe siècle. Les éléments picturaux ne sont pas rares sur les premières marques postales de nombreux pays, telles les marques d'affranchissement provinciales françaises ornées de la fleur de lis (vers 1700) et celles du León en Espagne avec leur lion (vers 1750).

Les oblitérations les plus diversement illustrées sont celles des États-Unis entre 1850 et 1880, car, à cette époque, les receveurs avaient toute liberté de choisir les oblitérations qu'ils désiraient. La majorité des cachets étaient en liège ou en bois, mais il en existait quelques-uns en cuivre et le caoutchouc apparut plus tard. Ils étaient généralement fabriqués par un certain Mr. Klinkner, d'Oakland en Californie, et parmi les plus connus figure celui de la « mule en train de ruer ». John H. Will (1836-1921), employé de la poste de Waterbury (Connecticut), inventa un certain nombre de motifs originaux dont un poulet en train de courir, un aigle et un éléphant. Quand il dépassa la mesure en apposant un cœur le jour de la Saint-Valentin et une tête de clown le 1er avril, l'Office des postes lui demanda de mettre un frein à son imagination, mais les cachets de Will sont aujourd'hui très recherchés.
Les oblitérations illustrées furent ainsi utilisées par des centaines de bureaux de poste et atteignirent leur apogée à l'époque de la guerre civile, avec des motifs patriotiques de toutes sortes — en particulier le drapeau américain assorti du slogan UNION. Mais on trouve aussi des profils en tous genres de personnages connus, comme George Washington, ou imaginaires, comme le fumeur de pipe, ainsi que des étoiles, des soleils ou des emblèmes maçonniques également très prisés. Le Canada avait aussi des oblitérations de fantaisie, en particulier l'emblème de la feuille d'érable, très populaire de 1868 environ à la fin du siècle.

L'oblitération de fantaisie la plus étrange est celle utilisée à Sainte-Geneviève-de-Batiscan dans la province du Québec, en 1895, et qui représentait les armes du Nicaragua !

Le cachet le moins cher du monde fut fabriqué avec une pomme de terre coupée en deux et grossièrement gravée d'une fleur de lis, emblème du mouvement scout. Il servit au courrier expédié par la poste scoute *(Poczta Harczerska)* durant le soulèvement de Varsovie en 1944. Par la suite, quatre autres cachets furent découpés dans des semelles de chaussures en caoutchouc.

Les cachets à date les plus chers du monde, à manche en ivoire surmonté d'une pièce en argent, furent utilisés à Croydon (1931-1934) et à Southampton (1937) pour l'inauguration de nouveaux services de poste aérienne. A chaque fois, seules quelques lettres, transportées dans des sacs de soie, furent frappées de ces cachets.

Oblitérations à la machine de Höster (1882-1883)

Cachet à texte publicitaire de la poste du Kent, 1661, premier du genre

Oblitérations « drapeau » en l'honneur du 60e anniversaire de la reine Victoria, 1897

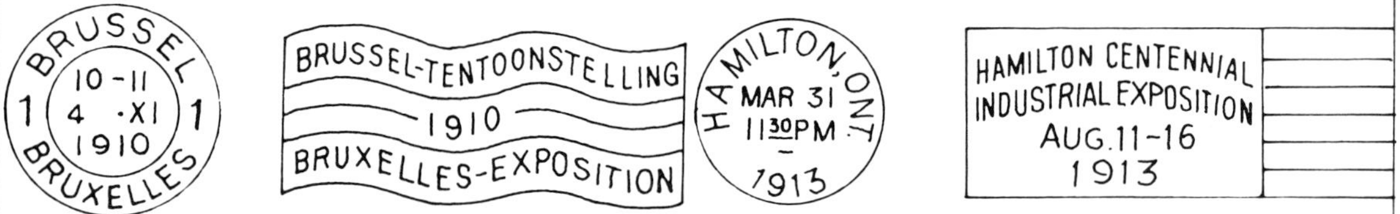

Premiers cachets à texte publicitaire, 1893-1913

Cachets français à publicité locale

Cachet d'essai français
(en usage pendant 3 semaines),
1828

Cachet français,
à texte publicitaire

Flamme française type « Daguin »

Cachets italiens à publicité commerciale, 1923-1960

Cachets anglais à publicité locale

Cachet double de l'Exposition internationale de Londres, 1862

Cachet à date de l'Exposition universelle, 1855

Cachet provincial français « Port payé », vers 1700

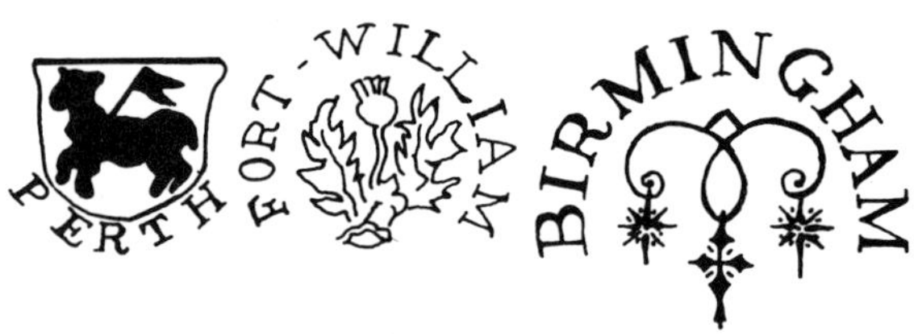

Agneau de Perth (1750), chardon de Fort William (1769) et chandelier de Birmingham (1772)

Oblitérations fantaisistes américaines

Les cachets de couleur ne sont pas aussi rares qu'on pourrait le supposer. Si, aujourd'hui, l'encre noire est la plus répandue, toutes les couleurs de l'arc-en-ciel ont été utilisées à un moment ou à un autre, sans justification particulière.

Les premiers cachets multicolores sont apparus en Tchécoslovaquie le 28 octobre 1935. Rouge et bleu, ils commémoraient le jour de l'Indépendance à Prague. Des cachets tricolores furent utilisés à Pardubice du 25 au 27 septembre 1936, et, par la suite, dans divers bureaux à douze reprises, dont la dernière à Pardubice le 16 septembre 1940.

Le rouge, le bleu et d'autres couleurs apparaissaient sur les cachets spéciaux de l'occupation allemande, ainsi que sur ceux des forces tchèques en exil en Grande-Bretagne durant la Seconde Guerre mondiale.

Un rouleau auto-encreur à trois éléments fut expérimenté à la Convention philatélique du Wiltshire, en avril 1964, pour apposer des cachets spéciaux en noir, rouge et vert. Mais les cachets tricolores ne réapparurent en Grande-Bretagne qu'à l'occasion de l'exposition philatélique Phylimpia en 1970.

Les cachets à date portant le plus long nom de lieu du monde ont été utilisés à Llanfairpwllgwyngyllgogerychwyrndrobwllllantysiliogogogoch, au pays de Galles, à deux reprises depuis 1973, pour un seul jour. Les cachets habituels portent le nom en abrégé — LLANFAIRPWLL ou LLANFAIR P.G. Ce nom, qui signifie « Église Sainte-Marie, dans un creux de noisetier blanc, près d'un violent tourbillon d'eau et de l'église Saint-Tysilio », aurait été forgé au XIXe siècle par un tailleur dans un but touristique.

Les noms les plus courts inclus dans un cachet à date sont : Au (Autriche, Allemagne, Suisse); Ba (Fidji, Ghāna); Go (Japon); Ii (Finlande); Is (U.R.S.S.); Ko (Japon); Li (Norvège, Thaïlande); Lo (Belgique); Lu (Suisse); Mo (Norvège); Na (Norvège); Oi (huit bureaux différents au Japon !); Ro (Danemark, Italie, Suède); Sa (Portugal, Thaïlande); Ut (U.R.S.S.); Va (Norvège, Suède); Ye (Birmanie); Yi (Uruguay).

On trouve en Norvège deux noms d'une seule lettre, identiques, invariablement suivis de celui de leur district respectif pour éviter toute confusion : Å dans l'Åfjord et Å dans les îles Lofoten.

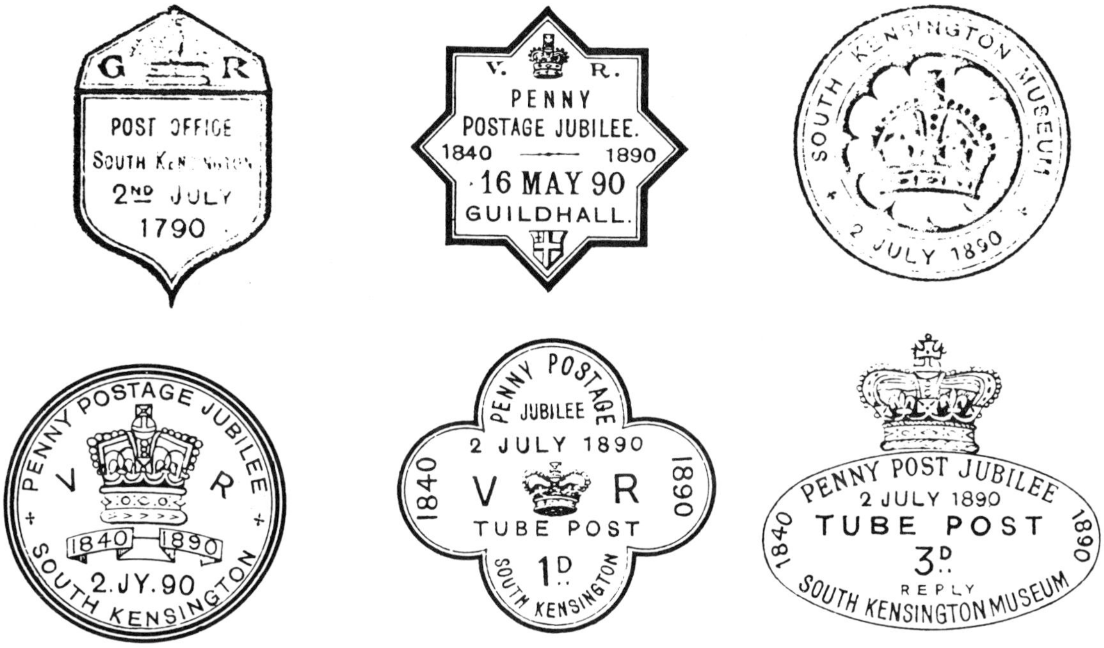

Marques postales illustrées en l'honneur du 50e anniversaire de la Penny Post, 1890

Cachet à date en ivoire et argent de l'aéroport de Southampton, 1937

Cachet tchèque tricolore, 1935

La poste scoute polonaise, 1944, utilisait des cachets fabriqués avec des pommes de terre ou des semelles de caoutchouc

Cachets ayant joué un rôle primordial dans un procès pour meurtre. Jusqu'à ce jour, les collectionneurs désignent les cachets doubles expérimentaux à un élément utilisés à Glasgow en 1856-1857 sous le nom de Madeleine Smith, qui fut accusée du meurtre de son amant, Émile L'Angelier. Le procès reposa en particulier sur une série de lettres de Miss Smith à L'Angelier. Comme ces lettres n'étaient pas datées, les cachets apposés sur les enveloppes prirent une importance primordiale, et si elle ne fut jamais reconnue coupable, c'est en grande partie parce que le courrier était oblitéré à l'époque de manière assez fantaisiste. En réalité, le cachet litigieux avait été retiré de la circulation avant le début du procès et non, comme certains ont voulu le faire croire, à la suite des commentaires du juge.

Des cachets furent utilisés lors d'une chasse à l'homme en Angleterre en 1979-1980, quand la police recherchait l'Éventreur du Yorkshire. Les Postes acceptèrent d'apposer sur des enveloppes du North Eastern Gas Board — déjà affranchies — un cachet sans nom de ville demandant à la population de collaborer avec la police. Les lettres furent expédiées à partir du 27 octobre 1979 et les dernières dans la semaine du 21 janvier 1980.
C'est le seul exemple de ce type que l'on connaisse dans le monde, mais il n'a pas donné les résultats désirés, puisque le criminel fut finalement arrêté au cours d'un simple contrôle de routine.

La préoblitération fut employée pour la première fois le 1er octobre 1870 par le *Times*, l'un des rares journaux à avoir continué à utiliser les timbres impôt journaux après que cet « impôt sur le savoir » eut été rejeté en 1855. Par la suite, ces timbres, imprimés en noir sur le coin supérieur droit de la première page, servirent à attester l'affranchissement des exemplaires acheminés par la poste. Tout droit de timbre sur les journaux fut aboli le 1er octobre 1870, mais le privilège d'expédition et de réexpédition, qui permettait aux journaux d'être acheminés plusieurs fois par la poste, fut supprimé. Comme désormais le timbre ne pouvait plus servir qu'une seule fois, il devint nécessaire de l'oblitérer. L'Office des postes autorisa le *Times* à inclure l'oblitération dans le processus d'impression du journal. Le *Times* cessa d'utiliser des timbres préoblitérés de sa conception le 21 octobre 1911.

Cachet commémoratif *Wolkswagen*, Milton Keynes, 1978 : le plus grand jamais utilisé en Grande-Bretagne

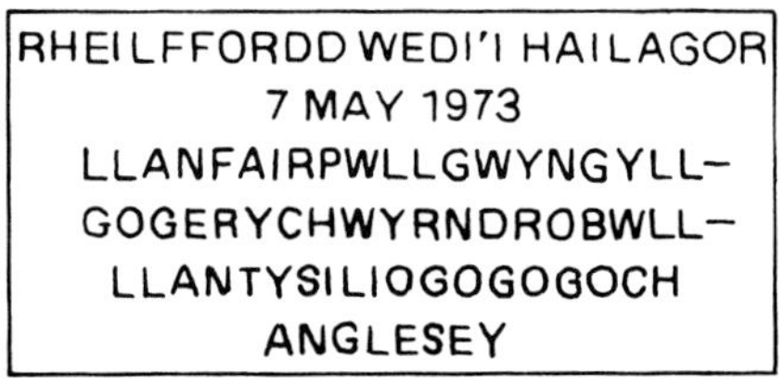

1. Cachet à date rectangulaire de Llanfairpwll portant le nom en entier
2. Cachet circulaire de 1871 portant le nom abrégé en Llanfair-pwllgwyngyll
3. Cachet de Barrington Colliery, 1915

Manchester, 1896 : plus petit cachet à date anglais

Å : nom de lieu d'une seule lettre en Norvège, 1973

Cachet Madeleine Smith, Glasgow, 1856-1857

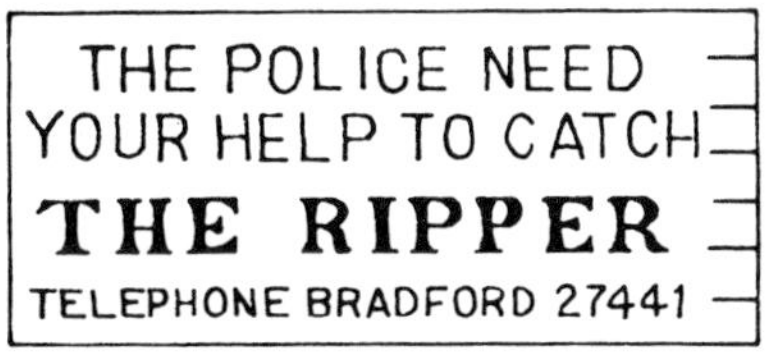

Cachet utilisé durant la chasse à l'Éventreur du Yorkshire

Les premiers timbres adhésifs préoblitérés avec l'accord des autorités sont les « petites valeurs » canadiennes de la série courante de 1889, après plusieurs mois de pratique non officielle. En premier lieu, il fallait avoir au moins 25 000 objets à expédier, mais, en 1906, cette condition fut transformée en une valeur de 25 dollars et, depuis 1922, il n'existe plus de valeur minimale obligatoire. Les timbres préoblitérés à l'usage des imprimés sont apparus en France en 1893, puis ils furent adoptés par l'Algérie, l'Autriche, la Belgique, la Hongrie, le Luxembourg, Monaco, les Pays-Bas, la zone du Canal, la Tunisie et les États-Unis. Les timbres préoblitérés américains sont particulièrement intéressants parce qu'ils indiquent la ville de départ. Les Canadiens portèrent également le nom de la ville de départ jusqu'en 1931, puis des chiffres et enfin des barres horizontales doubles, sans indication d'origine.

Le préoblitéré le plus rare est l'*Orangeburg Coil* émis par les Postes américaines à l'usage de la Bell Chemical Company d'Orangeburg. Il n'en fut produit qu'une seule roulette de 4 500 timbres, et on n'en connaît que très peu de spécimens.

L'administration postale comptant le plus de machines à oblitérer est celle des États-Unis qui prétend en posséder plus de 25 000 (les chiffres exacts ne sont pas disponibles). Viennent ensuite l'U.R.S.S. (11 760), la France (7 108), le Japon (2 589), le Royaume-Uni (2 064) et l'Allemagne de l'Ouest (1 134).

Le pays comptant le moins de machines à oblitérer par habitant, sans parler des plus petits (comme Pitcairn, Tristan da Cunha qui n'ont pas de machine du tout) est l'Inde. En 1980, elle n'avait que 410 machines à oblitérer, soit une pour 1 587 761 habitants !

La première machine à imprimer les vignettes d'affranchissement, ancêtre des machines automatiques, fut inventée par Carl Bushe à Paris en 1884, mais il ne parvint pas à trouver les fonds nécessaires pour la promouvoir.

La première machine à affranchissement automatique mise en service fut inventée par Christian A. Kahrs et installée dans le hall d'entrée de la poste principale de Christiania (Oslo) entre le 24 août et le 14 septembre 1900. Elle fonctionnait avec des pièces de monnaie, l'insertion de pièces de 5 ou 10 øre déclenchant

Timbres préoblitérés à l'usage des imprimés

Préoblitérations utilisées par le *Times* (1870) et le *Stanford Mercury* (1911)

l'apposition d'empreintes vertes ou rouges correspondant respectivement au tarif des lettres et des imprimés du régime intérieur. Ensuite, les autorités postales apposaient des timbres adhésifs et les oblitéraient de manière habituelle, considérant apparemment les empreintes comme de simples reçus certifiant l'acquittement du montant de l'affranchissement. On ne peut donc vraiment les considérer comme des vignettes mécaniques au sens strict du terme.

Les premières machines à affranchir, au vrai sens du terme, furent utilisées en Nouvelle-Zélande en 1904. Des expériences d'affranchissement au moyen de machines automatiques, par introduction de pièces de monnaie, eurent lieu en Australie et en Nouvelle-Zélande en 1903, mais ne semblaient pas fiables sur le plan de la sécurité. Alors, Ernest Moss, de Christchurch, tourna la difficulté en inventant le numéroteur ou compteur d'affranchissement. Au début, il conserva le principe de la pièce de monnaie, car il fallait un souverain en or pour mettre en route le numéroteur qui permettait à la machine d'affranchir 240 objets avant de se bloquer automatiquement.

Les machines à affranchissement Moss furent lancées sur le marché comme moyen de prévenir les vols de petite monnaie et de timbres dans les bureaux, plutôt que comme méthode adéquate pour accélérer le traitement du courrier. Par la suite, un jeton remplaça la pièce d'or et un système de totalisation fut ajouté, aujourd'hui présent sur toutes les machines.

L'une des caractéristiques curieuses des machines à affranchir néo-zélandaises était que le courrier continuait à être oblitéré par les services postaux — comme cela se pratique encore aujourd'hui.

Les premières machines à affranchir incorporant un cachet à date furent inventées par Arthur H. Pitney (responsable de l'affranchissement) et Walter H. Bowes (qui mit au point l'élément oblitérant). Leur machine Modèle A fut utilisée pour la première fois à Stamford, dans le Connecticut, le 10 décembre 1920, à la suite de l'agrément des machines à affranchir le courrier de première classe, le 28 avril 1920. Les premières machines américaines, utilisées pour le courrier de troisième et quatrième classes, ne présentaient pas d'élément oblitérant.

Les machines à affranchir furent agréées sur le plan international par le Congrès de l'union postale de 1920 à Madrid, et leur mise en service autorisée à partir du 1er janvier 1922. Les premières firmes à profiter de cette réglementation furent l'Universal Automatic Machine Company et la Pitney-Bowes Postage Meter Company aux États-Unis, qui produisirent à elles deux la plus grande partie des machines utilisées dans les années vingt.

Le plus grand nombre de machines à affranchir agréées revient aux États-Unis, avec 880 000. Viennent ensuite la France (140 875), le Royaume-Uni (119 904), l'Inde (25 036), la Suisse (18 810), l'U.R.S.S. (11 390), le Japon (2 690) et l'Allemagne de l'Ouest (1 105).

Le redressement et le timbrage automatique du courrier. C'est la Grande-Bretagne qui fit œuvre de pionnier en la matière. Des expériences de sélection et de redressement automatique des lettres (de manière à les mettre en position pour recevoir leur oblitération) débutèrent dans les services de recherche à Londres, en 1934, avec un système de repérage optique. Le premier sélecteur fut construit la

Préoblitérés des U.S.A. (1903), du Luxembourg (1903), de France (1926), de Belgique (1925), et des U.S.A. (1980)

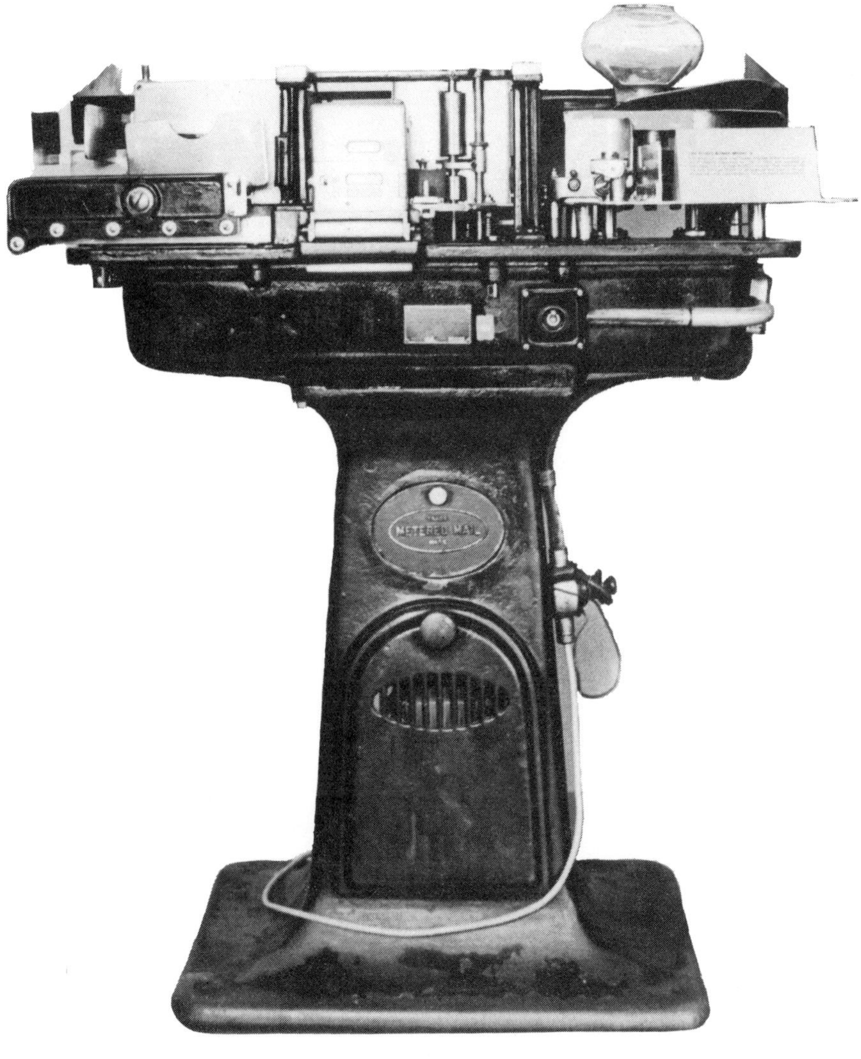

Machine à affranchir originale Pitney-Bowes, modèle A, de 1922

Première marque d'affranchissement automatisé en Nouvelle-Zélande, 1904

Marque d'affranchissement automatisé des machines Pitney-Bowes en Angleterre, 1923

Marque d'affranchissement automatisé en Norvège, (1900-1903)

Trois exemples de machines à affranchir produites par Pitney-Bowes au cours de ces soixante dernières années. De gauche à droite, la Midget, la Surplex et une série 5000 moderne même année, mais avec de piètres résultats. En 1938 apparut une redresseuse automatique équipée d'une simple cellule photoélectrique en guise de détecteur, chargée de repérer quatre fois le bord inférieur des plis, tandis qu'ils tournaient dans un tambour. Lorsqu'un timbre était détecté, l'objet concerné était dirigé sur une pile prévue à cet effet. Mais la machine avait du mal à retourner les lettres et la cellule à détecter les timbres. Une autre machine fut construite vers 1949-1950, avec un photomultiplicateur à longueur d'onde fixe et deux piles de sortie pour éviter le problème du retournement des lettres. Elle était alimentée à la main dans la mesure où la sélection automatique n'était pas encore résolue par l'électronique. A partir de ce prototype fut développée la machine de redressement automatique des lettres, installée à Southampton en 1957. L'Automatic Letter Facer *(ALF)* fut utilisé pour la première fois le 19 décembre 1957. L'oblitération et le traitement automatisés du courrier se généralisèrent en Grande-Bretagne vers 1969-1970.

Le courrier a été traité pour la première fois en dehors du Royaume-Uni en mai 1963, avec la mise en service d'un matériel *SEFACAN* (Segregating, Facing and Cancelling — sélecteur, redresseur et oblitérateur) à Winnipeg au Canada. Le redressement, le tri et le timbrage électroniques du courrier se pratiquent maintenant dans quarante-deux pays (1981). Dans la plupart des cas, ce courrier comporte des marques d'automatisation.

Les premiers essais de tri mécanique du courrier avant la distribution ont eu lieu aux Pays-Bas. Une machine à trier le courrier, arrivant pour être distribué par le facteur, fut inventée par J.J.M.L. Marchand et construite par le professeur J.C. Andriessen du collège technique de Delft. Elle reçut le nom de *Transorma* de « **Tran***sportation and* **Sor***ting of mail by* **M***archand and* **A***ndriessen* » — Transport et tri du courrier de Marchand et Andriessen — et fut présentée pour la première fois en démonstration à la Conférence aéropostale internationale de La Haye, en 1927. Elle fut installée à la poste principale de Rotterdam et d'autres machines équipèrent progressivement divers bureaux de poste hollandais.

La machine Transorma fut utilisée pour la première fois en dehors de la Hollande en septembre 1935, dans les bureaux de tri de Brighton et de Hove. Ces machines ne furent jamais utilisées ailleurs. Elles furent réformées en juillet 1968, sous prétexte qu'elles manquaient d'efficacité, mais leur retrait entraînait l'embauche de quinze employés pour traiter le courrier à la main !

Enveloppe Premier Jour éditée à l'occasion de la sortie de la première machine SEFACAN pour la sélection, le redressement et l'oblitération automatisés du courrier au Canada en 1962

Timbres vantant l'usage des codes postaux au Japon, aux U.S.A., en Italie et aux Pays-Bas

Postiers déchargeant des sacs pour éliminer les lettres à mettre au rebut. C'est la première étape du tri avant d'oblitérer les timbres

Tri automatisé du courrier : cette machine trie une lettre par seconde pour 267 destinations

Cette machine ALF redresse 20 000 lettres à l'heure, sépare le courrier de première et de deuxième classe, et oblitère les timbres

Cette trieuse électronique ELSIE trie jusqu'à 3 000 lettres à l'heure pour 144 destinations différentes

Le tri électronique du courrier intérieur fut utilisé pour la première fois au bureau de tri de Bath en octobre 1955, à l'aide d'une machine *Elsie (Electronic Letter Sorting Indicator Equipment)*. Comme les machines Transorma, elle imprimait sur le courrier des lettres de l'alphabet. Les machines ultérieures subirent des modifications en liaison avec l'apparition des codes postaux, et produisirent des assemblages de pointillés phosphorescents.

Le premier pays à adopter des codes postaux fut l'Allemagne, en 1942. Il s'agissait alors d'un système rudimentaire utilisant les deux chiffres de l'*Oberpostdirektion* (zone postale). Des codes à quatre chiffres furent introduits le 3 novembre 1961, système adopté par d'autres pays comme l'Autriche (1er janvier 1966), l'Australie (1er juillet 1967), la Belgique (15 décembre 1969), le Danemark (20 septembre 1967), la République démocratique allemande (1er janvier 1965), la Norvège (18 mars 1968) et la Suisse (26 juin 1964). Parmi les pays utilisant un code à cinq chiffres, on trouve la Finlande (janvier 1971), la France (octobre 1965), l'Italie (1er juillet 1967), la Suède (19 mars 1968), les U.S.A. (1er juillet 1963) et la Yougoslavie (1er janvier 1971). Le Japon a un système variable utilisant de trois à cinq chiffres (1er juillet 1968). Plusieurs pays ont un système alphanumérique susceptible de coder jusqu'à la rue du destinataire, tandis que les systèmes à quatre et cinq chiffres ne codent que la ville. C'est le Royaume-Uni qui est à l'origine des codes alphanumériques, en 1959, mais le système n'a été totalement généralisé qu'en 1977. Les Philippines adoptèrent le 1er janvier 1968 un système alphanumérique, avec une lettre de A à O, représentant les dix régions du pays et trois chiffres. L'introduction progressive des codes postaux au Canada débuta à Ottawa le 1er avril 1971 et ne s'acheva qu'en 1974. Ils comportent six lettres et chiffres en deux groupes de trois comme dans le système britannique (cinq ou six unités).

Outre les cachets qui (à l'exception de ceux de la Grande-Bretagne) portent les codes postaux, tous les pays les utilisant ont émis des timbres, des vignettes, des prospectus et des flammes destinés à les faire connaître.

3
Timbres-poste adhésifs

Le premier timbre-poste adhésif du monde aurait été émis à Paris, le 8 avril 1653, en liaison avec la Petite Poste fondée par Renouard de Villayer. L'idée semble avoir eu pour instigatrice Anne Geneviève, duchesse de Longueville et maîtresse de Fouquet, surintendant des finances. Elle aurait en effet proposé de petites vignettes de papier à coller à l'aide de colle à poisson, connues sous le nom de billets de port payé.

Ces vignettes portaient l'inscription PORT PAYÉ LE ... JOUR DE L'AN 1653. On les vendait pour un sou dans les monastères, les bureaux des mines, les palais de justice, les établissements d'enseignement et les prisons. Le boîtier inscrivait la date à la main, collait le timbre sur la lettre et la postait dans l'une des boîtes aux lettres disposées à cet effet au coin des rues. Mais les actes de vandalisme dont celles-ci furent l'objet et, surtout, la disgrâce de Fouquet, mirent brutalement fin au fonctionnement de ce service. Bien que nous disposions d'abondants renseignements sur la Petite Poste dans la littérature de l'époque, aucun spécimen de ces timbres n'a jamais été retrouvé.

Les timbres-poste au sens moderne ont de nombreuses origines. Les premières marques postales apposées sur les lettres pour en certifier l'affranchissement existaient depuis la création de la London Penny Post par William Dockwra en 1680. L'administrateur des Douanes et des Contributions indirectes utilisait depuis 1802 des vignettes adhésives pour certifier le paiement des taxes sur les chapeaux, les médicaments et d'autres articles soumis aux droits de douane, et des enveloppes étaient munies d'un cachet d'affranchissement préalablement imprimé, bien avant 1840.

Gustav Schenk prétend, dans son ouvrage intitulé *The Romance of the Postage Stamp* (1962), qu'une compagnie maritime écossaise faisait usage de timbres adhésifs pour son service postal privé en 1811. Mais rien ne vient étayer cette allégation.

L'Écosse revendique pourtant la paternité des timbres-poste adhésifs. Le libraire de Dundee, James Chalmers (1782-1853), activement engagé dans la réforme postale entreprise à partir de 1825, suggéra en effet de nombreuses améliorations pour l'acheminement du courrier entre Dundee et Londres. Mais lors du Concours du trésor public de 1839, il proposa des projets jugés irréalisables. Le 1er octobre 1839, il écrivait à Rowland Hill : « Si les timbres adhésifs sont adoptés, je peux me flatter d'être le premier à en avoir suggéré l'utilisation, car cela fait bientôt deux ans que j'ai publié ma proposition et l'ai soumise à M. Wallace, membre de la Chambre des communes. » Cela situerait donc la première publication de Chalmers à la fin de 1837.

Dans son pamphlet en faveur de la réforme postale, publié le 22 février 1837, Rowland Hill proposait de son côté : « Peut-être pourrait-on tourner cette difficulté (l'emploi d'enveloppes timbrées) à l'aide d'une vignette de papier de la dimension du timbre et enduite au verso d'une solution gélatineuse : le porteur pourrait, en l'humectant, la coller au verso de l'enveloppe, de manière à éviter un réacheminement. »

Carnet de timbres de 1982 en mémoire de James Chalmers ; au verso de la couverture figurent les prototypes de ses timbres de 1837

Sir Rowland Hill KCB, 1795-1879

De toute évidence, Rowland Hill avait publié son plan de réforme, incluant l'idée du timbre-poste adhésif, environ neuf mois avant Chalmers. Mais sans doute ce dernier était-il arrivé à la même conclusion de son côté. Sa lettre d'octobre 1839 démontre qu'il ignorait à l'époque la publication de Hill, et quand il en eut connaissance, il lui écrivit de nouveau : « Je n'en aurais jamais fait mention, si j'avais su que quelqu'un, et vous *a fortiori*, en avait déjà suggéré l'emploi (des timbres adhésifs)... Je regrette que mon ignorance m'ait conduit avec d'autres à une polémique qui n'avait aucun fondement... »
Ainsi, James Chalmers reconnut de son vivant que sir Rowland Hill l'avait précédé en la matière.
Nombreux sont ainsi les prétendants au titre de père du timbre-poste adhésif : le Dr John Gray, du British Museum; Samuel Forrester (un percepteur écossais); Charles Whiting (un papetier londonien) qui prétend avoir préconisé l'usage de la franchise postale; Samuel Roberts de Llanbrynmair (1827); Francis Worrell Stevens (collègue universitaire de Rowland Hill à Loughton, dans l'Essex, 1833); Ferdinand Egarter de Spittal, en Autriche; Laurence Kosir ou Koschier, de Laibach (Yougoslavie), qui proposa des réformes postales le 11 mai 1836, notamment en matière d'affranchissement, réformes que dédaignèrent les autorités civiles autrichiennes; et le Suédois Curry Gabriel Treffenberg (1791-1875) qui, vers 1823, inventa un système de papier timbré, connu sous le nom de *carta sigillata*.
Egarter ne fit lui-même aucune revendication, mais en 1938, fut découverte dans une bible de famille à Millstattin, en Carinthie, une lettre datée du 20 février 1839, expédiée de Spittal à Klagenfurt, et qui portait un timbre brun de 1 kreuzer. Elle fut examinée en 1952 par un jury de philatélistes autrichiens qui ne purent s'accorder sur l'authenticité de la lettre et du timbre. Les initiales O.P. mentionnées sur ce dernier signifiaient peut-être *Orts Post* (poste locale). Il était de coutume vers 1830 de donner au postier un pourboire de 1 kreuzer pour la distribution du courrier, et il se peut que le timbrage se soit inspiré de cette habitude. On ne peut toutefois juger de la véracité du document en l'absence de tout autre spécimen.
Un autre précurseur éventuel du timbre adhésif serait à trouver dans la vignette à 40 lepta utilisée en Grèce, en 1831, en liaison avec l'impôt de la taille, pour alimenter cette année-là le fonds d'aide aux réfugiés crétois. Les spécimens de ces vignettes retrouvés sur des lettres adressées d'Athènes au Pirée laissent à penser qu'elles représentaient une sorte de taxe postale. L'usage de la vignette *tesserakonta lepta* sur la correspondance resta cependant un fait isolé, et la Grèce n'adopta les timbres-poste adhésifs qu'en 1861.

Rowland Hill, sur un timbre portugais de 1940

Le premier timbre-poste adhésif du monde est le Penny Black de Grande-Bretagne, mis en vente le 1er mai 1840 et dont l'utilisation postale fut validée le 6 du même mois. On a cru pendant longtemps que son compagnon, le Twopence Blue, avait été émis en même temps — affirmation reprise dans la plupart des catalogues et documents — mais une étude des dossiers des Postes et du ministère des Finances a révélé par la suite qu'en raison de difficultés de production les imprimeurs n'avaient pas pu livrer le Twopence avant l'après-midi du 8 mai.

L'émission du premier timbre-poste adhésif a pour origine les réformes mises en œuvre en Grande-Bretagne dans les années 1838-1840, avec l'introduction d'un affranchissement d'abord uniformisé à 4 pence (5 décembre 1839), puis ramené au tarif minimal de 1 penny le 9 janvier 1840 (Penny Postage). Le trésor public organisa un concours en 1839, dans le but de sélectionner le dessin qui conviendrait le mieux. Des 2 600 propositions qui parvinrent, et dont 49 seulement se rapportaient à des timbres adhésifs, seule celle de Rowland Hill fut finalement retenue : le profil de la reine Victoria serait non seulement le motif le plus adéquat, mais il découragerait également les contrefaçons éventuelles, car le public décèlerait facilement toute différence dans la similitude des portraits. C'était faire preuve de psychologie. Des esquisses du Penny Black sont toujours entre les mains des descendants de sir Rowland Hill.

La taille et le format vertical des premiers timbres furent conçus sur le modèle des vignettes adhésives utilisées pendant deux siècles par le ministère des Finances. Des timbres fiscaux, estampillés sur papier fort, étaient fixés aux documents de parchemin à l'aide d'agrafes de plomb que maintenaient au verso des petites vignettes adhésives au monogramme du souverain régnant. Les initiales imprimées aux coins des premiers timbres-poste constituaient aussi une mesure de sécurité empruntée à ces vignettes fiscales.

Le guillochage de fond était, lui, dérivé des billets de banque de l'époque. Le tour à guillocher, à l'origine destiné à imprimer des motifs sur calicot, fut perfectionné par Jacob Perkins en 1819.

Le premier timbre-poste collé sur une enveloppe fut le Penny Black, utilisé à Bath le 2 mai 1840. Il semble que le postier de Bath ait dérogé aux instructions reçues en autorisant le timbrage du Penny Black avant le 6 mai, date prescrite qu'on retrouve d'ailleurs sur plusieurs autres spécimens.

Le Penny Black de mai 1840, premier timbre adhésif du monde

Le premier timbre émis à l'étranger est celui de la New York City Despatch Post du 1er février 1842. L'idée d'utiliser des timbres adhésifs dans ce pays revient à un Anglais du New Jersey, Henry Thomas Windsor, créateur de cette poste locale à Manhattan à la suite de la faillite de la Penny Post de New York. Le prospectus qui annonçait au public la création de ce service précisait : « Les lettres que les expéditeurs désirent envoyer en port payé doivent présenter un timbre non oblitéré collé sur l'enveloppe. Un timbre illustré a été créé dans ce but... 36 cents la douzaine, et 2 dollars 50 cents la centaine. »

Ces timbres, d'une valeur de 3 cents, étaient imprimés en noir (comme les timbres anglais de 1840) et représentaient un portrait de face de George Washington, premier président des États-Unis. Sur une émission ultérieure ils portaient l'inscription ÉTATS-UNIS, alors qu'ils n'avaient qu'un usage local. L'exemple de Windsor fit bientôt des émules, dont les services locaux prospérèrent jusqu'en 1863, date à partir de laquelle les Postes américaines assurèrent l'acheminement du courrier entre les particuliers dans tout le pays.

Le premier gouvernement étranger à avoir émis des timbres est celui du canton de Zurich en Suisse qui, le 1er mars 1843, sortit deux timbres de 4 et 6 rappen. Ce sont les premiers timbres lithographiés et les premiers bicolores, imprimés en noir sur un papier préalablement rayé de lignes rouges par mesure de sécurité. Ils étaient fabriqués par Orell, Füssli et Cie de Zurich, et restèrent en usage à l'intérieur du canton jusqu'en 1849, où leur succédèrent les timbres de la Poste fédérale (1).

Les premiers timbres ayant eu cours dans tout un pays (hormis ceux du Royaume-Uni) sont ceux émis par le Brésil le 1er août 1843. En vertu du décret du 30 novembre 1842, le gouvernement procéda à la réforme du service postal et introduisit les timbres adhésifs à l'instigation de J.D. Sturz, ancien consul brésilien en Prusse, qui avait vu les timbres utilisés en Angleterre. Ces timbres, d'une valeur de 30, 60 et 90 reis, portent simplement des chiffres inscrits sur un fond guilloché. Avec leurs motifs circulaires, vierges d'inscription, ils sont surnommés Œil de Bœuf par les collectionneurs. Des émissions ultérieures de même inspiration sont également appelées Œil de Serpent (1844-1846), Œil de Chèvre (1850) et Œil de Chat (1854-1861).

Les premiers timbres autorisés par un gouvernement britannique colonial sont les « Post Office » à 1 penny et à 2 pence de l'île Maurice, émis le 21 septembre 1847. Un tarif uniforme d'affranchissement fut adopté le 1er janvier 1847 et la production des timbres fut confiée à un bijoutier-horloger-graveur de Port-Louis, James Barnard. Les timbres furent conçus sur le modèle britannique du 1 penny rouge et du 2 pence bleu à l'effigie de la reine Victoria, avec l'inscription POST OFFICE ET MAURITIUS le long des bordures verticales. L'inscription de gauche fut ultérieurement remplacée par POST PAID. Ces premiers timbres étaient uniques, en ce sens que Barnard gravait une matrice pour chacun, côte à côte, sur une petite plaque de cuivre qui avait précédemment servi à graver la carte de visite d'une dame (et dont le nom figurait toujours sur l'autre face). Barnard imprima donc laborieusement les timbres un par un, ce qui rend impossible l'existence de paires et d'autres multiples, même si le riche collectionneur américain Arthur Hind se vanta une fois, en présence du roi George V, de posséder une paire de « Post Office ».
On prétend que l'inscription POST OFFICE est due

Timbre du canton de Zurich, 1843

« Œil de taureau » du Brésil, 1843

« Post office » de l'île Maurice, 1847

(1) La validité d'affranchissement ne cessa que le 30 septembre 1854.

à une erreur de Barnard. Ce dernier n'aurait, dit-on, reçu que des inscriptions verbales et aurait oublié le libellé exact demandé, jusqu'au moment où il aurait levé les yeux sur la façade du bureau de poste en rentrant chez lui. Par ailleurs, « Post Office Mauritius » (Poste Maurice) était le libellé habituel de la marque apposée sur le courrier avant l'utilisation des timbres adhésifs. Mais la question de savoir si la première erreur du monde en matière de timbres-poste est effectivement imputable à l'île Maurice reste ouverte.

Il ne fut jamais produit que 500 timbres de chaque valeur. Depuis 1864, où leur existence commença d'éveiller l'attention des collectionneurs, seuls quinze 1 penny (dont 2 non oblitérés) et douze 2 pence (4 non oblitérés) ont été retrouvés.

Timbre en l'honneur d'Étienne Arago qui fit adopter le timbre-poste en France en 1848

Introduction de la taxe unique en France, et des timbres adhésifs correspondants. Grâce à Étienne Arago, la réforme postale fut promulguée en France par un décret-loi voté le 24 août 1848 et dont l'article 5 autorisait l'administration à faire vendre au prix de 20 centimes, 40 centimes ou 1 franc des « timbres ou cachets dont l'apposition suffira pour opérer l'affranchissement ». Le tarif unique sur tout le territoire métropolitain et en Algérie était fixé à 20 centimes.

Restait à produire les timbres nécessaires dans les meilleurs délais. Le type en fut exécuté par le graveur général des Monnaies, Barre père : il représentait la République sous les traits de Cérès, la tête vue de profil comme un camée, dans un médaillon rond à fond noir, cerclée du front à la nuque par une couronne entremêlée d'épis de blé, de pampres et de raisins, et de branches d'olivier. Sur l'encadrement en haut figurait la légende RÉPUB[LIQUE] FRANÇ[AISE] et en bas, des deux côtés du mot POSTES, un double emplacement était réservé à l'indication de la valeur, ce qui permettait d'utiliser la même matrice pour toutes les valeurs du même type. Cette matrice fut remise à un spécialiste, M. Hulot, connu pour la rapidité avec laquelle il exécutait les travaux d'imprimerie qui lui étaient confiés. Et les timbres furent prêts à la date voulue, le 1er janvier 1849.

« Sydney View » de la Nouvelle-Galles du Sud, 1850

Les premiers timbres d'Asie virent le jour dans le district indien du Sind le 1er juillet 1852. Un grand mystère entoure encore l'origine et le lieu exacts de leur production. La région fut conquise en 1850 par lord Ellen (célèbre pour son télégramme *Peccavi* — j'ai péché) et placée sous l'autorité de sir Bartle Frere qui, de sa propre initiative, organisa la production et la distribution de timbres de 1/2 anna. Bien qu'il

« Dawk » du Sind, 1852, sur un timbre du Pakistan, 1952

affirme dans ses mémoires avoir obtenu ces timbres de La Rue, on n'en trouve aucune trace dans les archives de cette société, qui n'avait fabriqué des timbres pour les Indes qu'à partir de 1854. Si l'allégation de Frere est fondée, ces timbres auraient été les premiers produits par la société. Cette hypothèse est cependant des plus fragiles en raison de l'extrême différence existant entre les timbres de Frere et ceux de La Rue.

Les premiers timbres furent frappés sur des cachets de cire rouge, du type utilisé à l'époque pour sceller les enveloppes. Ils portaient le motif talismanique de l'Honorable Compagnie des Indes orientales, avec l'inscription circulaire SCINDE DISTRICT DAWK (Service des postes et des transports du district du Sind). Ces timbres sont remarquables par leur format circulaire, unique jusque vers 1760. Remplacés par des timbres bleus ou blancs d'un format plus orthodoxe, ils furent retirés de la circulation dans les Indes britanniques en octobre 1854, avec la mise en service des séries produites en Grande-Bretagne.

Les premiers timbres africains sont les triangulaires du cap de Bonne-Espérance, émis le 1er septembre 1853. L'affranchissement postal au moyen de timbres adhésifs fut autorisé dès 1846 et, deux ans plus tard, Perkins Bacon fut chargé de fabriquer des matrices pour des timbres à 1 penny et à 2 pence. Cette commande fut annulée peu après, puis après quatre années de silence, en août 1852, le gouvernement du Cap fit de nouveau appel à Perkins Bacon pour lui commander des timbres triangulaires de même valeur. Des ébauches de formats triangulaire et pentagonal furent envoyées à Londres par Charles Bell, « Surveyor General » de la colonie, qui pensait que l'usage de formats originaux faciliterait le tri du courrier par les postiers indigènes semi-illettrés. C'est William Humphrys qui grava le motif triangulaire de Bell, représentant, assise, l'effigie de l'Espérance ; puis les timbres furent imprimés par Perkins Bacon et expédiés au Cap.

Les émissions de timbres les plus diverses dans l'intervalle de temps le plus court ont eu lieu sous l'occupation roumaine de Debreczen, en Hongrie orientale. Entre le 20 novembre 1919 et le 14 juin 1920, date du retrait des forces roumaines en vertu du traité de Trianon, quelque 124 timbres-poste hongrois (effort de guerre, affranchissement postal, presse, lettres exprès, timbres-épargne et timbres fiscaux) furent imprimés pour marquer l'occupation roumaine.

L'île turque de Cheustan, dans le golfe de Smyrne, occupée par les Forces navales britanniques durant la Première Guerre mondiale, connut 32 émissions de timbres (sans compter les variétés mineures) entre le 7 et le 26 mai 1916.

Les figurines ayant eu cours le plus longtemps, sans modifications techniques, sont les timbres courants irlandais (avec, en filigrane, un « e ») qui restèrent en usage pendant vingt-huit ans (1940-1968).

La série ayant eu cours le plus longtemps appartient à la Norvège. Le motif du cor postal (de la malle-poste) entourant le chiffre n'a cessé d'être utilisé pour les valeurs les plus basses depuis 1871, mais, durant cette période qui s'étend sur plus d'un siècle, la série a subi plusieurs modifications techniques. La série originelle était typographiée, avec des valeurs en skillings. A partir de 1877, celles-ci furent exprimées en øre ; de 1882 à 1893, le cor fut dessiné au trait ; de 1893 à 1908, le nom NORGE fut inscrit en lettres rapportées. Le dessin fut refait en 1909 ; l'héliogravure fut utilisée de 1940 à 1949 et de 1950 à 1957. Depuis lors, le

« Triangulaire » du cap de Bonne-Espérance, 1853

« Car postal » de Norvège (1875 et 1978) 5 s de Tonga (1897-1953), 4 cences de Brunei (1907-1952) timbre-taxe de Grande-Bretagne (1914-1971) et 2 pence d'Irlande (1922-1969)

procédé d'impression employé est la taille-douce. La Norvège a émis avec un certain retard, le 6 mai 1972, deux figurines commémoratives pour le centenaire du plus ancien motif décoratif encore en usage.

Il existe d'autres exemples de longévité :

Royaume-Uni :	
vignettes de port payé (1914-1971)	57 ans
Tonga : illustrés courants (1897-1953)	56 ans
Irlande : série courante (1922-1969)	47 ans

Le Soudan a utilisé le même motif pour sa série courante de 1898 à 1941 et de 1948 à septembre 1951, soit pendant cinquante-trois ans, moins une interruption de sept ans. Son histoire mérite que l'on s'y arrête. Ce motif est, en effet, l'œuvre de E.A. Stanton, alors *bimbashi* (capitaine) de l'armée égyptienne, mais qui devint plus tard colonel dans les Forces britanniques, et l'un des premiers philatélistes de Grande-Bretagne. La vignette représentait un courrier arabe à dos de chameau. A la demande de Stanton, le cheikh de la tribu des Howawir avait accepté de servir de modèle : habillé pour la circonstance, il avait fait trotter son chameau, chargé de quatre sacs remplis de paille figurant des sacs postaux, le temps d'exécuter les croquis nécessaires. Optimiste, Stanton inscrivit sur deux des sacs KHARTOUM et BERBERA — villes qui, à l'époque, étaient encore aux mains du mahdí (chef de la révolte contre les Anglo-Égyptiens). Ces inscriptions demeurèrent sur les timbres pendant plus d'un demi-siècle — longtemps après avoir perdu toute signification.

Le courrier du désert, dessiné par un Anglais au service du khédive, devint par la suite le symbole national du Soudan et figure sur les timbres commémoratifs de 1948 et de 1954 célébrant l'ouverture de l'assemblée législative et l'accession à l'autonomie.

Les timbres les plus anciens ayant encore cours sont ceux des séries courantes américaines, émises le 17 août 1861. Les émissions de 1847 et de 1851, valides jusqu'à cette date, furent démonétisées au moment de la guerre civile, afin d'ôter toute valeur aux stocks détenus par les confédérés. La validité du port payé par timbre fut suspendue dans les États du Nord-Est le 1er novembre 1861, et dans les États plus lointains ainsi que dans les territoires fédéraux le 1er janvier 1862. Tous les timbres émis aux U.S.A. depuis août 1861 ont encore pouvoir d'affranchissement. Cependant, toute personne qui affranchirait son courrier avec un exemplaire d'origine serait bien mal avisée, car si sa valeur faciale est de 1 dollar 75, il est estimé très cher par les spécialistes ! En France, on peut encore utiliser, pour acquitter la taxe actuelle, deux 1 F vermillon émis le 2 janvier 1849 qui valent aujourd'hui 100 000 F pièce. Mais il n'est pas du tout évident que la lettre arrive à bon port...

La série courante la plus longue émise dans la même année est la série américaine présidentielle de 1938, émise entre le 25 avril et le 8 décembre. Elle comprenait 32 valeurs, d'1/2 cent à 5 dollars. Les timbres tarifés en cents et en dollars portaient en effigie les portraits des 29 présidents depuis George Washington jusqu'à Calvin Coolidge. Ne furent pas représentés les présidents encore en vie, en vertu du décret du Congrès d'avril 1866 interdisant la représentation picturale des personnes vivantes. Les timbres tarifés au demi-cent (1/2, 1 1/2 et 4 1/2) représentaient respectivement Benjamin Franklin, Martha Washington et la Maison-Blanche. De 1 à 22 cents chaque valeur correspondait à l'ordre chronologique des présidents, procédé utile pour apprendre aux Américains leur histoire politique.

Série présidentielle des U.S.A., 1938

La plus longue série courante jamais émise a été produite par le Venezuela entre 1951 et 1954. Elle se compose de 2 feuilles de 16 timbres (7 ordinaires et 9 par poste aérienne), représentant les armoiries de chacun des 23 États, avec les vignettes illustrées correspondantes — soit un total de 368 timbres.

En outre, le Venezuela a émis en 1953 une série représentant la grande poste de Caracas, composée de 11 timbres ordinaires et de 14 timbres de poste aérienne, réémis l'année suivante avec une modification dans l'inscription.

La série courante des Cérès du Portugal, lancée en 1912, devait compter 119 timbres (en excluant les variations mineures de nuance et d'impression). Mais si on y ajoute 35 surcharges provisoires et 5 surcharges tarifaires en 1928 et en 1929, on arrive au chiffre de 161. C'est la plus longue série basée sur un seul motif.

Autres grandes séries définitives à motif uniforme (sans tenir compte du filigrane, de la dentelure ou des variations de nuance) :

Royaume-Uni :	
série courante (1967-1982)	139 timbres
France : « La Semeuse » (1903-1960)	87 timbres
Norvège :	
« Cor postal et chiffres » (1872-1978)	98 timbres
Finlande : « Armoiries » (1930-1952)	66 timbres
Italie : « La Siracusa » (1953-1977)	55 timbres

L'Arabie Saoudite a produit vers 1960 des séries courantes qui comptent parmi les plus longues : 1960-1967, 1964-1982, 1966-1979.

Série courante du Venezuela, 1951-1954

Le pays le plus prolifique reste à ce jour le royaume arabe d''Adjmān qui, à la fin des années soixante, passa plusieurs contrats avec des agences étrangères qui produisirent un éventail de figurines parfaitement excessif au regard des besoins postaux. Le nombre des émissions devait atteindre son point culminant en 1972, à la suite de la création des Émirats arabes unis et de l'expiration imminente des contrats de fabrication. Parmi les contractants étrangers, il en est au moins deux qui semblent avoir été simultanément en activité, et la validité de certaines émissions effectuées entre 1967 et 1972 a été mise en doute. En conséquence, la plupart des séries ne sont enregistrées que sous une forme abrégée en appendice aux catalogues philatéliques, alors que d'autres restent totalement ignorées. En 1971, l'État d''Adjmān à lui seul émit au moins 57 séries, totalisant 440 timbres (sans compter les blocs-feuillets et les versions non dentelées). De nombreuses autres séries ont été produites après le 1er septembre 1971, mais elles ne furent pas reconnues par le ministre des Postes d''Adjmān.

Le pays qui a produit le moins de timbres-poste ces dernières années est la zone du Canal, qui n'a émis que deux timbres depuis 1968 — les 22 et 35 cents courants de 1976 — et aucun timbre commémoratif depuis 1963. Son service postal a cessé toute activité depuis le 30 septembre 1979.

Autres exemples de conservatisme philatélique : Nauru — aucun timbre nouveau entre 1937 et 1954; îles Maldives — aucun timbre nouveau entre 1933 et 1950; Népal : aucun timbre nouveau entre 1907 et 1949. Diverses émissions, signalées par les philatélistes, ont cependant été faites depuis.

« Cérès » du Portugal (1912-1929), « La Semeuse » de France (1903-1938), « Armoiries » de Finlande (1930-1942), « La Siracusa » d'Italie (1953-1977) et courant du Royaume-Uni (1967)

TABLEAU DES AUTORITÉS ÉMETTRICES DE TIMBRES

Ce tableau est disposé chronologiquement en fonction de l'année d'émission des premiers timbres par chaque autorité concernée. Les autres colonnes donnent la date d'émission des premiers timbres commémoratifs (Com.), officiels (Off.), de bienfaisance (B.), de poste aérienne (Air) et de taxes (T.)

	Com.	*Off.*	*B.*	*Air*	*T.*
1840					
Grande-Bretagne	1924	1882	1975	1928	1914
1843					
Zurich, Genève	—	—	—	—	—
Brésil	1900	1906	1931	1928	1889
1845					
États-Unis (maîtres de poste) Poste fédérale (1847)	1893	1873	—	1918	1879
1847					
Maurice	1898	—	—	—	1933
1848					
Bermudes	1920	—	1918	—	—
1849					
Bavière	1911	1916	1919	1911	1862
Belgique	1894	1929	1911	1930	1870
France	1923	—	1914	1927	1859
1850					
Autriche	1908	—	1914	1922	1894
Italie autrichienne	—	—	—	—	—
Guyane britannique	1898	1875	1918	—	1940
Hanovre	—	—	—	—	—
Nouvelle-Galles du Sud	1888	1879	1897	—	1891
Prusse	—	—	—	—	—
Saxe	—	—	—	—	—
Schleswig-Holstein	—	—	—	—	—
Espagne	1905	1854	1938	1920	—
Suisse	1900	1918	1913	1923	1878
Victoria	—	—	1897	—	1890
1851					
Bade	—	—	—	—	1862
Canada	1897	1949	1916	1928	1906
Danemark	1920	1871	1921	1925	1921
Hawaii	—	1896	—	—	—
Nouveau-Brunswick	—	—	—	—	—
Nouvelle-Écosse	—	—	—	—	—
Sardaigne	—	—	—	—	—
Trinité	—	1894	1914	—	1885
Toscane	—	—	—	—	—
Wurtemberg	1906	1881	—	—	—

	Com.	*Off.*	*B.*	*Air*	*T.*
1852					
Barbade	1897	—	1907	—	—
Brunswick	—	—	—	—	—
Inde (Sind)	1931	1866	1971	1929	—
Luxembourg	1921	1875	1921	1931	1907
Modène	—	—	—	—	—
Pays-Bas	1907	1913	1906	1928	1870
Oldenbourg	—	—	—	—	—
Parme	—	—	—	—	—
Réunion	1931	—	1915	1937	1889
États de l'Église	—	—	—	—	—
Tour et Taxis	—	—	—	—	—
1853					
Cap de Bonne-Espérance	1900	—	—	—	—
Chili	1910	1928	1940	1927	1895
Portugal	1894	1938	1911	1937	1898
Tasmanie	—	—	—	—	—
1854					
Philippines	1926	1926	1942	1926	1899
Australie occidentale	—	—	—	—	—
1855					
Brême	—	—	—	—	—
Ceylan	1935	1895	—	—	—
Corrientes	—	—	—	—	—
Cuba et Porto Rico	1914	—	1935	1927	1914
Indes occidentales danoises	—	—	—	—	1902
Nouvelle-Zélande	1900	1907	1929	1931	1899
Australie du Sud	—	1868	—	—	—
Suède	1903	1974	1916	1920	1874
1856					
Finlande	1927	—	1922	1930	—
Mecklembourg-Schwerin	—	—	—	—	—
Mexique	1910	1884	1919	1922	1908
Sainte-Hélène	1934	—	1916	—	—
Uruguay	1896	1880	1930	1921	1902
1857					
Natal	—	1904	—	—	—
Terre-Neuve	1897	—	—	1919	1939
Pérou	1897	1890	1964	1934	1874
Russie	1913	—	1905	1922	1924
1858					
Argentine	1892	1884	1944	1928	—
Buenos Aires	—	—	—	—	—
Cordoba	—	—	—	—	—
Naples	—	—	—	—	—

	Com.	*Off.*	*B.*	*Air*	*T.*
Roumanie (Moldavie)	1903	1929	1906	1928	1881
1859					
Bahamas	1920	—	1917	1935	—
Colombie	1910	1937	1935	1918	—
Colonies françaises	—	—	1943	1944	1884
Hambourg	—	—	—	—	—
Iles Ioniennes	—	—	—	—	—
Lübeck	—	—	—	—	—
Romagne	—	—	—	—	—
Sicile	—	—	—	—	—
Venezuela	1893	—	1937	1930	—
1860					
Jamaïque	1935	1890	1923	—	—
Liberia	1923	1892	1918	1936	1892
Malte	1922	—	1918	1928	1925
Nouvelle-Calédonie	1903	1958	1915	1932	1903
Pologne	1919	1920	1919	1925	1919
Queensland	1903	—	1900	—	—
Sainte-Lucie	1902	—	1916	—	1930
Sierra Leone	1933	—	—	1963	—
1861					
Bergedorf	—	—	—	—	—
Colombie britannique et île Vancouver	—	—	—	—	—
États confédérés d'Amérique	—	—	—	—	—
Grèce	1896	—	1914	1926	1875
Grenade	1898	—	1916	1972	1892
Provinces napolitaines	—	—	—	—	—
Nevis	1980	1980	—	—	—
Ile du Prince-Édouard	—	—	—	—	—
Saint-Vincent	1935	—	1916	1979	—
1862					
Antigua	1932	—	1916	—	—
Costa Rica	1921	1883	1958	1926	1903
Hong Kong	1891	—	—	—	1923
Italie	1910	1875	1911	1917	1863
Nicaragua	1892	1890	1928	1929	1896
1863					
Bolívar	—	—	—	—	—
Poste russe en Turquie	1913	—	—	—	—
Turquie	1908	1947	1935	1938	1863
Wenden	—	—	—	—	—
1864					
Indes orientales hollandaises	1922	1911	1915	1928	1874
Holstein	—	—	—	—	—
Mecklembourg-Strelitz	—	—	—	—	—
Soruth	—	1929	—	—	—
1865					
République Dominicaine	1899	1902	1931	1928	1901
Équateur	1896	1886	1921	1929	1896
Schleswig	—	—	—	—	—

	Com.	*Off.*	*B.*	*Air*	*T.*
Shanghai	1893	—	—	—	1892
1866					
Bolivie	1909	—	1939	1924	1931
Honduras britannique	1921	—	1916	—	1923
Jammu-et-Cachemire	—	1878	—	—	—
Serbie	1904	1943	—	—	1895
Iles Vierges britanniques	1935	—	1917	—	—
1867					
Poste autrichienne en Turquie	1908	—	—	—	1902
Salvador	1892	1896	—	1930	1895
Héligoland	—	—	—	—	—
Établissements du Détroit	1922	—	1917	—	1924
Iles Turks (et Caicos)	1935	—	1917	—	—
1868					
Antioquia	—	—	—	—	—
Açores	1894	—	1911	—	1904
Fernando Poo	1929	—	1960	—	—
Madère	1898	—	1925	—	1925
Confédération d'Allemagne du Nord	—	1870	—	—	—
État libre d'Orange	—	—	—	—	—
1869					
Gambie	1935	—	—	—	—
Haiderabad	1937	1873	—	—	—
Iles Saint-Thomas et du Prince	1938	—	1925	—	1904
Sarawak	1946	—	—	—	—
Transvaal	1895	—	—	—	—
1870					
Afghanistan	1920	1909	1938	1939	—
Alsace et Lorraine	—	—	—	—	—
Angola	1938	—	1925	1938	1904
Cundinamarca	—	—	—	—	—
Fidji	1935	—	1916	—	1917
Paraguay	1892	1886	1930	1929	1904
Perse (Iran)	1915	1902	1948	1927	—
Saint-Christophe	—	—	—	—	—
Tolima	—	—	—	—	—
1871					
Guatemala	1897	1902	1927	1929	—
Hongrie	1916	1921	1913	1918	1903
Japon	1894	—	1942	1919	—
Indes portugaises	1898	—	1919	—	1904
1872					
Empire germanique	1919	1903	1919	1919	—
1873					
Curaçao	1923	—	1941	1929	1889
Islande	1911	1873	1933	1928	—
Porto Rico	1893	—	1898	—	1899

	Com.	Off.	B.	Air	T.
Surinam	1923	—	1927	1930	1885
1874					
Dominique	1935	—	1916	—	—
Griqualand	—	—	—	—	—
Poste italienne au Levant	—	—	—	—	1922
Sind	—	1885	—	—	—
Lagos	—	—	—	—	—
Monténégro	1893	—	1944	1941	1894
1875					
Côte-de-l'Or	1935	—	1918	—	1923
1876					
Bhopāl	—	1908	—	—	—
Montserrat	1932	1976	1917	—	—
Pounch	—	—	—	—	—
Johore	1896	—	—	—	1938
1877					
Alwar	—	—	—	—	—
Iles du Cap-Vert	1921	—	1925	—	1904
Mozambique	1913	—	1916	1946	1904
Nowanugger	—	—	—	—	—
Samoa	1920	—	1966	1965	—
Saint-Marin	1894	—	1917	1931	1897
1878					
Chine	1894	—	1932	1932	1912
Iles Falkland	1933	—	1918	—	—
Panama	1913	—	1941	1929	1915
Perak	1948	1889	—	—	—
Selangor	1948	—	—	—	—
Sungei Ujong	—	—	—	—	—
1879					
Bhor	—	—	—	—	—
Bosnie-Herzégovine	1910	—	1916	—	1904
Bulgarie	1896	1942	1916	1927	1884
Faridkot	—	1886	—	—	—
Labuan	1896	—	—	—	1901
Sirmoor	—	1890	—	—	—
Tobago	—	—	—	—	—
1880					
Chypre	1928	—	1974	—	—
Rajpipla	—	—	—	—	—
1881					
Roumélie orientale	—	—	—	—	—
Haïti	1929	—	1944	1929	1898
Népal	1956	1960	—	1958	—
Guinée portugaise	1946	—	1919	—	1904
1882					
Bangkok	—	—	—	—	—
Tahiti	—	—	—	—	1893
1883					
Bornéo Nord	1922	—	1918	—	1895
Thaïlande	1908	1963	1920	1925	—

	Com.	Off.	B.	Air	T.
1884					
Guadeloupe	1931	—	1938	1945	1876
Poste allemande en Turquie	—	—	—	—	—
Macao	1948	—	1919	—	1904
Poste britannique à Madagascar	—	—	—	—	—
Patiala	—	1884	—	—	—
Santander	—	—	—	—	—
Stellaland	—	—	—	—	—
1885					
Levant britannique	—	—	—	—	—
Levant français	—	—	—	—	—
Corée	1902	—	—	—	—
Guanacaste	—	—	—	—	—
Gwalior	—	1895	—	—	—
Monaco	1921	—	1914	1933	1906
Nabha	—	1885	—	—	—
Saint-Pierre-et-Miquelon	1931	—	1915	1942	1892
Bulgarie du Sud	—	—	—	—	—
Timor	1898	—	1919	—	1904
1886					
Bechuanaland britannique (Botswana)	—	—	—	—	—
Chamba	—	1886	—	—	—
Cochinchine	—	—	—	—	—
Congo belge	1928	—	1918	1930	1923
Gabon	1931	1968	1915	1960	1928
Gibraltar	1935	—	1918	—	1956
Holkar (Indore)	—	—	—	—	1904
Martinique	1931	—	1916	1945	1927
Nouvelle-République d'Afrique du Sud	—	—	—	—	—
Tonga	1899	1893	—	1963	—
1887					
Jhalawar	—	—	—	—	—
Sénégal	1931	1961	1915	1935	1903
1888					
Annam et Tonkin	—	—	—	—	—
Protectorat du Bechuanaland	1935	—	—	—	1926
Travancore	1931	1911	—	—	—
Tunisie	1938	—	1916	1919	1901
Wadhwan	—	—	—	—	—
Zoulouland	—	—	—	—	—
1889					
Bamra	—	—	—	—	—
Madagascar français	1931	—	1915	1935	1896
Poste allemande au Maroc	—	—	—	—	—
Indochine	1931	1933	1914	1933	1904
Nossi-Bé	—	—	—	—	1891
Swaziland	1935	—	—	—	1933
1890					
Afrique orientale anglaise	—	—	—	—	—

	Com.	*Off.*	*B.*	*Air*	*T.*
Comptoir britannique d'Afrique orientale	1905	—	—	—	—
Diégo-Suarez	—	—	—	—	1891
Iles Sous-le-Vent	1897	—	—	—	—
Pahang	1948	—	—	—	—
Seychelles	1935	—	—	—	1951
1891					
Afrique centrale anglaise	—	—	—	—	—
Congo français	—	—	—	—	—
Maroc français	1946	—	1914	1922	1915
Negri Sembilan	1948	—	—	—	—
1892					
Angra do Heroismo	—	—	—	—	—
Anjouan	—	—	—	—	—
Bénin	—	—	—	—	1894
Cochin	—	1913	—	—	—
Iles Cook	1935	1975	1968	1966	—
Guinée française	1931	—	1938	1940	1905
Comptoirs français des Indes	1931	—	1916	1942	1923
Funchal	—	—	—	—	—
Horta	—	—	—	—	—
Côte-d'Ivoire	1931	1973	1915	1940	1906
Mayotte	—	—	—	—	—
Compagnie mozambique	1935	—	1917	1935	1906
Côte du Niger (concessions pétrolières)	—	—	—	—	—
Obock	—	—	—	—	1892
Océanie	1931	—	1915	1934	1926
Ponta Delgada	—	—	—	—	—
1893					
Poste britannique en Crète	—	—	—	—	—
Cavalla	—	—	—	—	—
Datia (Duttia)	—	—	—	—	—
Dedeagatz (Dedeagh)	—	—	—	—	—
Érythrée	1922	—	1916	1934	1903
Afrique orientale allemande	—	—	—	—	—
Congo portugais	—	—	—	—	—
Rajnandgaon	—	—	—	—	—
Vathy	—	—	—	—	—
1894					
Bundi	—	1918	—	—	—
Charkari	—	—	—	—	—
Djibouti (jusqu'en 1902)	—	—	—	—	—
Éthiopie	1908	—	1936	1929	1896
Soudan français	1931	—	1938	1940	1921
Lourenço Marques	1895	—	1918	—	—
Sainte-Marie-de Madagascar	—	—	—	—	—
Zambèze	—	—	—	—	—
Zanzibar (Poste française)	—	—	—	—	1897

	Com.	*Off.*	*B.*	*Air*	*T.*
1895					
Inhambane	1895	—	—	—	—
Ouganda	1962	—	—	—	1967
Zanzibar (Poste britannique)	1936	—	—	—	1930
1896					
Bussahir	—	—	—	—	—
Poste roumaine en Turquie	—	—	—	—	—
1897					
Cameroun	1931	—	1938	1941	1925
Dhar	—	—	—	—	—
Nouvelle-Guinée	1935	1914	—	1931	—
Grande Comore	—	—	—	—	—
Las Bella	—	—	—	—	—
Iles Marshall	—	—	—	—	—
Cie du Nyassa	—	—	1925	—	1924
Afrique du Sud-Ouest	1935	1927	1935	1930	1923
Soudan	1935	1902	—	1931	1897
Togo	1931	—	1938	1940	1921
1898					
Poste allemande en Chine	—	—	—	—	—
Poste anglaise au Maroc	1935	—	—	—	—
Afrique portugaise	1898	—	1919	—	1945
Thessalie	—	—	—	—	—
1899					
Poste française d'Alexandrie	—	—	1915	—	1922
Boyacá	—	—	—	—	—
Iles Carolines	—	—	—	—	—
Dahomey	1931	—	1915	1940	1906
Guam	—	—	—	—	—
Kishengarh	—	1918	—	—	—
Rethymnon	—	—	—	—	—
1900					
Iles Caïmans	1932	—	1917	—	—
Corps expéditionnaire en Chine	—	—	—	—	—
Crète	1907	1908	—	—	1901
États fédérés malais	—	—	—	—	—
États malais fédérés	—	—	—	—	1924
Kiatschau	—	—	—	—	—
Mafeking	—	—	—	—	—
Iles Mariannes	—	—	—	—	—
Nigeria septentrional	—	—	—	—	—
Iles Turks et Caicos	1900	—	1917	—	—
1901					
Canton	—	—	—	—	—
Magdalena	—	—	—	—	—
Papouasie	1934	1931	—	1929	—
Nigeria méridional	—	—	—	—	—

	Com.	*Off.*	*B.*	*Air*	*T.*
1902					
Australie	1927	1931	—	1929	1902
Cauca	—	—	—	—	—
Côte française des Somalis	1931	—	1915	1941	1915
Hoi-Hao Niue	1935	—	1980	—	—
Ile Penrhyn	1974	1978	—	—	—
Guinée espagnole	1929	—	1951	1941	—
1903					
Aitutaki	1972	1978	1974	—	—
Poste autrichienne en Crète	1908	—	—	—	—
Somaliland britannique	1935	1903	—	—	—
Afrique orientale et Ouganda	—	—	—	—	—
Elobey, Annobon et Corisco	—	—	—	—	—
Poste française en Chine	—	—	—	—	—
Somalie italienne	1922	—	1915	1934	1906
Maroc espagnol	1929	—	1937	1936	—
St Kitts-Nevis	1923	1980	1916	—	—
Sénégambie et Niger	—	—	—	—	—
Yunnan-Fu	—	—	—	—	—
1904					
Zone du Canal	1926	1941	—	1929	1914
Jaipur	1931	1929	—	—	—
1905					
Rio de Oro	—	—	—	—	—
1906					
Brunei	1922	—	—	—	—
Kouang-tcheou-wan	1939	—	1939	—	—
Iles Maldives	1960	—	—	—	—
Mauritanie	1931	1961	1915	1940	1906
Mohéli	—	—	—	—	—
Haut-Sénégal et Niger	—	—	1915	—	1906
1907					
Iles Britanniques Salomon	1935	—	—	—	1925
Moyen-Congo	1931	—	1916	—	1928
1908					
Territoire du roi Edouard VII	—	—	—	—	—
Nouvelles-Hébrides	1949	—	—	—	1925
Nyassaland	1935	—	—	—	1950
1909					
Rhodésie	1965	—	—	—	1965
1910					
Afrique du Sud	1910	1926	1933	1925	1914
Trengganu	1922	—	1917	—	1937
1911					
Iles Gilbert et Ellice	1935	—	1918	—	1940

	Com.	*Off.*	*B.*	*Air*	*T.*
Kelantan	1922	—	—	—	—
Tibet	—	—	—	—	—
Territoire de Victoria	—	—	—	—	—
1912					
Archipel de la mer Égée	1932	—	1932	1932	1934
Kedah	1922	—	—	—	—
Libye	1922	1952	1915	1928	1915
Liechtenstein	1918	1932	1925	1930	1920
1913					
Albanie	1913	—	1924	1925	1914
Orcha	—	—	—	—	—
Quelimane	—	—	—	—	—
Tete	—	—	—	—	—
Trinité et Tobago	1935	1913	1915	1975	1947
1914					
Épire	—	—	—	—	—
Maroc français	1946	—	1914	1922	1915
Belgique sous occupation allemande	—	—	—	—	—
Corps expéditionnaire des Indes	—	—	—	—	—
Nigeria	1935	—	1966	—	1959
1915					
Poste militaire autrichienne	—	—	1918	—	1918
Bonchaïr	1915	—	—	—	—
Pologne sous occupation allemande	—	—	—	—	—
Iles Nord-Ouest du Pacifique	—	—	—	—	—
Oubangui-Chari, Tchad	—	—	1916	—	—
1916					
Roumanie sous occupation bulgare	—	—	—	—	—
Cap Juby	1929	—	—	—	—
Commandements allemands Est et Ouest	—	—	—	—	—
Hedjaz	1924	—	—	—	1917
Kionga	—	—	—	—	—
Long Island	—	—	—	—	—
Nauru	1935	—	—	—	—
Ile Rouad	—	—	—	—	—
Rouanda-Urundi	1934	—	1918	—	1924
Salonique (Levant)	—	—	—	—	—
1917					
Bagdad	—	—	—	—	—
Poste britannique en Chine	—	—	—	—	—
Roumanie sous occupation allemande	—	—	—	—	1918

	Com.	*Off.*	*B.*	*Air*	*T.*
Poste italienne en Chine	—	—	—	—	1917
Koritza	—	—	—	—	—
1918					
Tchécoslovaquie	1919	1945	1919	1920	1919
Estonie	1928	—	1920	1920	—
Fiume	1920	—	1919	—	1918
Poste française à Tanger	—	—	—	1928	1918
Irak	1949	1920	1949	1949	—
Lettonie	1919	—	1920	1921	—
Lituanie	1920	—	1924	1921	—
Palestine	—	—	—	—	1920
Pologne	1920	1920	1919	1925	1919
Russie méridionale	—	—	—	—	—
Trentin	—	—	—	—	—
Vénétie Julienne	—	—	—	—	1918
Ukraine	—	—	1923	—	—
Yougoslavie	1918	1946	1918	1934	1918
1919					
Arménie	—	—	—	—	—
Azerbaïdjan	—	—	1921	—	—
Allemagne sous occupation belge	—	—	—	—	1920
Albanie centrale	—	—	—	—	—
Sicile	1919	—	1919	—	1919
Hongrie sous occupation française	—	—	—	—	1919
Géorgie	—	—	1922	—	—
Autriche sous occupation italienne	—	—	—	—	1919
Mossoul	—	—	—	—	—
Russie du Nord-Ouest	—	—	—	—	—
Poste polonaise en Turquie	—	—	—	—	—
Hongrie sous occupation roumaine	—	—	1919	—	1919
Hongrie sous occupation serbe	—	—	1919	—	1919
Sibérie	1922	—	—	—	—
Cosaques du Don	—	—	—	—	—
Crimée	—	—	—	—	—
Russie, gouvernement de Denikine	—	—	—	—	—
Syrie	1920	—	1926	1920	1920
Poste américaine à Shanghai	—	—	—	—	—
Ukraine occidentale	—	—	—	—	—
1920					
Allenstein	—	—	—	—	—
Arbe et Veglia	—	—	—	—	—
Carinthie	—	—	—	—	—
Castelrosso	1930	—	1930	—	—
Lituanie centrale	1921	—	1921	—	1921
Dantzig	1930	1921	1921	1920	1921

	Com.	*Off.*	*B.*	*Air*	*T.*
Silésie orientale	—	—	—	—	1920
République d'Extrême-Orient	1922	—	—	1923	—
Jordanie	1922	1924	1947	1950	1923
La Aguera	—	—	—	—	—
Memel	1923	—	—	1921	—
Ingrie	—	—	—	—	—
Sarre	1933	1922	1926	1928	—
Schleswig	—	—	—	—	—
Thrace	—	—	—	—	1919
Haute Silésie	1921	1920	—	—	—
Haute-Volta	1931	1963	1962	1961	1920
Iles Wallis-et-Futuna	1931	—	1939	1946	1920
Gouvernement Wrangel en Russie	—	—	—	—	—
Castellorizo	—	—	—	—	—
1921					
Barwani	—	—	—	—	—
Niger	1931	1962	1939	1940	1921
La Agüera		—	—		—
1922					
Ascension	1935	—	—	—	—
Barboude	1968	—	—	—	—
Tchad	1931	1966	1963	1960	1928
Irlande	1929	—	—	1948	1925
Société des Nations	1932	—	—	—	—
Tanganyika	1961	1961	—	—	—
Oubangui-Chari	1931	—	—	—	1928
1923					
Corfou	—	—	—	—	—
Cyrénaïque	1923	—	1925	1932	1950
Bureau international du travail	1932	—	—	—	—
Koweït	1948	1923	—	1933	1963
Saseno	—	—	—	—	—
Afrique du Sud-Ouest	1935	1927	1935	1931	1923
République du Caucase	—	—	—	—	—
Tripolitaine	1923	—	1925	1930	1948
1924					
Algérie	1930	—	1927	1946	1926
Liban	1924	—	1926	1924	1924
Mongolie	1945	—	—	1961	—
Rhodésie du Sud	1935	—	—	—	1951
Sahara espagnol	1929	—	1950	1943	—
Rwanda-Urundi	1934	—	1944	—	1924
1925					
Alaouites	—	—	—	1925	1925
Jubaland	1925	—	1926	—	1925
Territoire de Nouvelle-Guinée	1931	1925	—	1931	—
Rhodésie du Nord	1935	—	—	—	1929
Poste polonaise à Dantzig	1938	—	—	—	—

	Com.	*Off.*	*B.*	*Air*	*T.*
1926					
Hejaz-Nejd	1926	—	—	—	1926
Tuva	1936	—	—	1934	—
Yemen	1939	—	1967	1947	1964
1928					
Andorre (poste espagnole)	1972	—	—	1951	—
1929					
Poste chinoise communistes	—	—	—	—	—
Vatican	1935	—	1933	1938	1931
1931					
Andorre (Poste française)	1962	—	1964	1950	1931
Lattaquié	—	—	—	1931	1931
Morvi	—	—	—	—	—
1932					
Inini	1939	—	1939	—	1932
Colonies italiennes (émission générale)	1932	—	1932	1932	—
Arabie Saoudite	1932	1939	1934	1949	1937
1933					
Bahraïn	1948	—	—	—	—
Basutoland	1935	—	—	—	1933
1934					
Cour de justice internationale	—	—	—	—	—
1935					
Bijawar	—	—	—	—	—
P.T.T. Afrique orientale (Kenya, Ouganda, Tanganyika)	1935	1959	—	1935	1935
1936					
Afrique équatoriale française	1937	—	1938	1937	1937
Union postale malaise	—	—	—	—	1936
1937					
Aden	1937	—	—	—	—
Birmanie	1940	1937	—	—	—
1938					
Alexandrette	1938	—	—	1938	1938
Groenland	1935	—	1958	—	—
Afrique orientale italienne	1938	—	1940	1938	1941
1939					
Bohème et Moravie	1941	1941	1941	—	1939
Pologne sous gouvernement général	1940	1940	1940	—	1940
Hatay	1939	—	—	—	1939
Idar	—	—	—	—	—
Slovaquie	1939	—	1939	1939	1939
1940					
Alsace	—	—	—	—	—
Iles Féroé sous occupation britannique	—	—	—	—	—
Albanie sous occupation grecque	1940	—	—	1940	1940
Lorraine	—	—	—	—	—
Ile Pitcairn	1946	—	—	—	—
1941					
Céphalonie et Ithaque	—	—	1941	1941	—
Corfou	—	—	—	—	—
Croatie	1941	1942	1941	—	1941
Carélie orientale	—	—	1943	—	—
Zone de Fiume et Kupa	1941	—	1941	—	—
Estonie sous occupation allemande	—	—	1941	—	—
Lettonie sous occupation allemande	—	—	—	—	—
Lituanie sous occupation allemande	—	—	—	—	—
Vilna sous occupation allemande	—	—	—	—	—
Ostland sous occupation allemande	—	—	—	—	—
Guernesey sous occupation allemande	—	—	—	—	—
Jersey sous occupation allemande	—	—	—	—	—
Ifni	1949	—	1950	1943	—
Iles Ioniennes sous occupation italienne	—	—	—	—	—
Serbie	1941	1943	1941	1941	1941
Slovénie sous occupation italienne	—	—	1941	—	—
1942					
Forces françaises libres du Levant	—	—	1943	1942	—
Mengkiang	1943	—	—	—	—
Kwangtung	—	—	—	—	1945
Chine nationaliste sous occupation japonaise	1943	—	—	—	—
Malaisie sous occupation japonaise	1942	—	—	—	1942
Indes hollandaises sous occupation japonaise	1943	—	—	1943	1942

	Com.	*Off.*	*B.*	*Air*	*T.*
Bornéo sous occupation japonaise	—	—	—	—	—
Philippines sous occupation japonaise	1942	—	1942	—	1942
Sarawak sous occupation japonaise	—	—	—	—	—
Jasdan	—	—	—	—	—
Forces du Moyen-Orient	—	—	—	—	1942
Seiyun	1946	—	—	—	—
Shihr et Mukalla	1946	—	—	—	—
1943					
Fezzan	—	—	1950	1943	1943
Poste occidentale allemande de Zante	—	—	—	—	—
Malaisie sous occupation thaïlandaise	—	—	—	—	—
1944					
Dépendances des îles Falkland	1946	—	—	—	—
Afrique occidentale française	1945	—	1944	1945	1947
Bureau international de l'Éducation	—	—	—	—	—
République sociale italienne	1944	—	—	—	1944
Laibach	—	—	1944	1944	1944
Macédonie	—	—	—	—	—
Mascate	1944	—	—	—	1944
1945					
Allemagne sous occupation anglo-américaine	1948	—	1948	—	—
Zone française d'Allemagne	—	—	—	—	—
Allemagne sous occupation russe	1949	—	1948	—	—
Indonésie	1945	—	1945	1947	1950
Malaisie (administration britannique militaire)	—	—	—	—	—
Taiwan (Formose)	1946	—	—	—	1948
Vénétie Julienne et Istrie	—	—	—	—	1948
Viêt-nam	1945	—	1945	1952	1952
1946					
B.C.O.F. Japon	—	—	—	—	—
Corée du Nord	1946	—	—	1958	—
Viêt-nam du Nord	1953	1952	—	1959	1952
Corée du Sud	1946	—	1957	1947	—
1947					
Occupation française de Baden	1949	—	1949	—	—
Occupation française des pays rhénans	1949	—	1948	—	—
Occupation française du Wurtemberg	1949	—	1949	—	—
Occupation grecque du Dodécanèse	—	—	—	—	—
Ile Norfolk	1956	—	—	—	—
Pakistan	1948	1947	—	1962	—
Sarre	1948	1949	1948	1948	—
Trieste	1948	—	—	1947	1947
1948					
Bahawalpur	1948	1945	—	—	—
Poste britannique en Erythrée	1948	—	—	—	—
Iles de la Manche	1948	—	—	—	—
Gaza	1957	—	—	1948	1948
Israël	1948	1951	1957	1950	1948
Occupation jordanienne de la Palestine	1949	—	1950	—	1948
Malacca	1948	—	—	—	—
Penang	1948	—	—	—	—
Perlis	1948	—	—	—	—
Iles Ryukyu	1951	—	—	1950	—
Singapour	1948	—	—	1955	1968
Iles Tokelau	1953	—	—	—	—
Berlin-Ouest	1949	—	1949	—	—
Occupation yougoslave de Trieste	1948	—	1948	1948	1948
Organisation mondiale de la santé	1962	—	—	—	—
1949					
République populaire de Chine	1949	—	—	1951	1950
République de Chine (Taiwan)	1951	—	1954	1959	1950
République démocratique allemande	1949	1954	1949	—	—
République fédérale d'Allemagne	1949	—	1949	—	—
Ghadamès	—	—	—	—	—
Antilles hollandaises	1949	—	1951	—	1952
Rajasthan	—	—	—	—	—
Afrique occidentale espagnole	1949	—	—	1951	—
Travancore-Cochin	—	1949	—	—	—
1950					
Iles Comores	1952	1979	1962	1954	1950
Conseil de l'Europe	1978	—	—	—	—

	Com.	*Off.*	*B.*	*Air*	*T.*
Nouvelle-Guinée hollandaise	1959	—	1953	—	1957
Organisation internationale des réfugiés	—	—	—	—	—
Occupation nord-coréenne de la Corée du Sud	—	—	—	—	—
Nations unies (Genève)	1955	—	—	—	—
1951					
Cambodge	1955	—	1952	1953	1957
Laos	1952	—	1953	1953	1952
Nations unies (New York)	1952	—	—	1951	—
1952					
Nouvelle-Guinée	1961	—	—	—	1960
Saint-Christophe — Nevis — Anguilla	1953	1980	—	—	—
Tristan da Cunha	1953	—	—	—	1957
1953					
Forces indiennes de surveillance, Corée	—	—	—	—	—
1954					
Forces indiennes en Indochine	1965	—	—	—	—
Rhodésie et Nyassaland	1955	—	—	—	1961
Ile Riau-Lingga	—	—	—	—	—
1955					
Terres australes et antarctiques françaises	1957	—	—	1962	—
Hadramaout	1966	—	—	—	—
Viêt-nam du Sud	1955	—	1960	1955	1955
1956					
Maroc	1956	—	1960	1956	1965
Office météorologique mondial	1973	—	—	—	—
1957					
Antarctique australien	1961	—	—	—	—
Iles Galapagos	1959	—	—	—	—
Ghana	1957	—	—	1958	1958
Fédération malaise	1957	—	—	—	—
Qatar	1957	—	—	1970	1968
Terre de Ross	—	—	—	—	—
Union postale universelle	—	—	—	—	—
1958					
Ile Christmas	1965	—	—	—	—
Polynésie française	1958	1977	—	1960	1958

	Com.	*Off.*	*B.*	*Air*	*T.*
Guernesey	1969	—	—	—	1969
Ile de Man	1973	—	—	—	1973
Jersey	1969	—	—	—	1969
Union internationale des télécommunications	1973	—	—	—	—
République malgache	1958	—	1960	1960	1962
Irlande du Nord	—	—	—	—	—
Écosse	—	—	—	—	—
République arabe unie	1958	1958	1958	1959	—
Pays de Galles	—	—	—	—	—
1959					
République centrafricaine	1959	1965	1962	1960	1962
Congo (Brazzaville)	1959	1968	1962	1960	1961
Guinée	1959	—	1960	1959	1959
Mali	1959	1961	1962	1959	1961
1960					
Congo-Kinshasa	1960	—	1963	1967	—
République islamique de Mauritanie	1960	1961	1962	1960	1961
Katanga	1960	—	—	—	1960
Río Muni	1961	—	1960	—	—
Sud-Cameroun	—	—	—	—	—
1961					
Sud Kasaï	—	—	—	—	—
Trucial States	—	—	—	—	—
Ouganda	1962	—	—	—	1967
Unesco	—	—	—	—	—
1962					
Bhoutan	1962	—	1964	1967	—
Burundi	1962	—	1963	1964	—
Forces indiennes au Congo	—	—	—	—	—
Ruanda	1969	—	—	1971	—
Nouvelle-Guinée occidentale	—	—	—	—	—
1963					
Territoire antarctique britannique	1966	—	—	—	—
Iles Cocos (Keeling)	1965	—	—	—	—
Dubai	1963	—	—	1963	1963
Kenya	1963	1964	—	1967	—
Malaisie	1963	—	—	—	1966
Front national de libération du Viêt-nam du Sud	1963	—	—	—	—
Sharjah	1963	1966	—	1963	—
Fédération arabe du Sud	1963	—	—	—	—
Géorgie du Sud	1972	—	—	—	—
Irian occidental	1963	—	—	—	1963

	Com.	*Off.*	*B.*	*Air*	*T.*
1964					
Abu Dhabı	1968	—	—	—	—
'Adjman	1964	1965	—	1965	—
Afrique orientale	1964	—	—	—	—
Fujeira	1964	1965	—	1965	—
Malawi	1964	—	—	1972	1967
Ra's al-Khayma	1965	—	—	—	—
Sabah	—	—	—	—	—
Umm al Qiwain	1964	1965	—	1965	—
Zambie	1964	—	—	—	1964
1965					
Forces indiennes à Gaza	—	—	—	—	—
Khor Fakkan	1965	—	—	—	—
Tanzanie	1966	1965	—	—	1967
1966					
Botswana	1966	—	—	—	1967
Guyane	1966	—	—	—	1967
Lesotho	1966	—	—	—	1966
Manama	1966	—	—	—	—
Mascate et Oman	1969	—	—	—	—
1967					
Anguilla	1968	—	—	—	—
Territoire français des Afars et des Issas	1968	—	—	1969	1969
Mahra (Qishn et Socotra)	—	—	—	—	—
Haute Yafa	—	—	—	—	—
1968					
Biafra	1968	—	1968	—	—
Territoire britannique de l'océan Indien	1971	—	—	—	—
Guinée équatoriale	1968	—	—	—	—
Yémen du Sud	1968	—	—	—	—
1970					
Bangladesh	1971	1973	—	—	—
République khmer	1971	—	1972	1973	1974
Oman	1971	—	—	—	—
République du Yémen	1971	—	—	—	—
Zaïre	1971	1975	—	—	—
1972					
Sri Lanka	1972	—	—	—	—
1973					
Belize	1973	—	—	—	1976

	Com.	*Off.*	*B.*	*Air*	*T.*
Grenadines de Grenade	1973	—	—	—	—
Grenadines de Saint-Vincent	1973	—	1980	—	—
Émirats arabes unis	1973	—	—	—	—
1974					
Poste chypriote turque	1974	—	—	—	—
1975					
Iles Féroé	1976	—	—	—	—
Guinée-Bissau	1976	—	—	—	—
1976					
République du Bénin	1976	—	—	1976	1978
Iles Gilbert	1976	—	—	—	—
Tuvalu	1976	—	—	—	—
République socialiste du Viêt-nam	1976	—	—	—	—
1977					
Empire centrafricain	1977	1977	—	1977	—
République de Djibouti	1977	—	—	1977	—
Transkei	1977	—	—	—	—
1979					
Kiribati	1977	—	—	—	—
Kuala Lumpur	—	—	—	—	—
Redonda	1979	—	—	—	—
Nations unies (Vienne)	1980	—	—	—	—
Venda	1979	—	—	—	—
1980					
Açores	1980	—	—	—	—
Bophuthatswana	1980	—	—	—	—
Nevis	1980	1980	—	—	—
St Kitts	1980	1980	—	—	—
Vanuatu	1980	—	—	—	—
Zil Eloigne Sesel	1980	—	—	—	—
Zimbabwe	1980	—	—	—	1980
1981					
Ciskei	1981	—	—	—	—
1982					
Occupation argentine des Falkland	1982	—	—	—	—

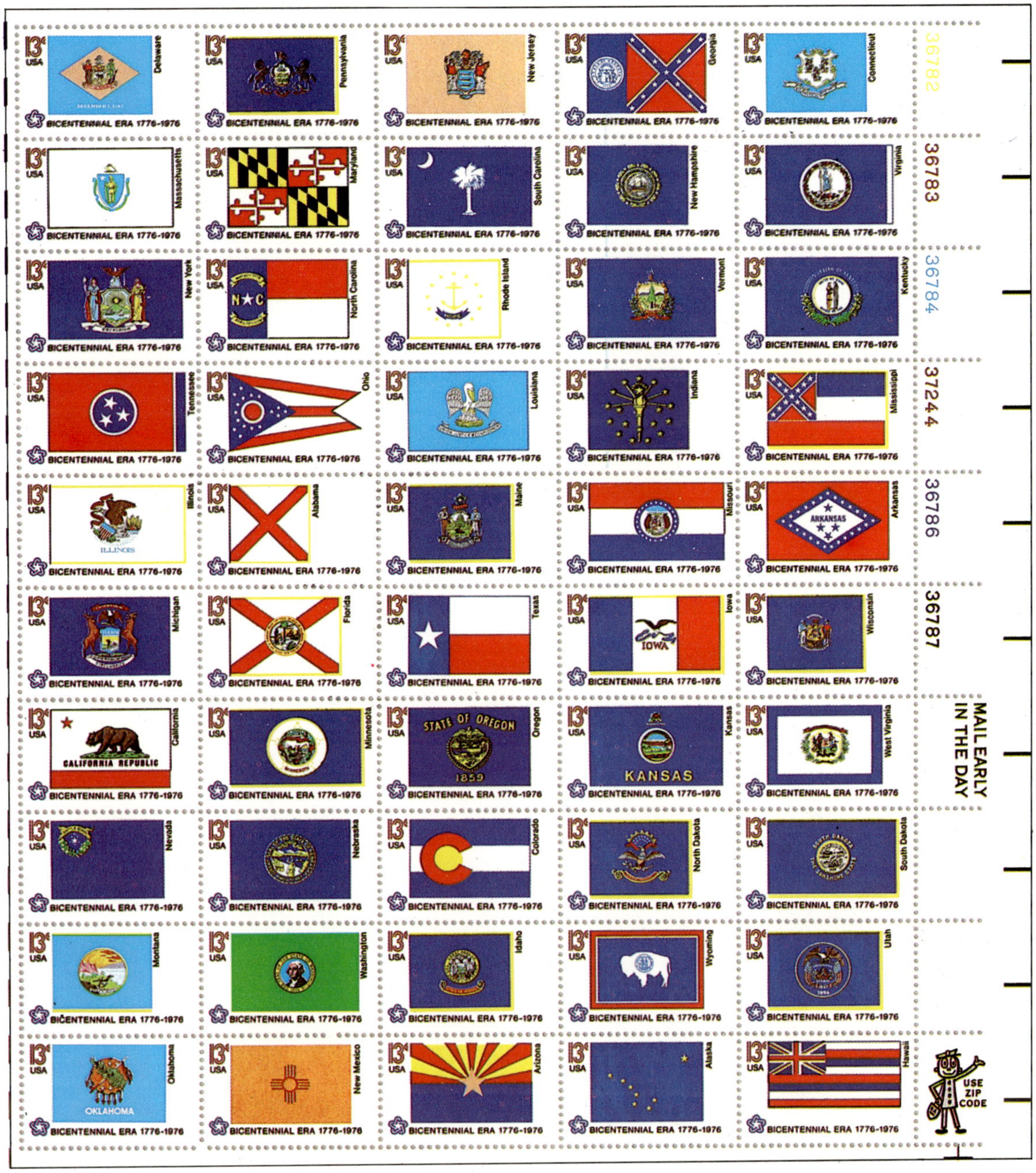

Cette planche contenant les drapeaux des cinquante États américains date de la célébration du bicentenaire. L'obligation d'acheter l'ensemble a sans doute nui à sa popularité auprès du grand public ainsi qu'à l'usage commercial des timbres ainsi présentés

ROYAL SWAZI NATIONAL AIRWAYS
SWAZILAND 25c
EAST AFRICAN AIRWAYS
21st Anniversary
30 CENTS
Tanzania·Uganda·Kenya
AUSTRALIAN ANTARCTIC TERRITORY
20c
YEMEN PDR
60 FILS
PAPUA NEW GUINEA
Defence Force
WRIGHT 1904
LIRE 1
REPUBBLICA di SAN MARINO
Flug-post
1c
NORFOLK ISLAND
CAYMAN ISLANDS
9d
FLYING DOCTOR SERVICE
KENYA 1/-
G.222 AERITALIA
ITALIA 200
M.B.339 AER MACCHI
ITALIA 200
A.109 AGUSTA
ITALIA 200
P.68 PARTENAVIA
ITALIA 200
COOK ISLANDS
1p GIBRALTAR
8¢
U.S. AIR MAIL
BRITISH ANTARCTIC TERRITORY 25p
APOLLO XI
MAN ON MOON
50 CENTS
SEYCHELLES
Satellite communications
K1
MALAWI
1F
YURI GAGARIN 12 AVRIL 1961
REPUBLIQUE TOGOLAISE
JUGOSLAVIJA
300
REPUBLIC OF CHINA
1 DIRHAM
ARMSTRONG
QATAR
30 MONGOLIA
PRIMER ASTRONAUTA AMERICANO
ALAN B. SHEPARD
G. 0,10
CORREO DEL PARAGUAY
25s
KINGDOM OF LESOTHO

MONGOLIA МОНГОЛ ШУУДАН
10
½c ANTIGUA
CARIB INDIAN AND WAR CANOE
15 CENTS
NORTH BORNEO
10 SVERIGE
200th ANNIVERSARY of MAURELLE'S VISIT • 1781-1981
"la Princesa"
Solomon Islands 45c
VIRGIN ISLANDS
1c
FRANCE LIBRE
POSTES
RF
5c
OCEANIE
1D ½
PITCAIRN IS. LONGBOAT
PITCAIRN ISLANDS
HONG KONG
Port of Hong Kong Past and Present
香港今昔
$1.30
Bermuda
26p
FALKLAND ISLANDS
Isle of Man 3½P
1812-1962
4c
U.S. POSTAGE
LOUISIANA
2
POSTES OTTOMANES
PIASTRES
TWELVE & HALF
12½ CENTS 12½
50p
ACCADEMIA NAVALE DI LIVORNO
1881 1981
ITALIA 200
5d
RMS Queen Elizabeth 2
5
U.S. POSTAGE 6 CENTS
1620 THE LANDING OF THE PILGRIMS
UN CENTAVO
DEUTSCHE BUNDESPOST JUGENDMARKE
30+15
Muster
250
KENYA UGANDA TANZANIA
30 CLASS RAILWAY LOCOMOTIVE
HONDURAS
5
CENTAVOS
RAILWAY CENTENARY
2 AS
1853 1953
INDIA POSTAGE
5 REPUBLICA ARGENTINA
PLAN QUINQUENAL 1947-1951
BARBADOS
45c
POSTE ITALIANE
50
1939 CENTENARIO DELLE FERROVIE
SOUTH WEST AFRICA
1½d 1½d
POSTAGE
SPOORWEGEN-CHEMINS DE FER
10 BELGIE-BELGIQUE 10
SOUTHERN RHODESIA
2d
FRANCE
1'50 POSTES
CREATION DU SERVICE AMBULANT. 1844
FERROCARRILES 1869-1969
CENTENARIO
URUGUAY CORREOS
3c
THE BALTIMORE & OHIO RAILROAD CHARTERED FEB. 28, 1827
125 YEARS OF RAIL TRANSPORTATION
10
INDIA
SWAZILAND
£1
HONORING RAILROAD ENGINEERS OF AMERICA
3 CENTS 3
UNITED STATES POSTAGE
125th ANNIVERSARY of the RAILWAY
JAMAICA 15c
PHOSPHATE INDUSTRY
CHRISTMAS ISLAND INDIAN OCEAN 40c
中華民國郵票
REPUBLIC OF CHINA
2
1881-1981

Armoiries, drapeaux, monnaies et timbres

Mythologie, religions et timbres de Noël

CAYMAN ISLANDS $1
50 Muster
USA
AUSTRALIA 2c
REPUBLIC of KENYA 1964 2/50 NANDI FLAME
THE ROYAL BRITISH LEGION DIAMOND JUBILEE 1921-1981
AT THE GOING DOWN OF THE SUN AND IN THE MORNING WE WILL REMEMBER THEM
ISLE of MAN 8p
FLOWERS YEMEN PDR 50 FILS Tephrosia apollinea
31c SIERRA LEONE
Botswana 6t Christmas 1981
LIRE 2 REPUBBLICA DI S. MARINO
11 Sene Samoa I Sisifo
Ascension 12p Coral Plant
REPUBLIQUE DE HAUTE-VOLTA POSTES 1F
1/2d Fireball Lily SIERRA LEONE
Trinidad & Tobago $2
PORTUGAL AÇORES 7.00
2 REPUBLIC OF CHINA
OLEANDRO ITALIA 200
10c BELGISCH CONGO BELGE
PRO JUVENTUTE 1965 30+10 HELVETIA
ANDORRA 10 CTS CORREOS
PITCAIRN ISLANDS CORDYLINE TERMINALIS 1/2d
POMEGRANATE Punica granatum Pitcairn Islands 20c
15c RUANDA-URUNDI
OREGON TERRITORY U.S. POSTAGE 3
COLOMBIA 1 CENTAVO
TURKS & CAICOS ISLANDS 6d
POSTES REUNION UN CENTIME 1
PITCAIRN ISLANDS 3d
TOKELAU ISLANDS POSTAGE AND REVENUE 2d
ZANZIBAR JAMHURI 1964 50
ANTIGUA 35¢ AUTONOMOUS METHODIST CHURCH · 1967 ·
ASCENSION POSTAGE & REVENUE 1d
PITCAIRN ISLANDS 1d
TRISTAN da CUNHA 14P
ASCENSION 12p
130 SULTANATE OF OMAN
INDIA POSTAGE

PALMA IL VECCHIO 1480-1528
ITALIA 520
МОНГОЛ ШУУДАН
MONGOLIA 20
POSTA ROMANA 10b
NATIONS UNIES · F.s.0,80
CANADA 35
4D
KYΠΡΟΣ · KIBRIS · CYPRUS 125
Christmas USA 15c
JУГОСЛАВИJА
30
REPUBLIQUE FRANÇAISE
1,00
R. DE LA FRESNAYE
50c SINGAPORE
200
BRONZI DI RIACE
MUSEO NAZIONALE REGGIO CALABRIA
ITALIA
BIMILLENARIO VIRGILIANO
VERG ILIVS
MARO
ITALIA 600
Pitcairn Islands
Hand vases
15c
2 Kčs
Československo
10
中華民國郵票
REPUBLIC OF CHINA
DEUTSCHE BUNDESPOST
60
Muster
WESTERN SAMOA
POSTAGE & REVENUE
200
FØROYAR
50 SEN
MAHKOTA
BRUNEI
40t PAPUA NEW GUINEA
SVERIGE 10
INDEPENDENCE
1/3
24 OCTOBER 1964 POSTAGE
BAROTSE DANCER
ZAMBIA
ΚΥΠΡΟΣ KIBRIS CYPRUS
40
2nd WORLD BLACK AND AFRICAN FESTIVAL OF ARTS AND CULTURE
LAGOS
KENYA
ПОЧТА СССР
ZAMBIA 8n
Barbados 40c
Carifesta 1981
VANUATU 45
National Anthem
Hymne National
60
DEUTSCHE BUNDESPOST
Muster

TÜRKIYE CUMHURIYETI POSTALARI
30
1960 ROMA
1911-1961
MAGYAR POSTA
DDR
International year of the child 1979
50c
Kenya
1/2c
WORLD CUP '74 MUNICH
DOMINICA
MÜNCHEN 1972
30 +15
DEUTSCHE BUNDESPOST
Muster
MOTORING 1981 • SPEEDWAY
МОНГОЛ ШУУДАН
MONGOLIA
70
république rwandaise
championnat mondial de football angleterre 1966
6f
MONGOLIA
40
МОНГОЛ ШУУДАН
5c AUSTRALIA
OLYMPIC GAMES MEXICO 1968
MÜNCHEN 72
KENYA TANZANIA UGANDA
IXth British Commonwealth Games Edinburgh 1970
5d
日本郵便
5
NICARAGUA
MODERNO ESTADIO NACIONAL
5 CTS CORREOS
X SERIE MUNDIAL DE BASE-BALL AMATEUR 1948
sports for all
SINGAPORE 75c
XXII OLYMPIC GAMES · MOSCOW 1980
PLATFORM DIVING
10c
PENRHYN NORTHERN COOK ISLANDS
300
ITALIA
COPPA DEL MONDO DI ATLETICA LEGGERA
LIRE 1
REP. DI SAN MARINO
water skiing
ANTIGUA 1/2c
KENYA UGANDA TANZANIA
50c
XIX OLYMPIC GAMES
MEXICO 1968
NICARAGUA
4 CTS CORREOS
MODERNO ESTADIO NACIONAL
X SERIE MUNDIAL DE BASE-BALL AMATEUR 1948
BAHAMAS
POSTAGE REVENUE
4d
Kenya 50c
WORLD CUP CHAMPIONSHIP · ESPANA '82
50c
COOK ISLANDS
SULTANATE OF OMAN
POLO MATCH
TENTH NATIONAL DAY 1980
250
BAISA
NR BULGARIA
TOKYO 1964
20 ST.
HELVETIA
WELTMEISTERSCHAFTEN DAVOS 1966
5
KENYA
REP. DI S. MARINO
LIRE 2
Jugend trainiert für Olympia
40 +20
DEUTSCHE BUNDESPOST BERLIN
Muster

VIỆT NAM
BUU CHINH
MACACA SPECIOSA
KHI' CỘC
12 XU
MALAWI 20t
AFRICAN BUFFALO
BAHAMAS 50c
13 ST.
NR BULGARIA
BAHAWALPUR
SILVER JUBILEE 1924-1949
SAHIWAL BULL
ANNA 1
42n
CATTLE HERDING
ZAMBIA
ANDORRA
CORREO URGENTE
25 CENTS
RUANDA
GORILLA
10c
URUNDI
2c
POSTAGE AND REVENUE
RUHUNA NATIONAL PARK
CEYLON
Sperm Whale
NORFOLK ISLAND 24c
YOUNG FARMERS' CLUBS 1928-1953
AUSTRALIA 3½d
SUDAN
BUFFALO
KENYA 50c
50
PEOPLE'S DEMOCRATIC REPUBLIC OF YEMEN
POSTAGE
AUSTRALIA
POSTAGE
5d
TANGANYIKA
5 CENTS
6d
Posgeld Postage
Suid-Afrika South Africa
BARBADOS
BLACK BELLY SHEEP
40c
ZAMBIA
4d
REPUBLIQUE FRANCAISE
POSTE
1c
MOYEN CONGO
BUFFALO
1d
RHODESIA
POSTAGE
FALKLAND ISLANDS DEPENDENCIES
ER
13p
WATERFOWL CONSERVATION
6c
UNITED STATES
UGANDA 50c
POSTAGE
WESTERN AUSTRALIA
ONE PENNY
UNION OF BURMA
3P
Adelie Penguins
Ross Dependency
5c
SVERIGE 1 KR
26p
CORREOS DEL PERU
2 CTS
RIQUEZA DEL GUANO
WATERLOW & SONS LIMITED, LONDRES
AUSTRALIAN ANTARCTIC TERRITORY
2c
1/6d
ST. HELENA
SAINT-PIERRE ET MIQUELON
POSTES
1F
RF
5 CENTS
BLACK PARROT
SEYCHELLES
50c
TANZANIA
40c
Barbados
House Wren
Troglodytes aedon
ER
½c
St.VINCENT
TURKS & CAICOS ISLANDS
ER
SOOTY TERN
¼c
CORREO AEREO
TIJERETA
1.40c
URUGUAY
5s
LESOTHO

VIÊT NAM
BƯU CHÍNH
30đ
NEWFOUNDLAND POSTAGE
CODFISH
ONE CENT
भारत INDIA
5
Trinidad & Tobago 45c
Fish for Food
Bigeye Priacanthus arenatus
Hong Kong
香港
20c
Epinephelus akaara
JAMAICA
SEA COW
60 CENTS
CERNIA BRUNA
SAN MARINO L.1
6 CENTS SINGAPORE
Falkland Islands
SHELF FISHES
15p
Patagonian Hake
ST.HELENA 1d
35p
Hammerhead Shark
Tristan da Cunha
BARBADOS
15 cents
SAINT-PIERRE ET MIQUELON
POSTES
RF
CHRISTMAS ISLAND
INDIAN OCEAN
$1
DEUTSCHE BUNDESPOST UMWELTSCHUTZ
60
Muster
10p
ST.HELENA
20¢ SINGAPORE
TRISTAN DA CUNHA
ARGENTINA
10c
YACARE
CORREOS
30c
DIOPSIS FUMIPENNIS
REPUBLIQUE RWANDAISE
BERMUDA
SPINY LOBSTER
10c
Panulirus argus
DOMINICA
NR BULGARIA
13
CHRISTMAS ISLAND
INDIAN OCEAN
40c
GUINÉ PORTUGUESA
REPUBLIQUE RWANDAISE
50c
BITIS
DEUTSCHE BUNDESPOST
20
+10 JUGENDMARKEN 1962
BRITISH HONDURAS
HURRICANE HATTIE
POSTAGE & REVENUE
25 CENTS
SRI LANKA
.50
HEMIARGUS HANNO
BRITISH VIRGIN ISLANDS
U.S.Cy 75c
SMALL TORTOISESHELL
22p
BAILIWICK of GUERNSEY
PRO JUVENTUTE 1957
40+10 HELVETIA
perlis
malaysia
20c
Doleschallia bisaltide
Solomon Islands
10c
中華民國郵票
REPUBLIC OF CHINA
Swaziland
10c
18p
Large Blue
10c
SINGAPORE
THE CLIPPER

Spécimens de couleur dont il est fait état dans le texte :
Centre renversé, timbre commémoratif, Dag Hammarskjold, U.S.A., 1961
1 franc suisse, or « direct » sur papier, 1867

Premier timbre gouvernemental en quadrichromie, Salvador, 1897
Sélection des couleurs pour la photogravure sur un bloc-feuillet de la Barbade, 1980

Phases d'impression d'un timbre-poste sur un souvenir du Musée postal français, 1966

INDIA POSTAGE
29·5·53
CONQUEST OF EVEREST
85
TRISTAN DA CUNHA 4d
SUID-AFRIKA
U.S. POSTAGE
RECLAMATION
POSTE ITALIANE
ANNO SANTO MCML
TUNISIE RF
POSTES
WINSTON LEONARD SPENCER CHURCHILL 1874-1965
BRITISH GUIANA 5 CENTS
GIANT SEQUOIA
USA 15c
Conservation of Whales
BRITISH ANTARCTIC TERRITORY
25p
Blue – Balaenoptera musculus
CHEETAH
KENYA
2/50
St.Helena 32p
5c
THE WORLDS RAREST STAMP
ONE CENT
Guyana
SOUTH AMERICA
ISLAND
1930
AURAR
15p
R.M.S. QUEEN ELIZABETH
TRISTAN da CUNHA
CONCORDE
4d
Kenya
Lake Victoria
PROCONSUL AFRICANUS
Origins of Mankind
5/-
ENRICO CARUSO
1873
1921
ITALIA L.50
WALT DISNEY
6c
2½c
Protected State 1967
KING SOBHUZA II
Swaziland
3D JAMAICA
MISS JAMAICA 1963
MISS WORLD 1963
30c
50th ANNIVERSARY I.L.O.
GUYANA
SOUTH AMERICA
BENZ 1885
MONGOLIA 20
СОВЕТСКИЙ СПУТНИК ЗЕМЛИ
40к. ПОЧТА СССР
15 мая 1958 года
ВАЛЕНТИНА ТЕРЕШКОВА
ВОСТОК 6
20
PAR AVION NR BULGARIA
300th Anniversary of the printing of the first book, The Holy Bible, from movable type, by Johann Gutenberg
U.S. POSTAGE 3c
FIRST STEAMSHIP TO CROSS THE ATLANTIC
3¢
1819
1944
UNITED STATES POSTAGE
Stephenson's Locomotion
7p
1825 Stockton and Darlington Railway
ALUNISSAGE/MAANLANDING/MOON LANDING
21/7/69 2h 56m UT
6F
BELGIQUE
BELGIË

Page précédente : records sur timbres
La plus haute montagne du monde (Inde, 1953); le plus grand monolithe (Australie, 1976); l'île déserte la plus isolée (Tristan da Cunha, 1969); la plus grande mine d'or (Afrique du Sud, 1936); le plus grand barrage (U.S.A., 1952); la plus grande réalisation de l'homme à la force de ses bras (Chine, 1932); le plus grand dôme d'église (Italie, 1950); le plus grand amphithéâtre (Tunisie, 1926); plus haut obélisque (Turquie, 1914); le plus haut bâtiment de bois (Guyane britannique, 1966); le plus grand arbre (U.S.A., 1978); la plus grande créature vivante (Territoire antarctique britannique, 1981); la plus rapide créature sur terre (Kenya, 1966); le plus grand perce-oreille (Sainte-Hélène, 1982); le timbre le plus cher (Guyane, 1967); le plus ancien Parlement (Islande, 1930); le plus grand paquebot (Tristan da Cunha, 1978); l'avion de ligne le plus rapide (G.-B., 1969); les vestiges humains les plus anciens (Kenya, 1982); le chanteur d'opéra le mieux rémunéré (Italie, 1973); le titulaire du plus grand nombre d'oscars (U.S.A., 1968); le plus vieux monarque régnant (Swaziland, 1967); la plus belle fille du monde (Jamaïque, 1963); le premier bateau en aluminium (Guyane, 1969); le premier véhicule automobile (Mongolie, 1980); la première fusée spatiale (U.R.S.S., 1958); la première femme cosmonaute (Bulgarie, 1963); le premier livre imprimé avec des caractères mobiles (U.S.A., 1952); le premier vapeur transatlantique (U.S.A., 1944); la première locomotive à vapeur (G.-B., 1975); les premiers hommes sur la lune (Belgique, 1969)

Charmant spécimen de feuillet, timbre 3 dollars de la Dominique

Le seul timbre créé et imprimé spécialement pour Carol Tully par les bons offices de Jimmy Savile et Harrison & Sons

Ces cinq timbres de la Marine britannique imprimés en taille-douce et héliogravés en six couleurs par Harrison de High Wycombe sont un bel exemple d'art philatélique

La Presse jumelle de Harrison à High Wycombe utilisée pour l'impression des timbres

« Discours sur la méthode » et « Discours de la méthode ».
Erreur et timbre avec légende rectifiée.

Depuis **1849**, le thème des timbres-poste d'usage courant
a presque toujours été une évocation de la République par une œuvre originale.
Le premier timbre représentait Cérès, déesse des moissons.
Cette figuration de la République a été suivie par plusieurs autres,
revêtant la forme d'effigies et quelquefois d'allégories.

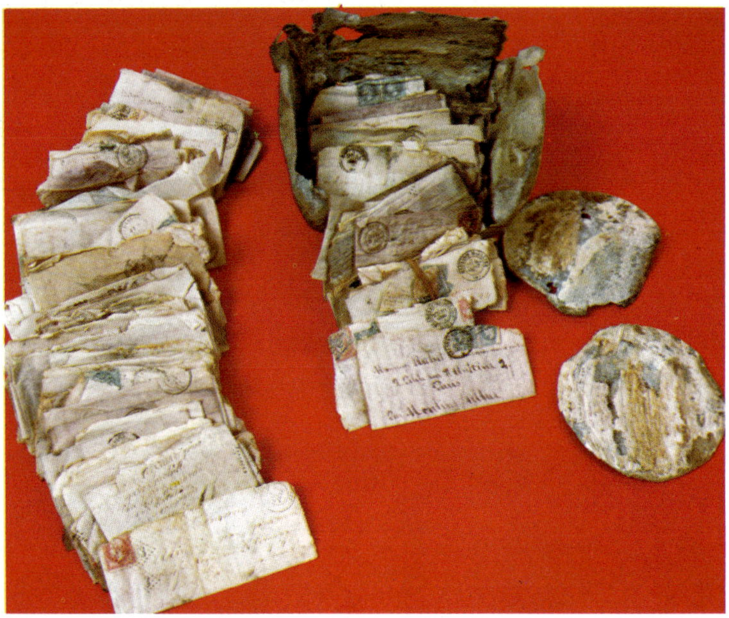

Boule de Moulins trouvée en Seine-Maritime mai 1982

Messager à pied du Moyen Age

A gauche : timbre en typographie, à droite : timbre en taille-douce

« Marianne » de Dulac imprimée par De la Rue

Messager à cheval du XVIIIe siècle

Timbre à l'effigie du prince Louis Bonaparte avec l'initiale « B »

Des timbres ont été émis à l'usage d'une île inhabitée. Redonda, île déserte appartenant à l'État d'Antigua et située dans la mer des Caraïbes entre Montserrat et Nevis, possède ses propres timbres depuis 1979. Le gouvernement d'Antigua en autorisa l'émission dans le cadre du projet de développement commercial et touristique de l'île — projet qui ne s'est d'ailleurs pas encore matérialisé à ce jour. Ces timbres ont également cours sur le territoire d'Antigua. Six séries sont apparues en 1979, six en 1980 et deux en 1981. Bien entendu, ces timbres figurent rarement dans les catalogues philatéliques.

Des timbres utilisés ailleurs que dans la zone à laquelle ils étaient destinés ont été réalisés par l'Australie en 1914. Quand éclata la Première Guerre mondiale, les Forces impériales australiennes projetèrent d'occuper les colonies allemandes des îles Marshall, Mariannes et Carolines dans le nord-ouest du Pacifique. Des timbres surchargés N.W. PACIFIC ISLANDS furent tirés en hâte, mais les Japonais arrivèrent les premiers sur les lieux, les vignettes préparées servirent en Nouvelle-Guinée allemande (1914-1925) et dans l'île de Nauru dans le Pacifique Sud (1915-1916).

Les timbres les plus cosmopolites sont ceux de la série courante émise par l'Égypte en 1867. Dessinés par Frederik Hoff de Hirschberg en Silésie et lithographiés par l'imprimeur français Victor Penasson à Alexandrie, ils furent libellés en arabe. Plus tard (1872), ils héritèrent d'une inscription en italien, parce qu'à l'époque le directeur des services postaux égyptiens était un Italien, Giacomo Muzzi.

Timbre des îles du nord-ouest du Pacifique, utilisé à Nauru, 1915-1916

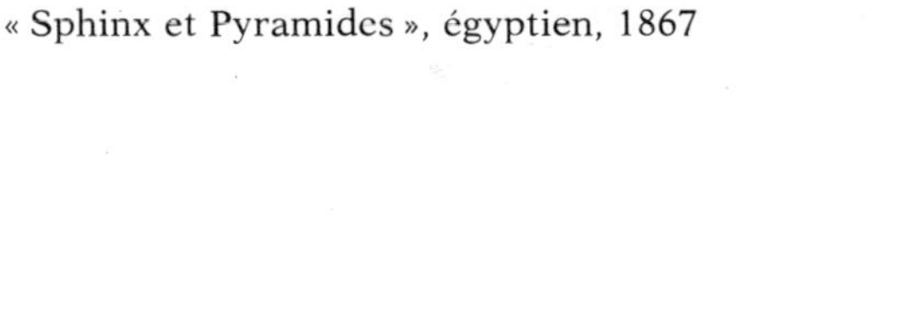

« Sphinx et Pyramides », égyptien, 1867

Des timbres prématurés ont été émis par le Honduras en 1866, onze ans avant la création du service postal de ce pays. Les 2 reales mort-nés de 1866 furent réémis en 1877 avec des surcharges de 1/2 à 2 reales, à Tegucigalpa et Comayagua. Ces surcharges, apposées à la main, sont souvent illisibles, doublées ou renversées.

Des timbres courants ont été devancés par d'autres émissions en Australie qui lança des timbres-taxe en 1902, onze ans avant sa première série courante, et à Bahawalpur qui émit des timbres destinés à la correspondance officielle en 1945, trois ans avant l'émission de timbres à usage public.

RARETÉS

Les figurines les plus rares du monde appartiennent à la Guyane britannique et à la Russie. Contrairement à la croyance populaire, le 1 cent noir sur magenta (1856) de Guyane britannique n'est pas le plus rare du monde, en ce sens qu'il n'est pas plus rare que tout autre timbre dont il n'existe qu'un seul exemplaire.
Il existe, en fait, deux exemples de raretés qui ne concernent qu'un *demi*-timbre. En 1866, la Guyane britannique autorisa la division des timbres à 4 cents en deux pour un affranchissement local de 2 cents. Normalement, ces timbres divisibles étaient émis dentelés, mais une feuille sortit accidentellement sans dentelures. Même ainsi, le découpage du timbre restait matériellement possible, mais aucun exemplaire de ce type ne réapparut avant 1965 (sur une enveloppe datée du 16 avril 1868).

Les timbres zemstvos émis par la province russe de Kotelnich comprenaient deux parties, l'une collée à la lettre et l'autre déposée comme talon au bureau de poste. Il n'a été retrouvé qu'un seul exemplaire du 3 kopecks sur papier jaune, et encore s'agit-il de la souche. Fait pour le moins curieux, un exemplaire intact passa *certainement* entre les mains d'un philatéliste à un moment ou à un autre, car une illustration de ce timbre parut à la fin du XIXe siècle dans la revue *Timbres-Poste* publiée par le marchand belge J.B. Moens.

Double de Kotelnich (d'après l'illustration du catalogue Moens, 1880)

1 franc vermillon, France, 1849

Figurines uniques au monde :

Guyane britannique : 1 cent noir sur magenta, 1856.

Cameroun : 3 shillings surchargés sur timbre de 1 mark, surcharge double, 1915.

Canada : 3 pence, provisoire, New Carlisle, Gaspé, 1851.

Émissions locales des États confédérés, Mount Lebanon (Louisiane), New Smyrna (Floride) 10 (surchargé) sur 5 cents et Uniontown (Alabama) 2 cents bleu sur papier bleui.

France : paires tête-bêche Cérès et Napoléon III de Hulot, 1 franc vermillon de 1849 et 15 centimes vert de 1850 (un seul de chaque connu) ; 5 francs Napoléon III, valeur omise, un neuf (deux usagés).

Côte-de-l'Or : 1 penny surchargé sur 4 pence magenta, 1883.

Grande-Bretagne : 1 penny rouge vénitien, filigrane renversé, 1880 ; 2 pence rose tyrien, mai 1910 — un seul utilisé (sur une correspondance adressée au roi George V).

Poste d'Indochine à Meng-Tsen : 75 cents de 1903-1906 et émissions de 1906-1908 avec INDO-CHINE renversé — un seul exemplaire de chaque.

Kenya, Ouganda et Tanganyika : 5 cents noir et marron, 1954, avec centre renversé.

Lagos : 1/2 penny sur 2 pence (au lieu de 4 pence) — un neuf, un usagé.

Russie : émission zemstvo de Byezhetsk 3 kopecks, 1872, noir sur rose.

Espagne : paire tête-bêche 10 centimos, 1873, neuf.

Suède : 3 skilling-banco, jaune au lieu de vert, 1855.

Togo : 1 mark carmin surchargé sous l'occupation française, 1915.

U.S.A. : émissions provisoires de la poste d'Alexandrie (Maryland) 5 cents noir sur papier bleu, 1846 ; Boscawen (New Hampshire) 5 cents bleu, 1846 ; et Lockport (New York) 5 cents rouge et noir sur papier jaune clair, 1846.

On donna le nom de Jumeaux Pembina à la paire de 7 pence 1/2 canadiens de 1857, les seuls utilisés à Pembina, dans le Dakota du Nord, en novembre 1858. Malheureusement les timbres furent détachés de l'enveloppe et vendus séparément à des collectionneurs. Un siècle plus tard, ils ont été de nouveau réunis avec le consentement de leurs propriétaires (deux éminents philatélistes canadiens) et constituent ensemble un rarissime trésor philatélique.

DIMENSIONS

Les plus petits timbres du monde ont été émis par le département colombien de Bolívar de 1863 à 1866. Tarifés à 10 centavos et 1 peso, ils mesurent seulement 8 × 9,5 mm. La Colombie possède encore aujourd'hui quelques-uns des plus petits exemplaires des temps modernes, tel le 5 centavos de septembre 1952, qui ne mesure que 15 × 10 mm. La majorité des timbres-impôt obligatoire depuis 1940 mesurent 25 × 15 mm.

Le premier timbre anglais d'1/2 penny, introduit en 1870, fut conçu de manière à mesurer approximativement la moitié du timbre correspondant à 1 penny, et à présenter un format horizontal de 17,5 × 14 mm.

La taille des séries courantes américaines a été considérablement réduite en janvier 1978 avec le 13 cents (copie du cent à tête d'Indien) qui ne mesure que 17 × 20 mm. Le 15 cents Dolley Madison de 1980 n'est pas plus grand.

Parmi les petites figurines se trouvent également le 1/4 centimo espagnol de 1872-1876 (15,5 × 15,5 mm), ainsi que les timbres émis par les duchés de Mecklembourg-Schwerin (1856-1864) et de Brunswick (1857). Chaque timbre mesure 24 × 24 mm, mais ils sont divisibles en quatre, chaque quart formant un timbre autonome de 1/4 schilling ou de 1/4 gutegroschen (3 pfennigs) mesurant 12 × 12 mm.

Les plus grands timbres du monde ont été émis par la Chine pour l'affranchissement des lettres exprès. Les premières séries (1905-1912)

Petits timbres d'Australie du Sud (1883), de Colombie (1952), de Grande-Bretagne, 1/2 penny, d'Espagne (1872-1876), de Brunswick (1857), d'Afrique du Sud, 1/2 cent (1942), « Tête d'Indien » (1978) et Dolley Madison (1980) des U.S.A.

50 p de l'Exposition philatélique de 1980 à Londres

Chevaux de Pologne, 1965, 7, 10 zlotes; Samoa, centenaire de l'UPU, 1974

Timbre-journaux des U.S.A., 1865 (réduits)

Tryptique de Sharjah, Exposition universelle de New York, 1964

mesuraient 210 × 65 mm et furent émises non dentelées mais divisées en quatre parties par un percé. Le premier quart servait de souche et le quatrième était remis à l'expéditeur en guise de récépissé. Le deuxième (tête du dragon) était signé par le destinataire et retourné à la poste par le postier qui se voyait octroyer le troisième quart (corps du dragon) en paiement de ses services. Une deuxième série émise en 1913-1914 mesurait 248 × 70 mm. Divisées en cinq parties, les figurines portaient le dessin d'une oie en vol sur leurs deuxième et quatrième parties. Ces timbres encombrants furent démonétisés en février 1916 et servirent par la suite de reçus, sans valeur. Quatre des cinq sections portaient respectivement les lettres A, B, C et D, afin de préciser leur rôle de récépissé.

L'émirat arabe de Fujeira a émis en 1972, à l'occasion de l'alunissage d'Apollo, un timbre à 10 riyals mesurant 78 × 143 mm (motif) ou 81 × 147 mm (d'une dentelure à l'autre); il aurait certainement compté parmi les plus grands jamais émis, si son authenticité n'était sujette à caution. Il ne figure même pas en appendice des catalogues Stanley Gibbons, où sont pourtant enregistrés d'autres spécimens douteux.

Les plus grands timbres émis dans un format normal, et reconnus par tous les catalogues, sont les timbres-journaux à 5, 10 et 25 cents émis par les États-Unis en 1865. Ces timbres mesuraient 51 × 95 mm.

Les plus grands timbres régulièrement émis pour l'affranchissement ordinaire sont tous soviétiques :

Réserve naturelle Barguzin, 4 et 6 kopecks, 1966	80 × 26 mm
Réserve naturelle Cedar Fall, 10 kopecks, 1967	80 × 26 mm
10e anniversaire de Spoutnik I, 30 kopecks, 1967	75 × 27 mm

Un timbre à 1 rouble fut émis en 1962 en l'honneur des cosmonautes soviétiques. Mesurant 151 × 70 mm, il est considéré comme un grand format et non comme un bloc-feuillet en raison de ses côtés dentelés.

La Pologne a émis plusieurs timbres remarquables pour leur longueur. Les plus longs sont :

Citerne B70, 5,60 zlotys, 1961	108 × 21 mm
Série équestre, 7,10 zlotys, 1965	104 × 22 mm

En 1964, l'émirat de Sharjah a émis un triptyque pour la Foire internationale de New York, le timbre central (1 riyal) mesurant 85,5 × 44,5 mm (motif) ou 89 × 48 mm (dentelure à dentelure).

Le format tableau, 43 × 56 mm, a été adopté en France pour les séries artistiques en 1961. Depuis lors, elle émet régulièrement des grands formats représentant des tableaux, des sculptures, des tapisseries ou des vitraux. Les plus célèbres sont sans doute *La Dame à la licorne*, *Les Joueurs de cartes* de Cézanne, *Le Vase de Vix*, le portrait de François Ier, *Les Nus bleus* de Matisse, les œuvres de Vasarely et de Miró.

La seule administration postale à avoir émis chaque timbre dans un format différent est la ville allemande de Bergedorf dont le service postal dépendait à la fois de Hambourg et de Lübeck. Entre 1861 et 1867, Bergedorf émit une série de timbres dont le format augmentait proportionnellement à la valeur d'affranchissement.

Le seul pays à avoir changé le format de ses timbres en diverses occasions est l'Afghanistan. Les timbres commémorant la fin de la guerre civile ont été émis en 39 × 47 mm (1920), et en 23 × 29 mm ou 22,5 × 28,25 mm (1921-1927). Les commémoratifs du jour de l'Indépendance (1924) passèrent de 24 × 32 mm à l'origine à 29 × 37 mm (1925), pour être ensuite réduits à 26 × 33 mm (1926). Les timbres-journaux émis en 1928 au format 38 × 22,75 mm furent agrandis l'année suivante (42,5 × 25 mm). Les timbres officiels émis en 1939 au format 22,5 × 28 mm prirent celui de 24,5 × 31 mm de 1954 à 1973, pour revenir de nouveau à 24 × 30,5 mm de 1964 à 1965.

FORMES

La forme des premiers timbres adhésifs était calquée sur celle des vignettes gommées qui fixaient les timbres fiscaux sur les documents officiels en parchemin. C'était un rectangle vertical d'environ 18 mm de large sur 24 mm de haut. Ce format est celui de la grande majorité des timbres anglais définitifs depuis 1840, à l'exception des timbres avec effigie en relief de 1847-1854, du 1/2 penny de 1870 et de tous les timbres d'une valeur supérieure à 2 shillings, produits en plus grand format vertical (1867-1913) ou en divers grands formats horizontaux, réservés aux valeurs en livres (à partir de 1884).

Nombreux sont les premiers pays émetteurs qui reprirent le format anglais pour leurs timbres courants : les États-Unis, la France, la Suisse, la Belgique, l'Autriche et la plupart des

États et colonies du Commonwealth, faisant ainsi du format rectangulaire vertical la forme la plus répandue dans le monde. Durant ces cent quarante dernières années sont cependant apparues de nombreuses formes autres que rectangulaires.

Les premiers timbres polygonaux sont les shillings avec effigie en relief de Grande-Bretagne, imprimés à Somerset House en 1847. Ces figurines présentaient un format vertical octogonal qui fut par la suite utilisé pour le 10 pence de 1848-1854. Le 6 pence de 1854 a aussi une forme octogonale, mais avec quatre de ses six côtés latéraux légèrement incurvés.
Il est regrettable que bon nombre des premiers collectionneurs aient retaillé en carré leurs exemplaires pour mieux les insérer dans leurs albums. L'indigo et rouge à 4 annas (Inde, 1854), également conçu en format octogonal, connut souvent la même mésaventure : les Indiens le taillaient pour réduire au maximum le poids de leurs lettres !

Les premiers timbres triangulaires ont été émis par le cap de Bonne-Espérance en septembre 1853. Le Conseil législatif du Cap avait demandé à Charles Bell, gouverneur général de la colonie, de prévoir des « timbres qui diffèrent des timbres anglais de telle sorte qu'on puisse les identifier à première vue ». Bell soumit des formats triangulaires et octogonaux, mais seuls les premiers furent imprimés. Le triangle fut choisi, dit-on, pour aider les employés semi-illettrés de la colonie à reconnaître leurs propres timbres et, par là même, pour augmenter leur efficacité. Les timbres furent gravés en taille-douce à Londres par William Humphrys et imprimés par Perkins Bacon avec des valeurs faciales de 1 penny, 4 pence, 6 pence et 1 shilling. Ils restèrent en usage jusqu'en 1864. A la suite d'une pénurie de timbres, une émission provisoire locale eut lieu. Connus des collectionneurs sous le nom de « Woodblocks », ces timbres furent, en fait, gravés sur métal par C.J. Roberts et imprimés d'après des plaques stéréotypées par Saul Solomon, de la ville du Cap. Le 1 penny devait être imprimé en vermillon et le 4 pence en bleu. Mais une erreur provoqua l'interversion des couleurs prévues. Assez curieusement, le gouvernement d'Afrique du Sud reprit le dessin des triangulaires du Cap pour son timbre à 4 pence gris-bleu de 1926. Il fut imprimé selon le procédé de la taille-douce par Bradbury Wilkinson et, à l'instar de célèbres émissions antérieures, il sortit non dentelé — un anachronisme dans les années vingt.
Quelques autres pays ont émis des figurines triangulaires : la Hongrie, Monaco, Saint-Marin, Israël, la Mongolie et les pays d'Amérique latine, le Liberia, le Kenya, etc.

Le plus petit timbre triangulaire est le « taxe » 2 1/2 centavos noir sur lilas, émis par la Colombie en 1865 et mesurant 18 millimètres de côté. Sa forme de triangle équilatéral contraste avec celle des autres triangulaires dont la base est généralement plus grande que les côtés.

Le seul timbre triangulaire scalène est également l'œuvre de la Colombie. Ce triangle aux trois côtés inégaux est le 2 centavos 1/2 de 1869-1870.

Des timbres triangulaires au sommet inversé ont d'abord été émis par la Lettonie : timbres de poste aérienne de 1921 et 1928, et timbres de bienfaisance (poste aérienne) de 1932 et 1933. L'Islande a émis des timbres de même type (10 aurar, poste aérienne de 1930) ainsi que la république de Touva (1 et 5t de 1935).

Les premières figurines circulaires sont les « Dawks » du Sind (1852-1854). Seules les premières émissions étaient circulaires au plein sens du terme, car les versions ultérieures

Timbres triangulaires du Nicaragua (1947), d'Islande (1930) et de Nouvelle-Zélande (1943)

Timbre circulaire du Cachemire (1866)

Circulaire à la feuille d'or des îles Tonga, 1963

Émission circulaire perforée de Singapour, 1980

sortirent sur fond carré. Des motifs circulaires furent également utilisés par les États indiens d'Indore (1889) et du Cachemire (1866-1878), ainsi que pour les timbres de recommandation de Colombie (1865) et pour les premières émissions d'Afghanistan (1871-1890). Mais tous ces spécimens étaient présentés également sur fond carré. Les premiers timbres véritablement circulaires depuis 1852 sont les « dessous de bock » (ainsi que les collectionneurs les baptisèrent par dérision), émis par les îles Tonga, en juin 1963, pour commémorer l'introduction de la première frappe de monnaie en or de Polynésie. Gaufrés sur feuille d'or renforcée de papier, ils portaient l'inscription TONGA THE FRIENDLY ISLANDS (Tonga, les îles de l'Amitié). Ils furent émis en trois tailles de valeurs différentes, la plus grande (au motif d'une pièce de 1 koula) mesurant 80 millimètres de diamètre. Cette émission fut suivie d'une deuxième (motif similaire) en juillet 1967, mais des timbres circulaires en relief sur feuille métallique furent également émis par les États de la Sierra Leone, du Bhoutan, d'Algatar, de Sharjah, d'Umm al Qiwain et de Jordanie dans les années soixante. Le comble de la fantaisie en matière de timbres revient au Bhoutan qui émit en 1973 des timbres en forme de disques musicaux. Ce même pays se singularise encore en émettant des timbres-poste en relief (trois dimensions). Des timbres circulaires dentelés ont été émis par la Malaisie en mai 1971 et par Singapour en 1978 et 1980, ces derniers présentant des perforations disposées en cercle autour de la figurine insérée dans un fond carré dentelé.

Les premières figurines en forme de losange ont été émises par la Nouvelle-Écosse le 1er septembre 1851. D'une valeur faciale de 3 pence, 6 pence et 1 shilling, ils représentaient les fleurs héraldiques du Royaume-Uni et la primevère de Nouvelle-Écosse, avec, au centre, la couronne impériale. Des timbres semblables furent émis quatre jours plus tard dans la colonie jumelle du Nouveau-Brunswick. Les deux séries furent imprimées selon le procédé de la taille-douce par Perkins Bacon. Deux ans plus tard, la Nouvelle-Écosse ajouta une valeur de 1 penny en modifiant la disposition du motif sur le timbre qui prit l'allure d'un carré, avec, au centre, l'effigie de la reine Victoria, dessinée par Chalon.
Les timbres en forme de losange acquirent une certaine popularité avec les zemstvos russes et les émissions locales allemandes à la fin du XIXe siècle. Jusqu'à une époque récente, l'émission en losange la plus remarquée fut celle de Touva qui sortit plusieurs timbres illustrés entre 1927 et 1940. Depuis 1960, on assiste cependant à un renouveau de ce type de format, avec des timbres émanant de pays du Commonwealth et même des États-Unis (série Héritage minier, 1974).

La première figurine ovale est le 1/2 anna rouge émis par l'État indien de Bhor en 1879 — un ovale horizontal. Le timbre colombien de recommandation de 1881 présente un format ovale vertical. Ces deux timbres non dentelés étaient généralement découpés à angle droit. L'exemple le plus connu de figurines à motif ovale est celui de la série courante à chiffre émise par le Mexique en 1886. Cette série est dentelée en forme de rectangle vertical.

Les premiers timbres trapézoïdaux ont été émis par la Malaisie le 2 décembre 1967 pour célébrer le centenaire des premiers timbres de Malacca. Ils étaient imprimés tête-bêche. Un timbre trapézoïdal connu est également malaisien : c'est une figurine à 5 cents, en l'honneur de la première station orbitale, émis en avril 1970 (1).

Les seuls polygonaux irréguliers ont été émis par Malte en octobre 1968 pour la fête de Noël. Le motif, conçu par E.V. Cremona, représente

(1) *Avant la Malaisie, des timbres trapézoïdaux furent émis par Monaco le 14 janvier 1955, en l'honneur d'Albert Schweitzer, puis le 7 juin de la même année, pour Jules Verne et l'Année mariale. Egalement à Malte, le 20 octobre 1967, trois timbres se tenant dont un trapésoïdal inversé (petit côté en bas).*

50 francs de la
Côte française des Somalis, 1884

3 d de Nouvelle-Écosse, 1851

Trapézoïdaux de Malaisie, 1967, 1970

Polygone irrégulier de Malte, 1968

Timbres triangulaires et en losanges du Touva, 1934-1935

l'étoile de Bethléem et l'ange guidant les Rois mages. C'est un pentagone irrégulier, rectangulaire sur trois côtés, au sommet déporté à gauche. Ces timbres ont été émis par planches de soixante, disposées en bandes de six timbres, alternativement inversés.

Les premières figurines de forme libre ont été émises par l'État de Sierra Leone, le 10 février 1964, à l'occasion de l'Exposition universelle de New York. La série de quatorze timbres, combinant la taille-douce et la lithographie, a été réalisée par la Walsall Lithographic Company et gravée à la manière des étiquettes victoriennes. Ces timbres avaient la forme de la carte géographique du pays qui, en fait, constituait le fond de chaque motif. Ce sont aussi les premiers autocollants du monde (voir page 201) émis en planches de trente sur un support de papier portant au verso le logotype (un papillon) du papetier Samuel Jones. Par la suite, la Sierra Leone émit à son tour des timbres de forme libre dont le support en papier comportait de la publicité.

L'État de Tonga suivit le même exemple avec une série de timbres le 19 octobre 1964. Ces timbres, gaufrés sur feuille métallique, étaient de forme libre — soit en forme de cœur, soit en forme de botte comme le profil de l'île, ce qui leur valut de la part des collectionneurs le surnom de série Cœurs et Bottes. Tonga produisit d'autres émissions de forme libre sur le modèle autocollant de Sierra Leone. Cette dernière abandonna le procédé en 1971, et Tonga en 1980. L'île Norfolk a émis entre 1974 et 1978 plusieurs séries de figurines autocollantes de forme libre, toutes produites par la Walsall Company.

Il est à noter deux tentatives d'émission de timbres de forme libre, selon des procédés plus orthodoxes. De La Rue a imprimé par le procédé de la taille-douce pour les Bahamas, en 1968, une série de quatre timbres en forme de haricot, représentant les deux faces d'une série de pièces d'or. Les timbres étaient régulièrement perforés, mais on les coupait généralement au carré avec des ciseaux. Harrison and Sons a produit pour Gibraltar, en juillet 1969, une série de quatre timbres, dont le sujet était perforé selon le profil du rocher de Gibraltar. Mais chaque timbre présentait par ailleurs une dentelure rectangulaire classique. Aucune autre expérience de ce genre n'a eu lieu depuis.

Le seul timbre auto-destructible à 10 c a été émis le 15 novembre 1974, par les États-Unis : il présente la particularité d'être, comme tous les auto-collants, vendu sur un papier support glycériné. Utilisé comme préoblitéré, détaché de son origine pour être placé sur une enveloppe, il ne peut en être décollé sans se briser : une croix a été tracée à l'emporte-pièce au centre du timbre. Qu'il ait été oblitéré ou non importait peu aux Postes américaines, puisqu'il ne pouvait plus être retiré du pli qu'il avait « affranchi ». C'était oublier l'astuce des usagers ; en effet ce timbre, non dentelé, pouvait être recollé avec son premier support sur un second pli. Discrètement, l'Administration américaine abandonna ce ridicule « essai ».

VALEURS

La valeur faciale la plus basse jamais inscrite sur un timbre est le 1/10 de centime en Indochine française, 1922-1939. Parmi les valeurs les plus basses, on trouve :
Porto-Rico, 1/2 milesima, 1881-1898.
Cuba, 1/2 milesima, 1888-1894.
France, 1/2 centime, 1919-1922.
Travancore, 2 cash, 1943.
Dhar, 1/2 pice, 1897.
Cochin, 2 roupies, 1906-1946.

Sierra Leone, série Exposition universelle de New York, 1974 : premier autocollant de forme libre ; série du cent cinquantième anniversaire de l'île Norfolk, 1975

Le timbre le plus dévalué jamais émis est sans conteste possible le 3 000 pengös courant de Hongrie, émis le 5 février 1946. Prévu pour être la valeur faciale supérieure d'une série émise à la fin de la guerre, il ne fut commercialisé que plusieurs mois après le reste de la série. Entretemps, le pengö avait subi l'inflation la plus phénoménale du siècle, puisqu'en 1946 10 centimes valaient 150 trillions de pengös.

Allemagne, 50 milliards de marks, 1923; Hongrie, 500 000 000 000 000 000 pengös, 1946

Les valeurs faciales réelles les plus élevées appliquées à des timbres appartiennent à certaines séries du Commonwealth britannique émises dans un but fiscal, mais considérées comme des timbres-poste en raison de leur inscription « Poste et Épargne ». La place d'honneur revient à l'Afrique orientale (Kenya, Ouganda et Tanganyika) qui, en 1925, émit des timbres d'une valeur faciale de 75 et 100 livres, les plus hautes jamais inscrites sur des timbres-poste.
Dans la même année, Ceylan sortait un timbre à 1 000 roupies, soit environ l'équivalent de 800 francs. Les timbres à 500 dollars des Établissements des Détroits (Malacca) de 1910, 1912 et 1923 valaient quelque 600 francs. La valeur faciale la plus élevée aux États-Unis revient aux timbres-journaux à 100 dollars, de 1895. Mais aucun timbre-poste ordinaire n'avait jamais dépassé 5 dollars (1).

Maurice, timbre sans valeur faciale, 1848; Sainte-Helène 1 penny, 1863; Hongrie, provisoire (inflation), 1946

Les plus fortes valeurs jamais inscrites sur des timbres datent des périodes de grande inflation mais ne sont pas significatives par rapport aux autres monnaies de l'époque. Au cours de l'inflation allemande de 1923, la valeur faciale la plus astronomique jamais inscrite sur un timbre (tarif supérieur de la série émise en octobre-novembre) se monte à 50 000 000 000 de marks.
En 1946, toutefois, la Hongrie dépassa facilement ce chiffre avec une valeur faciale de 500 000 000 000 000 000 pengös appliquée à un timbre émis le 10 juillet.

Les plus fortes valeurs faciales françaises furent le 5 francs empire de 1864 et, en poste aérienne, le 50 francs burelé de 1936. La plus forte valeur actuelle est le 20 francs de poste aérienne.

Des timbres sans indication de valeur ont été émis à deux reprises, en période de grande inflation. D'abord en Hongrie, en 1946, où produire des timbres à valeur monétaire n'avait plus aucun sens. Des timbres périmés furent alors surchargés d'inscriptions indiquant leur usage (lettre intérieure, carte postale intérieure, etc.) et vendus au cours du jour.
En mars et avril 1949, le cours du yen-or, en Chine, subit une telle inflation que la valeur faciale des timbres ne correspondait déjà plus à rien, avant même leur émission. Une série de quatre timbres sans indication de valeur fut cependant émise en mai et juillet 1949. Chaque timbre portait un motif symbolisant l'usage auquel il était destiné (courrier ordinaire, poste aérienne, envois exprès et recommandé). Comme leurs prédécesseurs hongrois, ces timbres étaient vendus au cours du jour. Par la suite, d'autres timbres, et même des timbres fiscaux, furent surchargés dans diverses provinces chinoises et utilisés de la même manière.

D'autres timbres sans indication de valeur ont été émis dans des cas d'inflation moins graves. Les États-Unis ont émis deux timbres de Noël en octobre 1975 sans valeur faciale, en raison de l'augmentation imminente de 10 à 13 cents du tarif postal intérieur, et parce qu'on ne savait pas à ce moment-là si le Congrès accepterait cette hausse exigée par les Postes. Finalement il repoussa l'augmentation et les timbres furent vendus pour 10 cents. A nouveau, le 28 octobre 1981, deux timbres de Noël émis sans valeur faciale furent vendus à 20 cents pour l'affranchissement exclusif du courrier intérieur.

(1) *Jusqu'au 14 août 1983, avec une valeur de 9,35 dollars (envoi par exprès) qui aurait également affranchi des plis emportés par la navette spatiale.*

U.S.A. timbre de Noël sans valeur faciale, 1975
Canada, timbre « tarif A », sans valeur faciale, 1982

Dans l'attente d'une hausse, les Postes américaines émirent également en mai 1978 des timbres sans valeur faciale. Ces timbres, à l'effigie de l'aigle américain, complétés par la lettre A, furent vendus pour 15 cents en fonction de la hausse du tarif postal intérieur, en attendant qu'apparaissent les timbres affichant cette valeur faciale. Des timbres semblables comportant les lettres B et C furent émis en 1981, quand le tarif monta à 19 cents, puis à 20 cents (28 octobre). Le Canada, pour la même raison, émit en 1982 des timbres sans valeur faciale, munis de la lettre A.

En 1979, la Suède émit ce type de timbres accompagnés de l'inscription INRIKES POST (poste intérieure). Ils furent commercialisés par carnets de vingt au tarif de 20 kronor ou échangés contre des jetons distribués à tous les foyers suédois. Il est à noter qu'ils bénéficièrent d'un rabais, car le tarif postal en vigueur à l'époque variait de 1,30 kronor à 1,70 kronor.

Des timbres ont été vendus au rabais à plusieurs reprises. La première émission de ce type est celle du double du canton suisse de Genève, émis en septembre 1843. Un rabais de 50 % fut offert aux envois en nombre de vingt lettres et plus. La rareté de ces timbres nous incite toutefois à penser que peu de gens profitèrent de cette offre.

Le timbre de la Trinité utilisé sur le *Lady McLeod*, en 1847, se vendait 5 cents l'unité ou 4 dollars la centaine, soit un rabais de 20 %. Là encore, cette réduction ne semble pas avoir favorisé son utilisation.

Entre 1885 et 1891, les timbres du Costa Rica furent vendus au rabais afin d'inciter les revendeurs à en stocker de grandes quantités. Le timbre émis dans la province de Guanacaste bénéficiait même d'une double réduction en raison de son éloignement. Ces timbres étaient surchargés du nom de la province pour les distinguer de ceux vendus à un tarif supérieur. Entre 1905 et 1913, certains timbres turcs furent surchargés du mot arabe *Behié* qui signifie vente au rabais.

La fluctuation des tarifs postaux provoqua en Belgique, le 20 mai 1946, l'apparition de timbres surchargés « — 10 % », montant du rabais qui devait être appliqué au guichet. On les appelle les « Van Ackers », du nom du ministre des Postes alors en exercice. En France, en 1947, à la suite de la fixation le 1er janvier d'un tarif postal rapporté dès le 2, le timbre à 5 francs, du type Marianne de Gaudon, fut vendu à la poste pour 4,50 francs (– 10 %)[1].

Des timbres tarifés en deux monnaies ont été émis par :

Canada, 1855-1859, monnaie locale et sterling.
Heligoland, 1859-1867, monnaies allemande et anglaise.
Holstein, 1864, monnaies prussienne et autrichienne.
Rhodésie, 1867-1868, sterling pence et cents durant le passage à la monnaie décimale.

Des timbres assortis d'une valeur faciale dans une monnaie et d'une surtaxe de bienfaisance dans une autre ont été émis par Sainte-Hélène le 12 octobre 1961. Ce sont quatre des timbres courants de Tristan da Cunha, avec des valeurs exprimées en cents sud-africains. Ils furent surchargés ST-HELENA/TRISTAN-RELIEF (Sainte-Hélène/Aide à Tristan) et d'une surtaxe en sterling (la monnaie utilisée à Sainte-Hélène), pour être vendus à Sainte-Hélène au bénéfice des réfugiés de l'éruption volcanique de Tristan da Cunha. Cette initiative originale déplut au ministère des Affaires étrangères à Londres, et les timbres furent retirés de la vente le 19 octobre. Seules 434 séries purent être vendues, réunissant 205 livres pour les réfugiés.

Des timbres assortis de valeurs en monnaie erronée ont été émis par les îles Fidji en novembre 1871. Alors que les tarifs postaux étaient exprimés en monnaie américaine (alors en circulation aux Fidji), les timbres imprimés à Sydney, en Australie, portaient des valeurs faciales en pence. Ils ne restèrent en usage que quarante et un jours, avant d'être surchargés en cents. A l'inverse, les Fidji adoptèrent la monnaie anglaise en 1874, mais tous les timbres continuèrent d'être surchargés en cents jusqu'en 1878.

(1) *Les timbres oblitérés seuls sur lettre, du 1er janvier 1947, constituent une grande rareté moderne.*

Belgique, « Van Ackers » rabais de 10 %, 1946

Mont Athos, 1916, chiffré en monnaies grecque, anglaise et russe

Des timbres assortis de valeurs faciales furent préparés en 1916, à l'usage des forces militaires anglo-russes appelées à occuper le mont Athos. Ces timbres étaient uniques à plus d'un titre : fabriqués par procédé photographique à bord d'un navire (le HMS *Ark Royal*) durant la guerre, ils portèrent des inscriptions en trois alphabets et trois langues (anglais, grec, russe) ainsi qu'en trois monnaies (pence, lepta, kopecks). Finalement l'expédition fut annulée à la suite d'une querelle entre les hauts commandements russe et anglais. On en connaît quelques exemplaires neufs, et trois enveloppes portant différentes valeurs furent oblitérées au bureau de poste anglais de Salonique.

Un timbre assorti d'une valeur faciale en centigrammes de poussière d'or (10 centavos en or) fut émis par Julius Popper en 1891 à son usage et à l'usage des mineurs de la Terre de Feu, pour l'acheminement du courrier par un bureau de poste chilien ou argentin. Les lettres munies de ce timbre et comportant un affranchissement complémentaire du Chili ou d'Argentine sont une réelle rareté.

PORTRAITS

La première personnalité représentée sur un timbre est la reine Victoria dont le profil par Henry Corbould fut utilisé pour le Penny Black et le Twopence Blue de 1840.

La première personnalité autre qu'un chef d'État (vivant ou mort) représentée sur un timbre est Benjamin Franklin, dont le portrait (d'après un dessin de John B. Longacre) figure sur le 10 cents émis par les États-Unis, en juillet 1847. Franklin (premier ministre des Postes des États-Unis) est le seul à partager avec George Washington l'honneur de figurer sur toutes les séries courantes américaines, jusqu'à la plus récente émise en 1975.

Un décret du Congrès interdit en 1866 la représentation de personnes vivantes sur les timbres et billets de banque américains. Néanmoins le 5 cents de 1967 représente le cosmonaute Edward White sortant de la capsule Gemini IV dans l'espace, et le 10 cents de 1969, un autre cosmonaute, Neil Armstrong, posant le pied sur la lune. Antérieurement à ces deux exemples, le timbre de poste aérienne à 10 cents de 1927-1928 représentait le *Spirit of St Louis* avec en fond la carte de l'Atlantique Nord et le nom de LINDBERGH ; le 3 cents de 1933 honore de la même manière l'expédition antarctique de Byrd.

L'effigie la plus représentée de tous les temps est celle de Sa Majesté la reine Elisabeth II. Sur les 34 000 timbres émis dans le Commonwealth britannique depuis son accession au trône, le 6 février 1952, 7 619 environ arboraient son portrait à la fin de l'année 1981.
Elle figure également sur les timbres de plusieurs pays étrangers : Iran, Éthiopie, Togo, Brésil, Comores, Bhoutan, Émirats arabes.

Rhodésie 25c/2s 6d, 1967

Nouveau-Brunswick, 1860, 5c à l'effigie du receveur général Charles Connell

U.S.A., 1847, 5 cents à l'effigie de Benjamin Franklin

La personne la plus souvent représentée sur des timbres (hormis les monarques anglais) varie suivant les époques. A la fin du XIXe siècle, c'était Christophe Colomb. Le Chili, qui ne représenta personne d'autre entre 1855 et 1910, a émis quelque 130 timbres à son effigie et, de 1892 à 1900, plusieurs pays sud-américains et caraïbéens ont émis 101 timbres à l'occasion du 4e centenaire de ses voyages et découvertes. Le total des émissions en l'honneur de Colomb s'élève à 688. Ce chiffre inclut aussi de nombreux timbres où sont représentés ses bateaux, son mausolée, les phares et les lieux à son nom. Trente-sept pays ont émis des timbres en l'honneur du découvreur de l'Amérique.
Au XXe siècle, il fut cependant détrôné par sir Winston Churchill, sujet d'émissions mondiales après sa mort en 1965, et de nouveau en 1974 (année du centenaire de sa naissance). Churchill a même figuré en caricature sur des cartes postales émises par les nazis durant la Seconde Guerre mondiale, ainsi que sur un commémoratif ouest-allemand en 1968. A ce jour, 468 timbres ont honoré Churchill.

Portrait de Sun Yat-sen sur neuf des séries courantes chinoises 1931-1949

La personnalité la plus représentée sur les timbres d'un seul pays est Sun Yat-sen, qui figure sur au moins 908 timbres chinois depuis 1912. Toutes les séries courantes émises par la Chine de 1931 à 1949 sont à son effigie.

Les timbres fantômes sont ceux sur lesquels un portrait apparaît accidentellement dans quelque détail du motif.
Le premier exemple de portrait-fantôme date de 1881, où la première série courante d'Haïti représentant l'effigie allégorique de la Liberté aurait présenté (dans les plis de la coiffe de la Liberté) le profil de Mme Solomon, épouse du chef de l'État.

Haïti, série courante 1881 : portrait-fantôme de la femme du président dans les plis de la coiffe de la Liberté

Le plus célèbre exemple date de 1904. L'année précédente, un coup d'État eut lieu en Serbie et le roi Alexandre Obrenović et son épouse Draga Mashin furent brutalement assassinés dans leur lit. A l'occasion du couronnement du nouveau dirigeant, Pierre Karadjordjević, fut émise une série de timbres dont les valeurs inférieures représentaient côte à côte le profil du roi Pierre Ier et celui de son ancêtre Karageorge. Ils avaient été dessinés par l'artiste serbe D. Jovanović, gravés par Eugène Mouchon et imprimés à Paris. Quand les figurines arrivèrent à Belgrade, on découvrit qu'en les renversant apparaissait un troisième portrait à l'endroit où les deux profils se chevauchaient : un visage grotesque, rapidement assimilé par la rumeur publique au masque mortuaire du roi assassiné. Mouchon eut beau affirmer qu'il n'y était pour rien et que ce « masque mortuaire » était le fruit du hasard, ces timbres sont devenus si populaires parmi les collectionneurs qu'ils ont fait l'objet de nombreuses contrefaçons.

Un portrait-fantôme d'Adolf Hitler apparaît dans le motif floral des timbres autrichiens de Noël 1937, sinistre présage, puisque ce fut la dernière émission autrichienne avant l'invasion nazie le 13 mars 1938. Hitler se profilerait

Portraits-fantômes de Adolf Hitler sur le timbre australien de Noël 1937 et sur le 50 pfennig courant de la R.F.A. 1964

également dans les arbres dessinés sur le côté gauche du timbre courant ouest-allemand à 50 pfennig de 1964.

TIMBRES ILLUSTRÉS

Les premiers timbres illustrés datent de 1843, où la D.O. Blood & Co de Philadelphie émit des timbres représentant un postier bondissant par-dessus la ville, avec au premier plan la façade de la Chambre de commerce. Deux autres services locaux américains, la Wyman's Post et la Broadway Post Office représentèrent sur leurs timbres des locomotives à vapeur, respectivement en 1844 et 1849.

Le premier timbre illustré émis par un gouvernement est le 3 dollars canadien en 1851, dessiné par sir Sandford Fleming, avec un castor dans son habitat naturel, très différent des motifs héraldiques et stylisés habituels. La Nouvelle-Galles du Sud, de son côté, revendique la première place pour ses timbres de 1850 (grand sceau de la colonie) qui montrent les colons débarquant à Botany Bay. Ces figurines sont connues des collectionneurs sous le nom de « Sydney Views ».

La première série illustrée d'un motif différent pour chaque valeur a été émise par les États-Unis en 1869. Hormis les portraits de Franklin, Washington et Abraham Lincoln, deux timbres de cette série sont illustrés de motifs héraldiques (aigle américain, blason et drapeaux), tandis que les autres dessins représentent un postier à cheval, une locomotive, un vapeur (SS *Adriatic*) et des reproductions de deux tableaux *Le Débarquement de Christophe Colomb* par John Vanderlyn et *La Déclaration d'Indépendance* par John Trumbull.

U.S.A. figurine de la poste locale de Broadway (1844) représentant une locomotive

Canada, castor, 3 pence 1851

États confédérés d'Amérique, 5 cents 1861 ; Bornéo du Nord, scènes de la vie primitive, 1894

Les premiers timbres illustrés d'Europe furent émis par l'Empire ottoman pour l'affranchissement des lettres confiées à l'amirauté turque, en 1859, et représentent un vapeur. Le premier adhésif illustré du Commonwealth britannique est le *Lady Mc Leod* de 1847. Des compagnies maritimes, comme celles de Saint-Thomas et La Guaira, Custendje & Czernavoda, ont été parmi les premières à utiliser des timbres illustrés, bientôt imitées par la Poste des hôtels suisses (1872-1880), les postes urbaines norvégiennes (1881), les postes locales allemandes et les postes zemstvos russes, tandis que les gouvernements, eux, tardaient à en émettre.

Les premiers timbres dépeignant un sujet historique furent émis par l'Égypte en 1867 ; ils représentent le sphinx et les pyramides, motif repris sur tous les timbres égyptiens depuis 1914.

Les premiers timbres à s'inspirer de photographies furent émis par les États confédérés d'Amérique en 1861 et représentent le portrait du président Jefferson Davis. L'Union répliqua en émettant le 15 cents de 1866, à l'effigie d'Abraham Lincoln. La même photographie servit au 90 cents de la série de 1869. Les États-Unis furent les premiers à s'enthousiasmer pour les timbres inspirés de la photographie avec les Zachary Taylor et James Garfield à 5 cents de 1875 et 1882 (basés sur des daguerréotypes), le Lincoln à 4 cents, le Grant à 5 cents, le Garfield à 6 cents, le Sherman à 8 cents, le Webster à 10 cents et le Clay à 15 cents de 1890, ainsi que le 2 cents et le 2 dollars de l'Exposition Trans-Mississippi de 1898 qui représentent respectivement une exploitation agricole dans l'Ouest et le Mississippi Bridge à Saint Louis.

Le désir de faire des économies a donné lieu à d'étranges coïncidences en matière de motifs picturaux. En 1897, Terre-Neuve émettait un timbre à 10 cents qui prétendait représenter le *Matthew*, navire de John Cabot (1497), mais le même bateau figurait déjà quatre ans plus tôt sur le 3 cents américain, sous le nom du *Santa Maria* de Christophe Colomb. Et, en 1936, il réapparaissait sur les timbres du Costa Rica en l'honneur des îles Cocos.

PUBLICITÉ

La première publicité sur support postal date de 1840 avec la mise en vente (avec une remise sur les paquets de douze) d'enveloppes et de lettres timbrées Mulready, portant des textes ou dessins publicitaires. Des agences de publicité, des compagnies d'assurances et même le trésor public utilisèrent ce moyen, mais cette initiative n'eut guère d'effet auprès du public et fut bientôt abandonnée. En 1857, les Postes offrirent aux entreprises un espace publicitaire autour du timbre gravé sur les entiers postaux. Seules neuf entreprises utilisèrent cette possibilité avant sa disparition en 1893. D'autres sociétés apposaient elles-mêmes leur propre griffe publicitaire sur leur courrier.

La première tentative d'utiliser des timbres comme support publicitaire remonte à 1862 en Amérique, où un service de poste local émit des timbres à 10 cents portant l'inscription « Faire-part de mariage, Imprimés et Lettres distribués par la California City Letter Express Co Office », avec l'adresse de la compagnie en question.

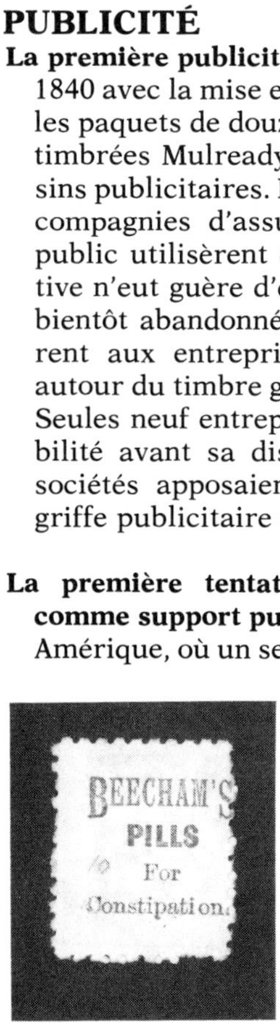

Nouvelle-Zélande, 1893, avec une réclame pour les pilules Beecham au verso

La première tentative de publicité commerciale sur des timbres émis par une administration gouvernementale date de 1853, où les banquiers AB. Sée, à Colmar, firent imprimer leur nom au verso des timbres de l'empire(1).

Le premier pays à avoir autorisé la publicité commerciale au verso de ses timbres est la Nouvelle-Zélande, dont la série courante de 1893 est surnommée « Adsons » (Fils de pub) par les collectionneurs. Une réclame différente figurait au dos de chaque timbre de la feuille, si bien qu'on peut reconstituer celle-ci dans son entier. Parmi les annonceurs se trouvaient les Beecham's Pills, le Sunlight Soap, le Fry's Cocoa, etc. La surcharge était appliquée sur les timbres avant l'encollage, mais le public, qui craignait de lécher de l'encre, bouda leur utilisation et l'expérience ne dura pas deux ans.
La publicité au verso des timbres fut reprise par la Sierra Leone en 1964, avec l'apparition du logotype en forme de papillon de Samuel Jones Ltd sur le support en papier des timbres autocollants. Ce privilège fut étendu à d'autres entreprises en 1965, mais disparut en 1972 où la Sierra Leone recommença à émettre ses timbres adhésifs traditionnels. En novembre 1965, un timbre à 7 cents représentant un collier de diamants fut émis aux U.S.A. par feuilles de vingt-cinq, au dos desquelles figurait une publicité au nom du joaillier new-yorkais Harry Winston.

Une lacune dans la réglementation postale en Suisse permit à A. Kocher et Fils, de la Chaux de Fonds et Vevey, de faire imprimer, pour affranchir son courrier, les timbres employés à l'époque (1909) par la poste officielle. En respectant la lettre, sinon l'esprit de la réglementation, cette société fit faire des vignettes publicitaires adhésives au milieu desquelles un fac-similé du timbre « fils de Guillaume Tell » indiquait l'endroit où de coller le timbre légal. Quand les autorités suisses découvrirent la ruse, elles retirèrent rapidement aux entreprises le privilège d'affranchir leurs expéditions — mais entre-temps 16000 de ces « timbres publicitaires » uniques avaient déjà circulé.

(1) *Mais l'entreprise* Ducel *avait, sept ans auparavant, frappé son nom* au recto *de ses timbres, probablement pour qu'ils ne soient pas utilisés par son personnel à des fins privées.*

Publicités sur timbres en roulette allemands, sur panneaux de carnet anglais, belges, sud-américains et africains et timbre italien de 1923 à publicité intégrée

La forme la plus commune de publicité postale consiste aujourd'hui en vignettes attachées aux timbres émis en carnets. Cette pratique trouve son origine dans l'Empire germanique et en Bavière en 1911, des publicités pour l'encre Pelikan, les automobiles Delaunay, le cidre et autres accompagnant à l'époque les timbres courants Germania et Prince Regent Luitpold. Des slogans de propagande n'ayant plus rien de commercial fleurirent plus tard sur les timbres émis en roulettes par le IIIe Reich. Dès 1908, les carnets de timbres anglais furent assortis de vignettes publicitaires intercalaires et, à partir de 1924, à chaque panneau de quatre timbres, furent adjointes deux vignettes publicitaires pour constituer des panneaux à six éléments. Cette forme de publicité est encore en usage de nos jours.

La publicité à caractère commercial a également été autorisée en marge des feuilles émises en Allemagne et des carnets émis en France, en Nouvelle-Zélande et en Afrique du Sud, de 1920 à nos jours. La Belgique a émis des timbres en feuilles de format normal assortis de vignettes publicitaires vantant les mérites de Persil, de la Loterie nationale, de la « malle » 'Douvres-Ostende et de l'huile de foie de morue. En 1924, l'Italie a émis des timbres assortis d'une vignette publicitaire accolée mais habituellement imprimée dans une couleur différente, en faveur de Campari, des machines à coudre Singer et autres produits.

La publicité sur les entiers postaux fut largement utilisée par les postes locales allemandes, à la façon des entiers Mulready, mais la Nouvelle-Zélande fut le seul pays à la pratiquer sur un plan national.

Un projet de loi déposé devant le Congrès par Barry Goldwater Jr en 1981 et destiné à autoriser la publicité commerciale sur les séries courantes américaines, dans le but d'éponger le déficit des Postes, se heurta au refus unanime des philatélistes. Ils arguèrent à juste titre qu'une telle mesure conduirait à une pléthore d'émissions, estimée à plusieurs milliers par année !

En 1923, le Costa Rica imprima le 5 cents courant, avec un slogan en faveur du café local (1).

(1) *Après avoir surchargé en 1922 6 valeurs « hommes célèbres » avec la reproduction d'un sac de café.*

INSCRIPTIONS

Les tout premiers timbres ne mentionnaient pas le nom du pays — élément inutile, puisqu'on ne pouvait les utiliser qu'à l'intérieur des frontières. Mais l'une des premières règles promulguées par l'Union postale universelle (U.P.U.) en 1874 préconisait l'utilisation d'une forme quelconque d'identification. Seule la Grande-Bretagne, première utilisatrice de timbres adhésifs, bénéficie d'une dérogation à cette règle, l'effigie du monarque régnant qui figure sur tous ses timbres étant suffisante. De temps à autre, cependant, certains pays contreviennent à cet usage : le 5 cents courant américain de 1963, par exemple, ne présente que la bannière étoilée au-dessus de la Maison-Blanche, ces deux symboles suffisant théoriquement à identifier le pays émetteur. Mais d'autres timbres émis par la suite avec le même dessin (1968-1971) portaient l'inscription ÉTATS-UNIS. Le bloc de trois timbres célébrant le tricentenaire de l'arrivée des émigrés du Mayflower (1920) est la seule émission commémorative des États-Unis à ne pas mentionner le nom du pays.

U.S.A. timbres « anonymes » : tricentenaire de l'arrivée des Mayflower, 1920, et 5 cents avec la bannière étoilée sur la Maison-Blanche, 1963

Les premiers timbres présentant un nom de pays ont été émis en 1842-1845 par la City Despatch Post de New York. Ils portaient l'inscription ÉTATS-UNIS alors qu'ils n'étaient valables qu'à New York. Les premières émissions gouvernementales assorties d'un nom définissant les limites territoriales de leur validité sont les timbres cantonaux de Zurich et de Genève (1843). Les premières figurines portant le nom d'un pays et valables sur tout son territoire ont été émises par l'île Maurice (septembre 1847).

Les premiers timbres libellés en deux langues sont les timbres cantonaux de Genève (1843), qui portent la devise latine POST TENEBRAS LUX (après les ténèbres, la lumière), ainsi que des inscriptions en français. Les premiers timbres libellés en deux langues, pour en préciser l'usage ou la valeur, furent émis par Zurich en mars 1850. Ils portaient en allemand et en français : ORTS POST et POSTE LOCALE, et restèrent en circulation jusqu'à l'émission fédérale de mai de la même année.

Des timbres émis simultanément en deux langues différentes sont apparus pour la première fois en Suisse, en 1850. Des timbres d'une valeur de 2 1/2 rappen furent émis dans les zones de langue française avec la mention POSTE LOCALE, tandis que ceux des zones allemandes portaient l'inscription ORTS-POST. Les zones d'expression italienne furent alors négligées. Ces timbres se présentaient sur des feuilles séparées et non en paires bilingues (voir plus bas). La Suisse tourna par la suite la difficulté linguistique en inscrivant simplement FRANCO, terme utilisé à la fois en français, en allemand et en italien, et en mentionnant le nom du pays en latin HELVETIA ou CONFOEDERATIO HELVETICA (Confédération suisse).
En 1982, les États-Unis ont arrêté un projet de timbres en anglais et en espagnol, ces derniers étant destinés aux États à forte population hispanique, mais ils ne l'ont jamais réalisé.

Des timbres émis en même temps en trois langues ont été produits par la Suisse entre 1939 et 1942. Les premières émissions de ce type annonçaient l'Exposition nationale suisse de Zurich et furent imprimés en français, en allemand et en italien. En 1940, les timbres pour l'Exposition nationale et le Fonds de la Croix-Rouge étaient libellés, dans l'une ou l'autre des trois langues, selon leur valeur faciale, mais aucun ne fut émis dans les trois langues à la fois. En mars 1942, les figurines annonçant la campagne de salut national portaient la mention COLLECTE POUR LE SALUT PUBLIC en français, en allemand ou en italien. Par la suite, les timbres ont généralement été libellés dans trois langues à la fois ou seulement en latin, comme auparavant.

Les premières inscriptions bilingues, dans des pays bilingues, ont été utilisées en Belgique (français et flamand) en 1891, et au Canada (français et anglais) en 1927. Dans ce dernier cas, la première concession à la population francophone fut l'inscription TRICENTENAIRE DE QUÉBEC sur la série de 1908, l'anglais étant en cette circonstance limité à la valeur faciale et au mot POSTAGE. En 1927, une série célébrant le soixantième anniversaire de la Confédération portait en marge les mots POST et POSTES.

Paires bilingues d'Afrique du Sud-Ouest (1923), d'Afrique du Sud (1926) et de Ceylan (1964)

Suisse: Exposition Nationale, Zurich, 1939, en italien, en français et en allemand

10 centimes trilingue suisse (1854); Haïderabad et Roumélie-Orientale : quatre alphabets; Nations Unies cinq langues, quatre alphabets (1951)

Depuis que les cents, les dollars et le nom du pays sont communs aux deux langues, le Canada a résolu le problème du bilinguisme en limitant les autres mentions au minimum.

Le bilinguisme est un trait commun aux timbres de nombreux pays orientaux et slaves où, en accord avec le règlement de l'U.P.U., les inscriptions sont portées aussi bien en français ou en anglais que dans la langue locale.

Les premiers timbres portant des inscriptions en deux alphabets différents furent émis par le grand-duché de Finlande en 1856. La valeur (en kopecks) était inscrite en alphabets romain et cyrillique. Les premiers timbres émis par la Moldavie (aujourd'hui partie de la Roumanie) étaient également imprimés en caractères romains et cyrilliques (1858-1862).

Les premiers timbres en lettres romaines et orientales furent émis par Hong Kong en 1862 (anglais et chinois), suivi par Shanghai en 1865 (anglais et chinois), l'Égypte en 1866 (romain et arabe). L'État de Jammu-et-Cachemire est le premier pays à avoir émis des timbres en deux alphabets différents en 1866 (arabe et hindī).

Des timbres émis par paires bilingues, libellés alternativement en deux langues différentes sont apparus pour la première fois en Afrique du Sud-Ouest (anglaise) en 1923. Les timbres sud-africains portant eux-mêmes des légendes bilingues en anglais et en hollandais furent alternativement imprimés SOUTH WEST AFRICA ou SUIDWES AFRIKA. L'afrikaans (SUIDWES AFRIKA) remplaça le hollandais en 1926 — année où l'Afrique du Sud introduisit des timbres libellés alternativement dans les deux langues principales. Cette pratique s'est perpétuée en Afrique du Sud et dans l'Afrique du Sud-Ouest jusqu'en 1951, mais depuis lors la majorité des timbres sont libellés dans les deux langues.

Cette pratique n'a été reprise qu'une fois par Ceylan (aujourd'hui Sri Lanka) avec une paire de 64 cents, émise en 1964 à l'occasion du centenaire des chemins de fer et libellée alternativement en tamoul et en anglais, ou en cinghalais.

Des timbres trilingues ont été émis pour la première fois en Suisse en 1854, leur valeur étant exprimée en centimes, centesimi (italien) et rappen (allemand). Ils furent remplacés en 1862 par des timbres portant uniquement le chiffre des valeurs. Quelques-uns des timbres de la Fête nationale, de 1938 à 1944, ont été imprimés en trois langues, mais la Suisse évita généralement les complications qu'entraînait l'utilisation simultanée des trois langues jusqu'en 1960.

Danemark, Croix-Rouge, 50 + 10 O, 1966

Autres exemples de trilinguisme :
Finlande : 1867, 1889-1894, finnois, suédois, russe.
Soruth : 1877-1913, anglais, ourdou, hindi.
Djibouti : 1894-1902, français, amharique, arabe.
Nord Bornéo : 1897, anglais, chinois, arabe (malais).
Yougoslavie : 1933, serbe, croate, slovène.
Yougoslavie : 1938, serbe, croate, latin.
Bhopal : 1935-1939, anglais, arabe, hindi.
Italie : 1954, italien, chinois, latin.
Inde : 1948, anglais, ourdou, hindi.
Pakistan : 1956-1962, anglais, ourdou, bengali.
Ceylan : 1950, anglais, tamoul, cinghalais.
Chypre : 1960, anglais, grec, turc.
Afrique du Sud-Ouest : 1980, anglais, afrikaans, latin.

Les premiers timbres avec des inscriptions en quatre langues et plus ont été d'abord émis par la ville d'Haiderabad en 1871. Depuis lors, et jusqu'en 1948, la majorité des timbres furent libellés en anglais, en marathe, en bélougou et en ourdou — quatre écritures différentes.
La série de sept timbres émise par l'U.R.S.S. en 1927, pour marquer le 10e anniversaire de la Révolution, est libellée en russe, en ukrainien, en géorgien, en arménien et en arabe. La plupart des timbres portent des inscriptions en trois langues, sauf le 28 kopecks qui en compte quatre (toutes sauf l'arabe).
La majorité des émissions courantes des Nations unies, depuis 1951, sont libellées simultanément en anglais, en français, en espagnol, en russe et en chinois, les cinq langues les plus répandues dans le monde.
Les timbres émis par la Roumélie-Orientale (Bulgarie du Sud) de 1881 à 1885 sont libellés en turc, en grec, en bulgare et en français — quatre langues et quatre écritures (arabe, grecque, cyrillique, romaine). La série Croix-Rouge yougoslave de 1945 est libellée en serbe, en croate, en slovène et en slave du Sud (macédonien).

Les seuls triplets trilingues connus ont été émis par l'Afrique du Sud-Ouest. En 1968, des timbres de 3 et 15 cents en l'honneur du président Swart ont été imprimés alternativement en anglais, en afrikaans et en allemand (la langue des premiers colons). En 1978, une série de six timbres en faveur du suffrage universel a été surchargée en trois langues par bandes de trois se tenant.

Triplet trilingue d'Afrique du Sud-Ouest, 1968

Le record du plus grand nombre de langues mentionnées sur un timbre revient au Danemark qui, en janvier 1966, a émis deux timbres de bienfaisance Croix-Rouge portant la mention PER HUMANITATEM AD PACEM (vers la paix par les hommes) en latin, et le nom de l'organisme en trente-deux langues : danois, français, islandais, hollandais, hindī, malais, russe, hongrois, amharique, grec, arménien, ukrainien, japonais, roumain, thaï, tchèque, albanais, perse, polonais, finnois, arabe, serbo-croate, turc, chinois, espagnol, portugais, gaélique, pendjabi, allemand, anglais, italien et suédois.
En 1972, la Suède a émis deux timbres pour la Conférence des Nations unies sur la préservation de la nature à Stockholm, le 65 c portait

Roumanie et Yougoslavie, projet hydro-électrique de Derdap, 1965

l'inscription UNE SEULE TERRE en six langues : suédois, anglais, français, italien, chinois et russe.

Les seuls timbres en deux langues et deux monnaies à l'usage de deux pays ont été émis conjointement par la Roumanie et la Yougoslavie le 20 mai 1965 à l'occasion de l'inauguration du projet hydroélectrique de Derdap. Ils portent le nom des deux pays et des valeurs faciales de 30 bani (25 dinars) et 55 bani (50 dinars). Cette émission s'accompagnait d'un bloc constitué de deux timbres roumains et de deux yougoslaves. C'est le seul bloc binational connu à ce jour.

Langues ou alphabets inhabituels utilisés sur des timbres.
Le *cyrillique* (en usage en Russie, en Bulgarie et en Yougoslavie) apparaît sur un timbre solitaire émis par la Tchécoslovaquie le 15 mars 1939 à l'occasion de l'installation du Parlement carpatho-ukrainien ou rhuténien à Jasina. Il fut retiré vingt-quatre heures plus tard à cause de l'invasion allemande de Prague.
Deux émissions germaniques portent des caractères cyrilliques : les timbres courants à l'effigie de Hitler imprimés dans la ville de Herrnhut, en 1945, avec une légende en cyrillique, à la suite de l'occupation de la ville par l'Armée rouge. Le premier timbre émis à Dresde sous l'occupation soviétique portait la mention MOYTA en cyrillique, mais il fut retiré le jour même de l'émission (23 juin 1945), parce que l'emploi du cyrillique violait une disposition adoptée par les Quatre Grands. Un total de 14 500 timbres sur les 1 030 000 imprimés furent néanmoins vendus.
Le *chinois* figure sur deux timbres italiens de 1954 en l'honneur du 7e centenaire de la naissance de Marco Polo, et sur un timbre américain à 5 cents de 1942 célébrant l'effort de guerre de la Chine nationaliste.

Tchécoslovaquie, Parlement carpatho-ukrainien (1939); culture hébraïque (1967); Italie, Marco Polo (1954)

L'*hébreu*, d'ordinaire limité aux émissions palestiniennes (1920-1948) et israéliennes, apparaît sur un timbre émis par la poste locale de Breslau (aujourd'hui Wroclaw, en Pologne) en 1897, pour célébrer le nouvel an juif, ainsi que sur deux des figurines émises par la Tchécoslovaquie en 1967 sur l'histoire de la culture juive.
Des inscriptions en chinois, en japonais, en hébreu, en sanscrit et en arabe figurent sur un timbre mexicain de poste aérienne à 1 peso 60 de 1976, en l'honneur du Trentième Congrès international nord-américano-asiatique.

Les seuls timbres portant une inscription sans signification ont été émis par Macao en 1936 pour la poste aérienne. Ils comportaient deux lignes en caractères soi-disant grecs :

ξοωηθεζωνδϑ/εαιοωρωιυλ

Cette inscription hautement fantaisiste était simplement destinée à décourager les éventuels faussaires !

FAITS DIVERS

Les seuls timbres destinés à une émission locale privée, mais émis finalement par une administration gouvernementale sont les premiers timbres du Pérou. Perkins Bacon, de Londres, imprima des timbres pour la Compagnie de navigation à vapeur du Pacifique, une société anglaise qui faisait du transport le long des côtes occidentales de l'Amérique du Sud. Mais celle-ci ne les mit jamais en circulation en raison de l'opposition des autorités péruviennes. En 1857, les Postes du Pérou envisageant l'adoption de timbres adhésifs, la compagnie anglaise lui offrit ses timbres inutilisés, en attendant la première émission officielle.

Des timbres locaux, le plus souvent ignorés des postes gouvernementales, ont été repris sur des émissions officielles en plusieurs occasions. En 1912, une série de timbres locaux à l'effigie d'Apollon, préparée pour les îles du Dodécanèse, se vit interdite par les autorités militaires italiennes; mais le motif en fut repris sur deux des figurines émises par la Grèce, en 1847, pour célébrer le retour des îles du Dodécanèse sous son autorité.
En 1964, l'un des timbres de la Journée du timbre émis par Cuba reproduisait le 10 centavos émis par les rebelles durant la guerre contre l'Espagne en 1898. Une série de timbres émis par Tristan da Cunha pour le centenaire de la mort de sir Rowland Hill (1979) reprend le célèbre timbre « pomme de terre » 50 pence !

En octobre 1967, la République irlandaise a émis, à l'occasion du centenaire de l'insurrection des Fenians, deux timbres qui étaient censés reproduire une épreuve d'un timbre fenian de 1867. On découvrit par la suite que cette « épreuve » n'était qu'une contrefaçon réalisée par le célèbre faussaire Samuel Allen Taylor de Boston, dans le Massachusetts. L'Irlande détient donc le triste privilège d'être le seul pays à avoir émis des reproductions de timbres falsifiés.

Un quotidien est à l'origine des Postes des Fidji. En 1870, le *Fidji Times* organisa un service postal qu'il présentait ainsi dans un quatrain :
« Souvenez-vous, souvenez-vous du premier [novembre,
Ce jour que vous aurez raison de bénir,
Car c'est alors que se mettra en marche
Cette remarquable machine du nom de [*Fidji Times* Express. »

Le propriétaire du journal, G.L. Griffiths, devait fournir non seulement de vastes locaux pour un bureau de poste à Levuka, capitale des îles (jusqu'en 1882), mais également des sacs postaux, un bateau-poste reliant les îles, et des timbres à 1 penny, 3 pence, 6 pence et 1 shilling. Ce service ne fonctionna que de novembre 1870 à mai 1872, date à laquelle il fut repris par le gouvernement.

Des timbres ont servi de monnaie en période de pénurie d'espèces, au cours de la guerre civile américaine, et durant la Première Guerre mondiale (ou immédiatement après) à Monaco, en cette période, lors de l'occupation du Nord de la France par les Allemands, certains commerçants manquant de petite monnaie rendaient l'appoint en timbres-poste de 1,2 et 5 centimes.

Des timbres alimentent la guerre froide entre l'Angleterre, l'Argentine et le Chili depuis cinquante ans. L'affaire remonte à 1933, où les îles Falkland célébrèrent le centenaire de leur appartenance à la Couronne britannique avec une série de timbres dont l'un, le 3 pence, représentait une carte des îles. L'Argentine, qui les revendiquait, répliqua en 1936 par un timbre à 1 peso représentant une carte de l'Amérique du Sud, avec les territoires argentins (Malouines incluses) hachurés. Devaient aussi figurer initialement les frontières des autres pays sud-américains, mais certains s'y opposèrent (en particulier le Paraguay et la Bolivie.
Le conflit se déplaça en 1944 vers l'Antarctique, quand l'Angleterre émit des timbres pour la Terre de Graham, ainsi que pour la Géorgie, les Orcades et les Shetland du Sud. Une émission complémentaire pour les Dépendances des îles Falkland suivit en 1946, représentant cette fois une carte des régions polaires avec les frontières des territoires britanniques.
De nouveau l'Argentine réagit en émettant divers timbres affichant *ses* possessions antarctiques. Le premier, émis en 1947, commémorait le 43e anniversaire de la première liaison postale avec l'Antarctique argentin. Le timbre à 1 peso d'avant la guerre fut redessiné, afin de délimiter précisément le territoire concerné, et, en 1954, un timbre célébrait les « Orcadas del Sur », les Orcades du Sud « argentines ». En dépit du traité de l'Antarctique de 1961, en 1964, l'Argentine est allée jusqu'à émettre une série de trois timbres représentant des cartes de l'Antarctique et des « Islas Malvinas » (les Malouines) plantées de drapeaux argentins. Le Chili, qui prétend lui aussi à une « tranche » d'Antarctique chevauchant les territoires revendiqués par les Argentins et les Anglais, s'est également manifesté par des émissions de timbres en 1947 et 1958. Cette petite guerre politico-philatélique se poursuit toujours depuis les événements survenus en 1982 dans cette région du globe(1).

Des timbres ont provoqué une guerre meurtrière entre la Bolivie et le Paraguay à propos du

(1) *La cessation des hostilités militaires n'a pas mis fin aux prétentions argentines sur ces territoires. En effet, l'émission d'un grand timbre formant tryptique avec le portrait du premier administrateur argentin de ces îles précède de peu l'émission britannique des Falkland, consacrée au 150e anniversaire de leur installation militaire et civile...*

Dépendance des îles Falkland : 1/2 penny (1944) et 1 penny (1980) ; Chili : 2,50 pesos (1947)

Russie et Bundi : timbre imprimé sur carton et faisant office de monnaie

République d'Irlande, centenaire des Fenians, 1967

Guatemala, 5 centanos de 1936 et 1948, ce dernier représentant Bélise annexé au territoire guatémaltèque

5 wons, Corée, 1884 ; Nicaragua : le Momotombo, 10 c surchargé 15 c, 1904 ; Espagne : « La Maja Desnuda », 1930

République Dominicaine, 5 c, 1900, déplaçant la frontière avec Haïti

Paraguay, 1,50 peso, 1932, représentant le Chaco « paraguayen »

Bolivie, 2 c, 1930, représentant le Chaco « bolivien »

Gran Chaco. En 1930, la Bolivie émettait témérairement des timbres représentant une carte de la région litigieuse avec la mention « Chaco Boliviano » (chaco bolivien). Le Paraguay répliquait par des timbres de grand format montrant une carte plus détaillée de la même zone, avec l'inscription « Chaco Paraguayo » (Chaco paraguayen), assortie du slogan : « Qui fut, qui est, qui sera. » Peu après les deux pays entamaient les hostilités armées. La guerre du Chaco se prolongea, décimant les populations des deux camps et précipitant la ruine de la Bolivie. D'autres timbres « carte du Chaco » ont été émis par la Bolivie en 1935 et par le Paraguay en 1934-1936. Après qu'une conférence des États américains à Buenos Aires en 1938-1939 eut octroyé ce territoire au Paraguay, celui-ci émit deux autres séries (1939-1940) sur le thème du Gran Chaco.

Des querelles frontalières entre Haïti et la République Dominicaine, le Nicaragua et le Honduras, l'Équateur et le Brésil, le Venezuela et la Guyane, le Guatemala et le Bélize, le Chili et le Pérou se traduisirent également par des séries d'émissions de timbres revendicateurs. La série « carte-1900 » de la République dominicaine modifiait les frontières avec Haïti, au point de provoquer une vague de sentiments antidominicains qui faillit déclencher une guerre entre les deux États. Le conflit n'avorta que sous la pression diplomatique des grandes puissances, et la République dominicaine se hâta de remplacer ses timbres litigieux par une série héraldique plus innocente.

Des timbres ont provoqué une insurrection et changé l'histoire d'un pays. En 1884, les Japonais (dont l'influence ne cessait de croître) contribuèrent à l'introduction de timbres adhésifs en Corée. Extrêmement mécontents, les Coréens se soulevèrent, brûlèrent la poste de Séoul et jetèrent dans les rues les nouveaux timbres qu'ils refusaient. Sous prétexte de restaurer la loi et l'ordre, les troupes japonaises ont alors envahi le pays et l'ont occupé jusqu'en 1945.

Des timbres ont changé l'histoire économique et politique de certains pays. A la fin du XIXe siècle, alors que les financiers français et américains tentaient de déterminer le meilleur endroit où percer le futur canal destiné à relier le Pacifique et l'Atlantique, certains voulant lui faire traverser l'isthme de Panama et d'autres le Nicaragua, les Postes nicaraguayennes commirent l'erreur d'émettre en 1900 une nouvelle série courante représentant le mont Momotombo en pleine éruption — pour la beauté de l'image, puisqu'il était éteint depuis des années ! Le lobby panaméen s'empressa de faire circuler la figurine parmi les sénateurs américains. Pas question de creuser le canal dans une zone aussi dangereuse ! Sans ce timbre, le canal aurait pu se trouver à huit cents kilomètres plus au nord.
Les trois valeurs supérieures de la série émise par l'Espagne, en juin 1930, à l'occasion du centenaire de la mort du peintre Goya et représentant *La Maja Desnuda* (un nu de la duchesse d'Albe) donnèrent aux agitateurs républicains matière à diffamer la royauté auprès des masses populaires illettrées. « Votre roi fréquente des femmes légères », clamaient-ils dans les campagnes et les faubourgs dans l'espoir de ruiner définitivement la réputation d'Alfonso. Mais en vain, puisque les monarchistes sortirent grands vainqueurs des élections !

Le seul service postal organisé par des criminels est la Poste des Bandits qui fonctionna entre Tsaochwang et les monts Paotzeku en Chine, de mai à juin 1923. Le 6 mai, une bande de pillards enleva cent vingt passagers du Blue Express sur la ligne T'ien-tsin-Pukow et les retint en otages dans les montagnes. Carl Crow, de la Croix-Rouge américaine, organisa un service de messagers pour les lettres et les colis destinés aux otages. Deux timbres furent préparés sur place, à 5 cents (inscrit 50 cents par erreur) et 10 cents. Ils portaient la mention PAO TZU KU BANDIT POST (sic) ainsi qu'un vague dessin de montagnes, et les 5 cents une inscription chinoise. Environ cinq cents timbres furent imprimés et utilisés sur le courrier dans les deux sens. Ce service cessa ses activités le 13 juin, avec la libération du dernier otage.

Des timbres, dont la simple détention était considérée comme un délit, ont été émis à deux reprises. Les timbres anglais surchargés pour l'affranchissement du courrier ministériel (1882-1904) faisaient l'objet de contrôles très stricts et les exemplaires oblitérés devaient être retournés aux bureaux émetteurs pour y être détruits. A la suite du procès, en 1904, d'un éminent philatéliste accusé de trafic de timbres officiels, ils furent brusquement retirés de la circulation et remplacés par des vignettes « Official Paid ».

Les timbres émis par la République démocratique allemande depuis 1956 pour le Zentraler Kurierdienst (Service central du courrier) et servant à la correspondance confidentielle des ministères sont sujets à un contrôle très strict. Les citoyens de la R.D.A. trouvés en possession d'exemplaires neufs ou usagés sont passibles d'une peine de cinq ans d'emprisonnement. Il en existe pourtant des spécimens neufs et usagés à l'Ouest.

Pour l'amour des timbres, des philatélistes sont devenus des criminels. L'un des quinze exemplaires du 2 cents hawaïen « Missionnaire » de 1851 fut retrouvé dans des circonstances peu communes. En 1892, ce timbre figurait dans la collection du philatéliste parisien Gaston Leroux, découvert assassiné dans son appartement. Ni argent ni objets de valeur n'avaient apparemment disparu, mais l'un des enquêteurs, qui avait quelques notions philatéliques, découvrit la collection de timbres hawaïens de la victime et en vérifia le nombre et la nature dans un catalogue. Il en manquait un, et non des moindres, le 2 cents ! On interroge les marchands, mais le timbre reste introuvable. Bientôt pourtant, les soupçons se portent sur Hector Giroux, philatéliste passionné et intime de Leroux. L'inspecteur de police, se faisant passer pour un collectionneur, rencontre Giroux et le pousse à se vanter de « son » 2 cents « Missionnaire ». Giroux est arrêté le lendemain. Interrogé, il ne tarda pas à avouer le meurtre de Leroux qui avait refusé toutes ses offres d'achat. Il fut, dit-on, condamné à la peine capitale. Bien que citée par plusieurs auteurs jusqu'en 1970, l'histoire serait fausse. Le timbre échoua finalement dans les collections Ferrary et Burrus, atteignant la somme de 41 000 dollars à la vente Burrus de New York, en 1963.

En 1896, quatre ans après l'affaire Leroux, Paris était le théâtre de l'assassinat du jeune marchand de timbres Julien Émile Delahaeff par un collectionneur nommé Aubert et sa complice Marguerite Dubois. Le mobile du crime est trouble, mais toujours est-il qu'Aubert tua Delahaeff en le frappant à la tête et dissimula son corps dans une malle. L'enquête conduisit la police à interroger Marguerite Dubois qui avait entretenu des relations avec la victime. Aubert fut arrêté, jugé et condamné. Il bénéficia de circonstances atténuantes, échappant ainsi à la guillotine, et fut condamné à la détention à vie, alors que sa complice était punie de trois ans d'emprisonnement.

4
Les divers types de timbres

Les premiers timbres du monde étaient des vignettes attestant l'acquittement des frais de port et, jusque vers 1860, de nombreuses administrations postales avaient tendance à les considérer comme de simples reçus d'une taxe payée par l'expéditeur. Ces timbres constituent la base du système postal, qu'il s'agisse des séries courantes, utilisées sur d'assez longues périodes, ou des séries commémoratives et à sujet généralement en vente pour un temps limité. Par ailleurs, la modernisation grandissante des services postaux au cours des cent quarante dernières années a rendu nécessaire la création de timbres spéciaux de toutes sortes; enfin les circonstances dans lesquelles ils sont mis en circulation donnent lieu à des émissions particulières. C'est de ces différents types de timbres que traite ce chapitre.

L'accusé de réception est un moyen qui permet à l'expéditeur d'un objet recommandé de recevoir une attestation indiquant que celui-ci a bien été remis au destinataire.
Des timbres spéciaux ont été émis pour la première fois par la Colombie, en 1865, avec la double inscription A (*Anotacion*) et R (*Registrado*) attestant respectivement la recommandation et la réception. Des timbres avec la mention AR (*Aviso de Recibo*) ont été émis par la Colombie, de 1894 à 1917, ainsi que par le Chili (1894), le Salvador (1897) et le Monténégro (1895-1913).

Les timbres de poste aérienne nous surprennent par leur ancienneté. Le premier est une vignette adhésive à 5 cents, émise en 1877 par le « professeur » Samuel King pour le courrier transporté à bord du ballon *Buffalo* au départ de Nashville, dans le Tennessee. Imprimé en bleu, il représente l'image du ballon en vol(1).
En novembre 1898, des timbres bleus de 1 shilling étaient émis par le service postal par pigeon voyageur de la Grande Barrière, premier du genre. Ils représentaient un oiseau tenant une lettre dans son bec.
Parmi les émissions ultérieures, on trouve un timbre surchargé utilisé par le service de pigeons voyageurs à destination de l'île de Marotiri, et une paire de triangulaires (1899-1901). Dans les années qui suivirent immédiatement les premiers vols des frères Wright à bord des premiers engins volants, les meetings aériens connurent une vogue exceptionnelle. La plupart d'entre eux donnèrent lieu à l'émission de vignettes souvenirs dont certaines bénéficiaient d'un statut semi-officiel de timbres de poste aérienne. Les premières de ces vignettes datent du meeting aérien de Bar-sur-Aube, en juin 1909, et représentent une figure allégorique

Timbres accusé de réception d'Antioquia (1902), de Panamà (1904), et du Monténégro (1895)

(1) *300 furent imprimés, et... 23 oblitérés!*

féminine de l'aviation. Le mois suivant, le meeting de Douai était à l'origine du premier entier postal — une carte — et de la première vignette illustrée d'un avion, toutefois à demi-symbolique (une figure féminine avec des ailes de biplan sur le dos).
En août 1909, le meeting de Saint-Malo servit de prétexte à la création de la première vignette représentant un avion identifiable — un hydravion. La première vignettte, mais sans valeur d'affranchissement, fut émise en août 1910, à l'occasion du meeting aérien de Nantes. Le 10 centimes bleu et rose s'inspirait étroitement de la « Colombe de Bâle » de 1845, avec un monoplan à la place de la colombe. Des spécimens apposés sur des cartes postales furent oblitérés d'un cachet à double couronne portant l'inscription NANTES-AVIATION. On ne sait avec certitude si ces cartes postales furent réellement expédiées par avion.
Les premiers timbres semi-officiels de poste aérienne ont été fabriqués en Allemagne à l'occasion des vols effectués par l'aviateur Grade entre Bork et Brück. Trois différentes vignettes (sans indication de valeur) furent émises et figurent sur des cartes postales et des enveloppes portant divers cachets réservés à la poste aérienne. Ils furent rapidement suivis par d'autres timbres allemands utilisés également de manière quasi officielle, comme le « Margareten-Volksfest » à 50 pfennig de mai 1912, celui du courrier aérien du Rhin (utilisé pour le dirigeable *Schwaben* et le monoplan *Gelber Hund*) en juin 1912, celui de l'aéro-club bavarois et celui des liaisons aéropostales de Ratisbonne (les deux en octobre). Le premier timbre de poste aérienne émis par un service postal d'État est le 25 centesimi « exprès » surchargé en mai-juin 1917 pour la liaison aérienne Rome-Turin. Les premiers timbres courants de poste aérienne ont été émis par les États-Unis en mai 1918 et représentent un avion de type Curtiss; le 24 cents à centre renversé est considéré comme la première erreur en « poste aérienne ».
En France, les premiers timbres de poste aérienne furent émis le 25 juin 1927 à l'occasion de l'Exposition d'aviation à Marseille.
Les États-Unis sont aussi les premiers à avoir émis un timbre représentant un avion, sans indication réservant son usage à la poste aérienne. C'est le 20 cents appartenant à la série des timbres-colis postaux de décembre 1912. On peut citer d'autres exemples de timbres anciens représentant un avion mais non réservés à la poste aérienne : le 10 cents de Cuba « exprès » (1914), le 35 + 3 heller d'Autriche pour les victimes de guerre (1915), le 10 cents de la République dominicaine « distribution spéciale » (1920), les 100, 150 et 200 reis (1921) du Brésil et le 20 + 5 roubles contre la famine en Russie (1922).

Timbres de poste aérienne des États-Unis (1918) et d'Allemagne (1919)

Les timbres doubles sont composés de deux parties qui peuvent être détachées et utilisées séparément. L'un des premiers spécimens connus est le « Double de Genève » de 1843. Chacune des parties servait de timbre à 5 c pour le courrier local, tandis que l'ensemble servait de timbre à 10 c pour le courrier cantonal. Une bande horizontale unique indiquait la valeur totale du timbre.

Timbres colis doubles d'Italie (1946), et timbre-taxe de Roumanie (1974)

On peut citer d'autres exemples anciens de timbres doubles comme le *zemstvo* de Kotelnich de Russie (1869-1870) et les timbres locaux de Drammen en Norvège (1868).

A partir de 1914, l'Italie émit des timbres doubles pour les colis postaux. La partie de gauche était apposée sur la fiche du paquet et l'autre sur le reçu donné à l'expéditeur. Des timbres similaires ont été émis par la république de

Saint-Marin à partir de 1928, ainsi que par la Roumanie à partir de 1947 ; le facteur conservait la partie de gauche tandis que l'autre était collée sur les objets non ou insuffisamment affranchis.

Les timbres divisibles sont des timbres divisés en deux parties et utilisés par le service postal pour la moitié de leur valeur faciale. L'exemple de division le plus connu est sans doute celui qui entra en usage dans les îles anglo-normandes en 1940, quand les 2 pence anglais furent coupés en deux et utilisés comme timbres à 1 penny, en raison des restrictions imposées par l'occupation allemande.
C'est au Nouveau-Brunswick qu'on trouve le plus ancien exemple de timbre divisé en quatre : le 1 shilling de 1851 transformé en timbres à 3 pence[1].

Le pays ayant eu le plus souvent recours aux timbres divisibles est le Mexique. Les timbres à 8 reales de 1856 furent coupés de quatre façons de manière à en réduire la valeur : 3/4 = 6 reales, 1/2 = 4 reales, 1/4 = 2 reales et 1/8 = 1 real. La série de 1861 fournit un éventail encore plus étendu : la moitié du 1 real (1/2 real), la moitié du 2 reales (1 real), la moitié du 4 reales (2 reales) et le quart du 4 reales (1 real), ajoutés aux 1/8, 1/4, 1/2 et 3/4 du 8 reales, comme auparavant. Dans les séries de 1864-1866 des 1/4 et 3/4 de timbres de 4 reales furent utilisés comme timbres de 1 à 3 reales.

Les carnets de timbres. Il faut remonter à 1878 pour trouver un carnet de timbres contenant quatre panneaux de six timbres fiscaux à 1 penny, commandé à titre expérimental à De La Rue par le ministère des Finances. Ces timbres étaient maintenus, de manière ingénieuse, par un fil de coton blanc passé à travers les dentelures des rangées de timbres inférieures et supérieures. La couverture du carnet, couleur lilas, portait les armoiries royales ainsi que le prix de 2 shillings 1/2 penny — le demi-penny supplémentaire couvrant les frais de la fabrication.
Mais le ministère ne donna pas suite à ce projet. Ce n'est qu'en 1904 que les Britanniques introduisirent le carnet de timbres-poste, bien qu'un syndicat privé ait reçu l'autorisation d'en imprimer dès 1891, le prix de la fabrication étant couvert par la publicité commerciale de couverture.
Le premier pays à avoir émis des timbres-poste en carnet est le Luxembourg, en 1895, bientôt suivi par d'autres. En France, les premiers

Ci-contre : Couvertures de carnets de timbres d'origines diverses.

(1) *En France, certains bureaux manquant de 10 c Empire (1856) pour affranchir des lettres simples locales, coupèrent les 20 c en deux. Certains plis devant être affranchis à 20 c (époque des Empire Laurés) reçurent des quarts de 80 c rose.*

carnets apparurent le 19 novembre 1906 avec des timbres à 5 et 10 centimes.

Des timbres pour colis postaux par voie routière sont émis par les postes finlandaises et apposés sur les paquets transportés par services d'autocars (y compris ceux des compagnies privées), depuis janvier 1949.
La première émission comportait cinq valeurs ainsi que des inscriptions en finlandais (*Autopaketti*) et en suédois (*Bilpaket*), avec, comme motif, un car postal accompagné du numéro de série et de la valeur. En 1952, le motif précédent a été remplacé par un autocar et l'inscription en suédois par *Busspaket*. D'autres séries ont été émises en 1963 et 1981.

Des timbres de poste locale ont été émis en Amérique par des services de poste privée pour couvrir les frais d'acheminement des lettres depuis ou jusqu'aux bureaux de poste. Au début, en effet, les Postes américaines ne se chargeaient que de l'acheminement du courrier de bureau à bureau ; les gens devaient se rendre eux-mêmes au bureau de poste le plus proche

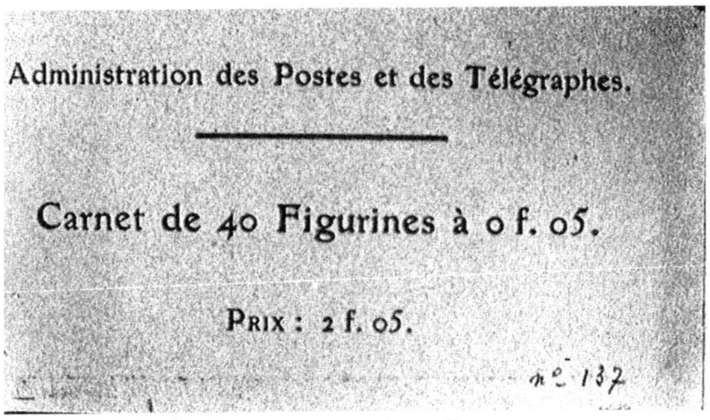

Couverture de carnet de timbre français

ou utiliser un service privé. Le premier de ces sercices fut la City Despatch Post, créée à New York en février 1842. Au cours des dix années qui suivirent, les postes privées se multiplièrent un peu partout aux États-Unis, la plupart émettant leurs propres timbres. En septembre 1851, les Postes américaines commencèrent à distribuer le courrier à New York, Philadelphie et La Nouvelle-Orléans, et émirent un timbre dit de « distribution » à 1 cent qui couvrait les frais de port à domicile. Il représentait Benjamin Franklin, sans indication de valeur, et fut remplacé le 17 novembre 1851 par une figurine à 1 cent, ornée de l'aigle américain. Le premier portait l'inscription CARRIERS STAMP, le second, U.S.P.O. DESPATCH PREPAID ONE CENT. Les services privés et leurs timbres disparurent en 1863, quand les Postes

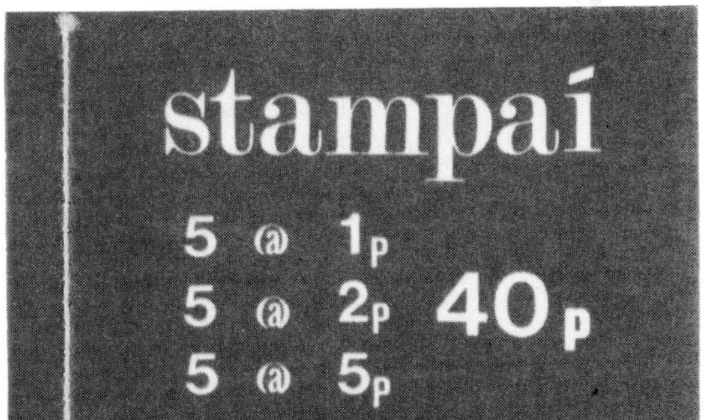

Timbres américains de poste locale de septembre et novembre 1851.
Timbre local de Brown McGill inspiré des précédents.

américaines inaugurèrent la distribution gratuite du courrier dans les villes. La Wells Fargo, l'une des dernières entreprises à maintenir son service, avait la particularité d'émettre des timbres à 4 dollars, ce qui, à l'époque, constituait un record en matière de valeur faciale.

Les timbres de bienfaisance sont des timbres qui associent le paiement du port à une surtaxe destinée à une œuvre de charité. La première émission de cette nature comportait une enveloppe illustrée timbrée et eut lieu en Grande-Bretagne, en 1890, pour célébrer le 5ᵉ anniversaire du Penny Postage. Cette enveloppe se vendait 1 shilling, dont 1 penny pour les frais de port, et les 11 autres pence au profit de la Fondation Rowland Hill pour les veuves et orphelins des postes. Une carte postale à 1 penny, vendue 6 pence, fut également éditée. Les premiers timbres de bienfaisance européens datent de 1905 où la Russie émit un bloc de quatre figurines assorties d'une surtaxe destinée à aider les blessés de guerre au moment du conflit russo-japonais. En 1906, les Hollandais émirent trois timbres consacrés à la Fédération antituberculeuse d'Amsterdam, tandis que la Roumanie n'émettait pas moins de quatre blocs de quatre timbres la même année. Les excès de ce genre furent condamnés par les collectionneurs qui les boycottèrent. Ces figurines disparurent peu à peu et furent remplacées par des vignettes non postales comme les sceaux de Noël inaugurés par Einar Holboell au Danemark, en 1904. Au cours de la Première Guerre mondiale, les timbres de bienfaisance réapparurent dans de nombreux pays en faveur de la Croix-Rouge, des dommages de guerre, des veuves et des orphelins. Depuis 1920, ils sont largement utilisés pour toutes sortes d'œuvres. Nombre de timbres commémoratifs de Belgique, d'Italie, et de Roumanie en particulier, sont émis avec des surtaxes de bienfaisance,

Enveloppe-souvenir célébrant le cinquantenaire du « Penny Postage », 1890.

alors que d'autres pays, comme la Suisse, la Hollande, le Luxembourg et la Nouvelle-Zélande procèdent chaque année à des émissions avec surtaxe dans un but précis. Les États-Unis n'en ont jamais émis.

Plus anciennes émissions de bienfaisance :

— *Pro Juventute* (« pour la jeunesse » en latin), Suisse, tous les ans depuis 1913.
— *Wohlfartsmarken* (en faveur de l'aide sociale), Allemagne, depuis 1922.
— *Croix-Rouge* française, depuis 1914.
— *Kinderzegels* (en faveur de l'enfance), Pays-Bas, depuis 1924.
— *Health stamps* (en faveur de la santé), Nouvelle-Zélande, depuis 1929.
— *Sommerzegels* (timbres d'été), Pays-Bas, depuis 1935.
— *Caisses d'amortissement*, France, depuis 1927.

Circonstances exceptionnelles ayant donné lieu à l'émission de timbres spéciaux :

— *Pour les victimes d'inondations*, Australie (1921), Belgique (1926), Liechtenstein (1928), Bulgarie (1939), Hongrie (1940), Hollande (1953), Indonésie (1961), Maroc (1970).
— *Pour la rupture du barrage de Fréjus*, France (1959).
— *Pour les victimes d'avalanches*, Australie (1954).

Timbre de bienfaisance surchargé en faveur de la Croix-Rouge

— *Pour les victimes de tremblements de terre*, Grèce (1953).
— *Pour les victimes d'éruptions volcaniques*, Sainte-Hélène (1962), Indonésie (1963), Philippines (1967-1968).
— *Pour les victimes d'ouragans*, Honduras anglais (1962), îles Samoa (1966), îles Cook (1968-1972), Saint Vincent (1980).
— *Pour venir en aide aux délinquants juvéniles*, Costa Rica (1958).
— *Pour donner du lait aux enfants*, Grenade (1968).

Timbre de bienfaisance belge en faveur des naufragés et de la société de sauvetage

Timbre de bienfaisance français pour les chômeurs intellectuels

— *Pour habiller les réservistes,* Suède (1916).
— *Pour indemniser les intellectuels au chômage,* France (1935-1940).
— *Pour les artistes au chômage,* Hongrie (1940).
— *Pour la restauration des vitraux de la cathédrale de Gouda,* Pays-Bas (1931).
— *Pour venir en aide à des populations d'autres pays,* Barbade (1907), pour les victimes du tremblement de terre de Kingston, à la Jamaïque; Danemark, pour les victimes des inondations en Hollande (1953), et les réfugiés hongrois (1956); République démocratique allemande, pour les victimes de l'agression franco-anglaise en Égypte et les « Hongrois socialistes » (les deux en 1956).
— *Pour la Caisse d'amortissement,* France (1927-1931), afin de réduire la dette nationale.
— *Pour les victimes d'une huile frelatée,* Maroc (1960).
— *Pour les victimes d'un raid aérien sur Le Pirée,* Grèce (1944).
— *Pour les victimes d'une attaque avec des gaz toxiques,* Yémen (1967).
— *Pour les veuves et les orphelins* des passagers et de l'équipage du *Hans Hedtoft,* disparu en mer le 30 janvier 1959, Danemark (1959).
— *Pour les prisonniers de guerre,* Hongrie (1920), France (1940), Belgique (1942-1945), Autriche (1947).
— *Pour élever un monument à la mémoire du général Patton,* Belgique (1957).
— *Pour les populations déportées,* Belgique (1957).

Les timbres autrichiens, surchargés à l'intention de la Carinthie à l'époque du plébiscite de 1920, étaient assortis d'une surtaxe en faveur d'un organisme chargé d'inciter à voter pour le maintien de cette province en Autriche.

Les surtaxes les plus fortes destinées aux œuvres de bienfaisance. La Chine a émis en 1932 un bloc de quatre timbres d'une valeur faciale de 20 cents, vendus 5 dollars pour subventionner l'expédition scientifique de Sven Hedin dans le nord-ouest du pays. Ces timbres ne portaient aucune mention de la surtaxe de 2 400 % ainsi prélevée, la plus lourde jamais imaginée. Vient ensuite le timbre émis en 1940 par l'Allemagne nazie, pour commémorer la cession de l'île de Heligoland, d'une valeur de 6 pfennig et assorti d'une surtaxe de 94 pfennig, soit 1 566 %.
Au cours de ces dernières années, les surtaxes de bienfaisance se sont beaucoup réduites, en grande partie grâce à l'action de la Fédération internationale de philatélie qui a lancé un mot d'ordre de boycott des timbres assortis d'une taxe dépassant 50 % leur valeur faciale.

Le pays ayant le plus abusé des timbres de bienfaisance est l'Allemagne nazie. Parmi les 112 timbres émis pour l'affranchissement ordinaire entre le 9 septembre 1941 et la chute du IIIe Reich en avril 1945, seuls 7 timbres courants (mars 1942) et un 6 pfennig solitaire pour le mois d'instruction militaire des S.A. (août 1942) ne présentaient pas de surtaxes de bienfaisance, particulièrement lourdes sur tous les autres. Et la plupart étaient destinées au Fonds culturel hitlérien !

Des timbres de bienfaisance obligatoires ont été émis par plusieurs pays pour le courrier posté certains jours de l'année, en plus de l'affranchissement normal. C'est le Portugal qui les utilisa en premier, de 1911 à 1928, pour venir en aide aux pauvres, subventionner le festival de Lisbonne, soutenir les armées portugaises en Flandres, édifier un monument à la mémoire du marquis de Pombal et aider les athlètes portugais participant aux jeux Olympiques d'Amsterdam. La Grèce adopta le principe en 1914 pour aider la Croix-Rouge et alimenter le Fonds patriotique pendant la guerre des Balkans, et continua cette pratique jusqu'en 1956, pour alimenter des œuvres comme la Ligue patriotique de bienfaisance, l'Aide sociale, le Fonds pour les employés de poste tuberculeux, les victimes du tremblement de terre des îles Ioniennes et le Fonds culturel de Macédoine. Des timbres similaires ont également été utilisés par la Roumanie (1915-1936), la Yougoslavie (depuis 1933), la Colombie (1935-1970) et l'Équateur (1920-1961). Des timbres-taxes ont été émis par le Portugal, la Roumanie, et la Yougoslavie pour sanctionner le courrier dépourvu de ces timbres de bienfaisance obligatoires. Tout le courrier était donc surtaxé pendant de longues périodes. Nombre de colonies britanniques émirent des timbres-impôts de guerre, afin de récolter des fonds lors de la Première Guerre mondiale. Plus récemment, des timbres-impôts obligatoires ont été émis par l'Allemagne de l'Ouest (pour la navette aérienne de Berlin, 1948), l'Irak (en faveur des Palestiniens, 1949), Barhain (pour les Palestiniens, 1974), Chypre (en faveur des réfugiés 1974, 1977) et l'Inde (en faveur des réfugiés du Bangladesh, 1971). Le Mexique a émis un timbre à 1 cent en 1923, pour récolter des fonds à l'occasion d'une campagne contre les sauterelles.

Timbres-taxe pour défaut d'utilisation de timbres de bienfaisance obligatoires (Açores, 1925).

Les premiers timbres de Noël ont été émis — par hasard — au Canada en 1898. Les Postes canadiennes réduisant la valeur fiduciaire de leurs timbres de 3 à 2 cents en décembre 1898, le ministre des Postes, William Mulock, imagina lui-même une figurine pour célébrer l'événement. Celle-ci représentait une carte du monde avec l'Empire britannique en rouge et l'inscription : XMAS 1898. A l'origine, il devait être émis le 9 novembre, jour de l'anniversaire du prince de Galles. Mais la reine Victoria aurait demandé avec suspicion : « Quel prince ? » et un courtisan aurait sauvé la situation en répliquant : « Mais le prince de la paix, Votre Altesse », et l'émission fut reportée au 7 décembre.

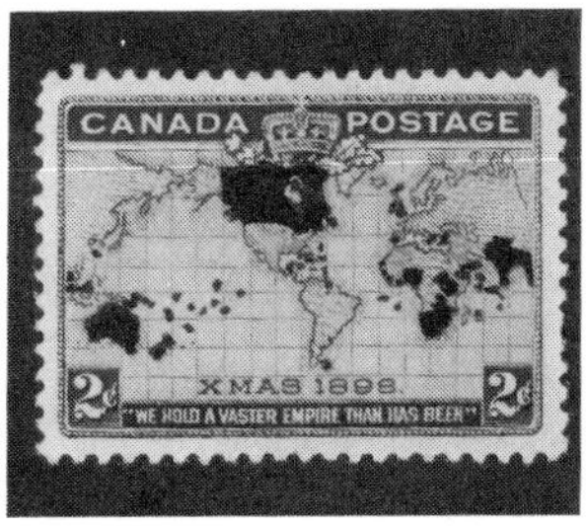

Timbre de Noël, Canada, 1898.

Les premiers timbres spécifiquement destinés à l'envoi de cartes de Noël sont apparus en Autriche, en décembre 1937. Ce sont les derniers émis par les Postes autrichiennes avant l'Anschluss : ils représentaient un bouquet de fleurs et, sinistre présage, l'une des roses « ressemblait » étrangement à Adolf Hitler. L'Autriche recommença à émettre des timbres de Noël en 1948, ce qui lui permit de fêter dignement le 130e anniversaire du fameux *Stille Nacht*. La Hongrie émit des timbres de Noël en 1943 et Cuba en fit autant à partir de 1951.

La plus étrange émission de timbres de Noël a été réalisée par Cuba, en 1960, sous la forme d'une feuille de vingt-cinq timbres différents, représentant plusieurs types de fleurs. Seize de ces timbres sont regroupés par blocs de quatre entourés d'une bordure ovale sur laquelle figurent les paroles et la musique d'un chant de Noël.

Depuis 1958, le Costa Rica émet des timbres-impôts obligatoires pour venir en aide à l'enfance. Ces timbres qui portent la mention *Sello de Navidad* (timbres de Noël) doivent obligatoirement affranchir les cartes de vœux.

Des timbres de collèges ont été émis par les collèges d'Oxford et de Cambridge, ainsi que par des *business schools* américaines, au XIXe siècle. Entre 1871 et 1886, Keble, Merton, Lincoln, Hertford, Exeter, All Souls, St John's et Balliol (Oxford), puis Queen's, St John's et Selwyn (Cambridge) fabriquèrent des timbres destinés à affranchir les lettres circulant à l'intérieur de l'enceinte de l'université. Tous les timbres d'Oxford et de Cambridge représentaient les armoiries de leurs collèges respectifs et certains sont tout à fait remarquables. Ceux de Hertford, lithographiés par Spiers & Son, portent en lettres minuscules, dans la marge, le nom et l'adresse de l'imprimeur, caractéristique que l'on retrouve sur de nombreux timbres américains de cette période. Alors que la plupart des timbres étaient émis par feuilles, les deux collèges de Merton et Balliol fabriquaient les leurs en bandes : Merton en bandes de treize, et Balliol en bandes de dix-sept avec un *tête-bêche*, les deux derniers timbres étant inversés.

Des *Penny rouge* furent émis entre 1859 et 1880, avec en surcharge ou en sous-impression la mention OUS, Oxford Union Society, pour éviter toute utilisation frauduleuse, par des personnes de l'extérieur.

Timbre local du Queen's College de Cambridge.

Vignette commémorative, Keble College, 1971.

Aux Etats-Unis, des timbres émis par la Friends' Boarding School de Barnsville, dans l'Ohio, et par la Westtown School en Pennsylvanie, servaient aux étudiants à acquitter le port de leurs lettres par diligence au bureau de poste le plus proche ou à la gare. La majorité des timbres des collèges américains n'étaient cependant que de simples imitations utilisées par les étudiants des *business schools* pour leurs travaux pratiques. Vers 1870, Samuel Allen Taylor de Boston lança sur le marché plusieurs séries de faux timbres de collèges américains et canadiens.

LES TIMBRES COMMÉMORATIFS

Pour commémorer un événement, honorer une personnalité ou célébrer un anniversaire historique, les Postes émettent à la fois des timbres adhésifs et des entiers postaux spéciaux. De nos jours, ces figurines sont généralement en vente pendant une période limitée, parallèlement aux séries courantes, mais, au XIXe siècle, les timbres totalement ou partiellement commémoratifs servaient pour un temps indéfini, et la différence entre « commémoratif » et « courant » était peu sensible.

Premiers timbres commémoratifs. Ceux du *pays de Bade* (1851-1858) et du *Wurtemberg* (1851-1857) qui portent une minuscule inscription en allemand signifiant « Union postale germano-autrichienne, 1850 », ne peuvent être qualifiés de commémoratifs au sens strict, dans la mesure où l'union constituait l'autorité émettrice.

Le Nouveau-Brunswick émit en 1860 une série de timbres illustrés dont deux peuvent être considérés comme quasi commémoratifs : le timbre à 1 cent représentant la locomotive n° 9, qui célèbre l'achèvement du European and North American Railway, tandis que le 17 cents, représentant le prince de Galles en tenue des Highlands, marque sa visite dans la colonie. Mais aucune mention particulière ne vient souligner leur aspect commémoratif. Ils restèrent en circulation jusqu'en 1868.

La France réémit, en 1863, sa série courante à l'effigie de l'empereur Napoléon III, la tête auréolée cette fois d'une couronne de lauriers,

Napoléon III lauré

pour célébrer sa campagne victorieuse de 1859-1860 en Italie. Ces timbres furent utilisés jusqu'à la chute du second Empire en 1870.

Le Pérou émit en avril 1871 un timbre à 5 centavos cité comme étant le premier timbre commémoratif du monde. Il porte les inscriptions CHORILLOS LIMA et CALLAO sur trois côtés et représente une locomotive au-dessus des armoiries nationales. Une voie de chemin de fer ayant été ouverte en 1851, entre Lima et Callao, on en a déduit que ce timbre célébrait le 20e anniversaire de cet événement. En réalité, il devait uniquement son existence au fait que la révolution de 1869 et le renversement de la dictature avaient entraîné la suppression des timbres produits par l'Américain Bank Note Company. Il fallait donc émettre de nouveaux timbres sur place dont un de 5 centavos pour affranchir le courrier entre Lima, Callao et Chorillos. Le décret du 15 septembre 1869 autorisant son émission, stipule en toutes lettres :

« Le coût de l'acheminement des lettres entre Lima, Callao et Chorillos est réduit de moitié par le présent acte ; en conséquence, le directeur général est autorisé à émettre des timbres-poste à 5 centavos correspondant à cet affranchissement. » Le directeur général en question annonça, le 12 septembre 1870, que la matrice était prête et décrivit le dessin en détail, sans jamais faire mention d'une quelconque commémoration. La presse philatélique de l'époque, elle non plus, n'évoque jamais dans ses articles la voie ferrée ni son anniversaire. Il est donc bien clair qu'il s'agissait d'une simple coïncidence. Ce timbre resta en circulation jusqu'en 1877.

La première émission de nature volontairement commémorative. Ce sont des enveloppes portant un timbre à 3 cents, vert ou rouge, éditées par les Etats-Unis, en mai 1876, à l'occasion de l'Exposition du centenaire à Philadelphie. La figurine représente un postier à cheval et un train, symboles de la poste ancienne et moderne, avec les dates 1776 et 1876. Ces timbres célébraient de façon évidente à la fois un événement contemporain, l'Exposition, et un événement historique, le 100e anniversaire de l'Indépendance américaine.

Enveloppe timbrée à 3 cents des États-Unis célébrant le centenaire de l'Indépendance, 1876.

Le premier timbre commémoratif adhésif de poste privée est un 2 pfennig émis par la Privat Brief Verkehr de Francfort-sur-le-Main, en juin 1887, à l'occasion du 17e jubilé de l'Association des tireurs d'élite d'Allemagne.

Les premiers timbres commémoratifs adhésifs émanant d'une administration postale gouvernementale sont les timbres portant l'inscription ONE HUNDRED YEARS émis par la Nouvelle-Galles du Sud, en 1889, pour marquer le centenaire de l'arrivée des Britanniques à Sydney Cove. La série comportait 10 valeurs différentes s'échelonnant de 1 penny à 20 shillings, et

Timbre à 4 pence de la Nouvelle-Galles du Sud, 1888, représentant le portrait du capitaine James Cook.

bien que ces timbres fussent clairement commémoratifs dans le sujet et l'inscription, ils restèrent en circulation pendant douze ans, en changeant au fur et à mesure de couleur, de filigrane et de dentelure. Par la suite, des timbres commémoratifs adhésifs ont été émis :

En Asie : cinquantenaire de Hong Kong (1891), surcharge du timbre courant à 2 cents.

En Amérique : le Salvador et le Nicaragua émettent conjointement des séries le 1er janvier 1892, pour célébrer le 4e centenaire de la découverte de l'Amérique par Christophe Colomb, événement aussi commémoré par le Honduras (le 31 juillet), l'Argentine et le Paraguay (tous deux le 12 octobre).

En Europe : Au Monténégro, pour le 4e centenaire de l'imprimerie (1893).

En Afrique : En Afrique du Sud (Transvaal) pour l'introduction du Penny Postage (1895).
Pour éviter la prolifération de timbres inutiles et coûteux, la Society for the Suppression of Speculative Stamps (la ligue des 4 S, Société pour la suppression des timbres spéculatifs), fut créée en 1895, puis, dans la même ligne, le Congrès de l'U.P.U. réuni à Washington en 1897 stipula que « les timbres émis pour une raison précise, particulière à un pays, tels les timbres dits commémoratifs en vente pour un temps limité, ne devraient plus servir à l'affranchissement international ». Cette résolution fut rarement appliquée sauf par exemple à la série de l'Exposition centre-américaine du Guatemala en 1897, et à celle de l'Exposition d'Auckland de 1913 (limitée aux lettres et aux cartes circulant en Nouvelle-Zélande et vers l'Australie).

2 F Merson, 1900.

Le premier timbre commémoratif français est le 2 francs Merson de 1900, surchargé en 1923 à l'occasion du Congrès philatélique de Bordeaux. La première série commémorative est celle émise en 1924 à l'occasion des jeux Olympiques de Paris.

Le premier événement historique commémoré en même temps par plusieurs pays est le 4e centenaire de Christophe Colomb en 1892. De nombreux États d'Amérique latine émirent des timbres à cette occasion, ainsi que les U.S.A. (1893) et deux colonies britanniques, Grenade et la Trinité (toutes deux en 1898). En 1897-1898, sept pays de l'Empire britannique émettaient un total de 44 timbres pour fêter le 60e anniversaire de la reine Victoria.

La première émission simultanée de timbres courants à motif uniforme, par plusieurs pays, remonte à 1898, où, à l'occasion du 4e centenaire de la découverte de la route des Indes par Vasco de Gama, le Portugal et ses colonies d'outre-mer émirent des timbres en taille-douce, réalisés par Waterlow and Sons à Londres.
Cette idée ne fut reprise qu'en 1931 par la France à l'occasion de l'Exposition coloniale de Paris.

Première émission en grande série (Vasco de Gama, 1898) et celle du Commonwealth britannique (fête du 25e anniversaire 1935).

Les timbres commémoratifs émis le plus rapidement à la suite d'un événement sont deux figurines tchécoslovaques mises en circulation le 13 avril 1961, pour célébrer le premier vol spatial lunaire qui avait eu lieu la veille. Le timbre initial, représentant un astronaute dans l'espace, avait été dessiné par F. Hudeček, gravé par Ladislav Jirka et imprimé en prévision de l'événement, tandis que l'inscription avec la date effective du lancement était ajoutée au dernier moment.

La série commémorative la plus longue a été émise par le Chili, le 6 décembre 1948. Elle comportait respectivement vingt-cinq timbres à 60 centavos, 2,60 et 3 pesos marquant le centenaire du livre de Claude Gay sur la faune et la flore chiliennes. Ces soixante-quinze figurines présentaient des motifs différents d'inspiration botanique ou zoologique. Vient après la série de cinquante timbres émise par les États-Unis en 1976, dans le cadre du programme consacré au bicentenaire. Ces figurines à 13 cents représentent les drapeaux des cinquante États, imprimés côte à côte sur la même planche. En 1982, les États-Unis ont de nouveau émis une planche de cinquante timbres différents à 20 cents, représentant chacun l'oiseau et la fleur héraldiques symboles de chaque État.

Le retard le plus long constaté dans l'émission d'une série commémorative. La série de quatre timbres prévue en 1941 par le Sarawak, pour célébrer le centenaire des rajah blancs, fut imprimée par Bradbury Wilkinson, en 1941, mais son émission fut ajournée à la suite de l'invasion japonaise en décembre de la même année. Finalement, ils ne furent mis en circulation que le 18 mai 1946, un an après le départ des Japonais et quatre ans et demi après la date prévue.
Harrison & Sons livra une série de sept timbres en l'honneur de sir Winston Churchill à Haïti, au début de l'année 1966. L'émission était prévue pour le 1er février, mais fut reportée a la suite de démêlés entre le maître d'œuvre de l'opération et les autorités postales. Les timbres ne furent mis en circulation que le 23 décembre 1968 — avec presque trois ans de retard, alors que des spécimens avaient été confiés à des journalistes spécialisés dès le début de 1966.

Parmi les anniversaires les plus originaux :
Le 19e anniversaire de la Faculté de médecine (Afghanistan,1950).
Les 27e, 29e, 34e anniversaires du maharaja (Travancore, 1939-1946).
Le 43e anniversaire des liaisons postales avec l'Antarctique (Argentine, 1947).
Le 67e anniversaire du ministre de la Justice Fred Castro (Philippines, 1981).
Le 76e anniversaire de l'U.P.U. (Afghanistan, 1951).
Le 81e anniversaire de l'exécution d'étudiants en médecine (Cuba, 1952).
Le 82e anniversaire d'Henri Lawson (Australie, 1949).
Le 85e anniversaire de l'administration postale (Afghanistan, 1955).
Le 104e anniversaire des timbres adhésifs et le 110e anniversaire de l'administration postale (Sierra Leone, 1963).
Le 112e anniversaire des premiers timbres (Açores et Madère, 1980).
Le 170e anniversaire de la mort de Robert Burns (Grande-Bretagne, 1966).
Des séries commémorant le 441e anniversaire du départ de Christophe Colomb de Palos, émises en 1933 par le Brésil, le Nicaragua, le Paraguay et l'Uruguay.
Le 550e anniversaire de la naissance de Mowlana Jami (Afghanistan, 1964).

Le seul exemple de timbres commémoratifs et courants imprimés côte à côte date de janvier 1937 au Danemark où une série de trois timbres de bienfaisance fut émise pour élever un monument à la mémoire de H. P. Hansen, patriote du Schleswig du Nord. Cette série se présentait sous forme de carnets contenant des timbres courants de même valeur (5, 10 ou 15 øre). Le 5 øre vert (au lieu du vert-jaune normal) ne figure que dans les carnets de Hansen. Le 10 øre a fait l'objet d'une réémission spéciale (septembre 1940), avec des marges plus larges, en carnets où il figurait à côté du timbre du Croix-Rouge à 10 + 5 øre.

Des commémoratifs ont été repris une seule fois comme timbres courants en Irlande. C'étaient des figurines à 1/2 penny et à 1 shilling, émises le 30 juin 1944 à l'occasion du tricentenaire de la mort de Michael O'Clery, auteur de *The Annals of the Four Masters.* Elles représentaient un moine en train d'écrire et portaient la mention « À la Gloire de Dieu et en l'Honneur de l'Irlande » en gaélique ; elles remplacèrent les timbres courants définitifs correspondants (représentant l'épée de lumière) et restèrent en circulation pendant vingt-quatre ans.

Des timbres commémoratifs ont été réémis une fois également en Irlande. Deux timbres, représentant une figure allégorique de l'Irlande avec la nouvelle Constitution, avaient été émis en décembre 1937 pour célébrer la Constitution

Timbre à 2 pence célébrant la Constitution irlandaise (1937) et à 1/2 penny en l'honneur de l'auteur de The Annals of the four Masters.

qui devait faire de cet État libre une nation indépendante; ils furent réémis en décembre 1958 pour le 21e anniversaire de la constitution, dans des couleurs et des valeurs différentes (tenant compte de l'augmentation des tarifs postaux), et imprimés sur le papier filigrané d'un « e » introduit en 1940.

La France est le pays qui a vu le plus fréquemment ses grands hommes représentés sur les timbres étrangers. Les États-Unis ont ainsi célébré Rochambeau et de Grasse qui ont participé à la guerre de l'Indépendance, ainsi que le père Marquette et Nicolet, pionniers des exploitations nord-américaines, le Canada Montcalm, Cartier et Champlain, l'Équateur La Condamine, Godin et Bouguer, membres de la Commission géodésique envoyée au XVIIIe siècle par la France dans ce pays; la zone du Canal et la république de Panama, les ingénieurs Rousseau et Gaillard; Haïti les trois Dumas et Pierre de Coubertin, apôtre du sport, l'Argentine Louis Braille, la Grèce l'amiral de Rigny et le général Fabvier qui luttèrent pour son indépendance; l'Espagne J.-J. Rousseau; à Cuba, au Panama, en Turquie et en Afghanistan, Pierre et Marie Curie.

Des timbres composés, dont le motif s'étale sur deux ou plusieurs timbres, ont été émis pour la première fois en Pologne, en avril 1957. Deux figurines à 60 groszy, imprimées côte à côte, représentent ainsi deux escrimeurs se battant en duel. En juin 1960, ce pays est allé encore plus loin en émettant une série de timbres

Timbre d'Haïti représentant Pierre de Coubertin

olympiques proposés par feuillets de quatre sujets différents, représentant ensemble un terrain de sport entier. Cuba à son tour proposait, en décembre 1960, des timbres de Noël présentés par blocs de quatre, avec le texte et la musique d'un chant de Noël.
La série pascale de Sainte-Lucie, de 1970, représente le triptyque de Hogarth s'étalant non seulement sur trois timbres, mais avec les deux timbres latéraux disposés plus bas que le timbre central pour restituer le décalage original du modèle.

Des timbres de camp de concentration ont été émis à deux reprises pendant la Seconde Guerre mondiale. Un timbre vert, sans valeur faciale, représentant une scène champêtre inoffensive fut émis en juillet 1943 par les nazis pour les détenus du camp de Terezin en Tchécoslovaquie : ils servaient à affranchir les colis que leur envoyaient leurs proches.
Le « conseil juif » du ghetto de Łodz reçut l'autorisation d'organiser une poste locale et émit en mars 1944 des timbres portant l'inscription allemande « JUDENPOST LITZMANNSTADT GETTO » (Poste juive du ghetto de Łodz).

Timbre-poste du camp polonais de Dachau, 1945.

Après la guerre, des Polonais, transférés et internés dans l'ancien camp de concentration de Dachau, organisèrent leur propre service postal et émirent des timbres en pfennig, représentant l'aigle et le drapeau polonais. Ceux-ci furent réémis un mois plus tard (septembre 1945), assortis d'une surtaxe destinée à la Croix-Rouge. Les timbres de Dachau furent retirés de la circulation à la fin de l'année 1945. Des faits analogues se sont produits dans les camps de prisonniers français, mais sans jamais recevoir d'agrément officiel.

Des timbres d'affranchissement pour lettres et colis confiés à des sociétés privées concessionnaires sont émis par l'État italien depuis juillet

Timbre français « courrier officiel »

1928. C'est là une manière astucieuse de résoudre le vieux problème de la protection du monopole des postes, face à des organismes ou à des personnes capables d'offrir un service plus efficace au niveau local. Ces sociétés privées distribuent ainsi le courrier contre le paiement d'une simple taxe sur chaque objet. Ces timbres portent l'inscription RECAPITO AUTORIZZATO (distribution autorisée). Depuis 1953, des timbres doubles (voir ce mot) sont émis pour l'acheminement des colis par ces sociétés privées *(trasporto pacchi in concessione).*

Les premiers timbres de service, à l'usage de l'administration, ont été émis par l'Australie du Sud qui, entre 1868 et 1874, surchargea ses séries courantes des initiales d'au moins cinquante-quatre services différents, à l'encre rouge, bleue ou noire.

A l'origine les ministères américains étaient autorisés à expédier leur courrier en franchise, mais ce privilège suscita tant d'abus qu'il fut aboli par un acte du Congrès du 1er juillet 1873. En contrepartie, chacun des neuf ministres concernés eut droit à ses propres timbres, représentant un président ou une personnalité politique différents pour chaque valeur, la même personne apparaissant sur les timbres de même valeur dans chaque série. Chaque ministère avait sa couleur propre. Tous furent

Timbre du ministère de l'Intérieur, États-Unis, 1873.

remplacés le 1er mai 1879 par des enveloppes sur lesquelles figurait le montant de l'amende à payer en cas d'utilisation frauduleuse. Des timbres spéciaux furent de nouveau émis à l'usage de la Postal Savings Bank en 1910-1911.

En France, une série de timbres de service fut créée le 6 décembre 1941, mais en fin de compte elle ne fut jamais émise officiellement. Ce timbre de service portait l'inscription ÉTAT FRANCAIS, COURRIER OFFICIEL et il était illustré de la francisque.

Des timbres argentins furent surchargés aux initiales de huit ministères, de 1913 à 1938.

Des timbres Europa sont émis chaque année par les pays membres de la C.E.P.T — Conférence européenne des postes et télécommunications. L'idée d'une émission conjointe est née en 1956, lorsque les six membres de la C.E.C.A — Belgique, Pays-Bas, Luxembourg, France, Allemagne de l'Ouest et Italie — émirent chacun une paire de timbres représentant l'Europe sous la forme d'une tour entourée d'un échafaudage avec l'inscription EUROPA. De 1957 à 1959 les Six adoptèrent simultanément les mêmes motifs et, à partir de 1960, le thème « Europa » fut repris par la C.E.P.T. En 1961, le Hollandais Theo Kupershoek imagina un motif représentant dix-neuf colombes. Les pays membres utilisèrent des dessins identiques de nature symbolique jusqu'en 1974, où ils décidèrent d'adopter un thème commun, sans toutefois tomber dans la monotonie de l'uniformité. Cette année-là, c'est la sculpture qui fut choisie, puis la peinture, l'artisanat traditionnel, le paysage, l'architecture, l'histoire des communications, les personnalités culturelles et le folklore. Ces timbres sont généralement émis de mars à juin de chaque année.

Timbres Europa d'Allemagne de l'Ouest (1956) et d'Italie (1957).

Des timbres d'exil ont été émis par des gouvernements contraints pour un certain temps de quitter leur propre pays envahi par des puissances ennemies. Lorsque la Belgique fut envahie par les forces allemandes à l'est d'Ypres et de l'Yser, en août 1914, le gouvernement belge se vit dans l'obligation de quitter Bruxelles le 13 octobre 1914 et d'établir ses quartiers au Havre, où il resta jusqu'à la fin de 1918. Il utilisait des timbres belges représentant le roi Albert, imprimés par Waterlow and Sons en Angleterre. En 1916, le gouvernement et les forces armées serbes, après avoir battu en retraite à travers l'Albanie, s'établirent à Corfou et utilisèrent des timbres français surchargés POSTES SERBES. Le gouvernement du Monténégro, exilé à Bordeaux en 1916, bénéficia de la même mesure. Des soldats tchèques et slovaques des armées austro-hongroises se rendirent aux Russes et plus de soixante-dix mille d'entre eux furent incorporés dans les légions tchécoslovaques qui combattirent les bolcheviques en Sibérie en 1919-1920. Ils émirent des timbres pour leur propre service postal, basé à Irkoutsk, et les vendirent également aux civils qui les utilisèrent sur le parcours du Transsibérien qu'ils contrôlaient.

Légion tchèque en Sibérie (1919-1920), timbres français perforés à l'usage des militaires polonais (1939), timbres émis pendant la guerre en Grande-Bretagne à l'usage des forces norvégiennes, hollandaises, polonaises et yougoslaves.

Au cours de la Seconde Guerre mondiale, des timbres furent émis au nom de gouvernements en exil, et ce dans plusieurs pays. Des timbres surchargés pour servir en Tchécoslovaquie, aux Pays-Bas, en Norvège et en Yougoslavie furent imprimés en Angleterre et utilisés par des unités militaires, des ambassades et des navires en mer.

Les timbres d'exil les plus divers ont été utilisés par les Polonais : timbres de franchise militaire de provenance française (1939-1940), timbres spéciaux imprimés par Bradbury Wilkinson ou De La Rue, destinés aux vaisseaux polonais et à certains camps militaires de Grande-Bretagne (1941-1945), timbres à 50 kopecks utilisés à Jangi-Jul près de Tachkent, en U.R.S.S. (1942), et une série en monnaie italienne utilisée à Bari (1944).

Des vignettes exprès ayant valeur d'affranchissement furent émises pour la première fois par des sociétés privées aux États-Unis et au Canada, pour attester l'affranchissement des lettres, du courrier d'affaires, des paquets, des colis et des bagages acheminés par leurs services. Le système d'envoi exprès fut créé en 1839 par William Frederick Harnden, chef de train travaillant sur la ligne Boston-Worcester : il commença par se charger de petits paquets en extra, puis fonda rapidement sa propre compagnie. Ces sociétés se multiplièrent vers 1840 et finirent par menacer sérieusement les Postes fédérales. En 1872, un acte du Congrès tenta de limiter leur activité, mais elles continuèrent à prospérer jusqu'en 1912, où les États-Unis mirent sur pied leur propre service de colis postaux.

Les premiers timbres gouvernementaux pour les envois exprès ou les distributions spéciales furent émis par les États-Unis, le 1er octobre 1885 (un 10 cents réservé au service institué par la loi du 3 mars 1885). Ce timbre représentait un messager en train de courir avec la légende SECURES IMMEDIATE DELIVERY AT A SPECIAL DELIVERY OFFICE (assure la distribution immédiate à tout bureau de poste spécialisé). Pour commencer, les distributions spéciales ne furent offertes au public que dans les villes de plus de quatre mille habitants, mais un amendement promulgué le 4 août 1886 rendit ce service accessible à toutes les classes de courrier dans tous les bureaux de poste ordinaires situés à moins de 1 mile de tout autre bureau. En conséquence, ce timbre fit l'objet d'une réémission ainsi libellée : AT ANY POST OFFICE (dans tous les bureaux de poste).

Des timbres portant la mention DISTRIBUTION

Timbres distribution exprès des États-Unis (1888) et du Canada (1898); exprès de poste aérienne du Canada (1942).

SPÉCIALE ou ENVOI EXPRÈS, ou l'équivalent dans d'autres langues, furent émis plus tard par le Canada (1898), la Nouvelle-Zélande, l'Italie, l'île Maurice (tous en 1903), la Chine, l'Espagne (1905) et le Mexique (1919). Des timbres de poste aérienne pour les envois exprès et spéciaux ont aussi été émis par l'Italie, le Canada, la Colombie et les États-Unis, et des timbres colis exprès par le Vatican. La Tchécoslovaquie a émis des timbres pour l'envoi exprès des journaux et des imprimés.

Les enveloppes Premier Jour sont des enveloppes portant des timbres oblitérés au premier jour de l'émission. Bien que ces enveloppes soient connues depuis le Penny Black (1840), on pense que la tradition en remonte au 25 septembre 1909 aux États-Unis, lorsque des enveloppes-souvenirs furent proposées par un papetier privé à l'occasion de l'émission du 2 cents « Hudson-Fulton ». Cette pratique ne s'est développée en Amérique que dans les années vingt, mais des exemplaires isolés ont été signalés en Europe et on sait que des enveloppes-souvenirs ont été éditées à l'occasion de l'émission du premier Georges V de Grande-Bretagne en mai 1911.

Le premier cachet portant la mention FIRST DAY OF ISSUE (premier jour d'émission) est apparu aux États-Unis en 1937. L'Allemagne, l'Italie et la Suède adoptèrent les oblitérations Premier Jour au début des années quarante.

En France, le Premier Jour reconnu comme le premier de tous est celui du 20 centimes Rouget de Lisle, mis en usage le 27 juin 1936 à Lons-le-Saunier et à Paris.

Des timbres-poste « Etranger » ont été émis dans certains pays à l'usage du courrier extérieur, afin de le distinguer du courrier intérieur. Le premier pays à produire des séries distinctes pour le courrier intérieur fut la Turquie, essentiellement pour les imprimés, entre 1901 et 1911. La première émission, en particulier, fut souvent utilisée indistinctement sur le courrier national et international. Haïti émit, entre 1906 et 1919, des timbres pour le courrier d'outre-mer assortis de valeurs en monnaie forte (piastres) à la place des gourdes locales. Le Guatemala (1935-1945) et le Chili (1934-1952) ont émis tous deux des séries de timbres distinctes pour le courrier de poste aérienne à destination de l'étranger et le courrier intérieur.

20 c Rouget de Lisle, 1936

Des contrefaçons ont été réalisées en maintes occasions et pour différentes raisons : frauder l'administration postale, tromper les collectionneurs ou faire de la propagande.

La première contrefaçon date de 1840 avec l'émission de faux Penny Blacks à partir d'un bois gravé. Sir Rowland Hill, dans son journal, qualifie cet événement « d'exemple lamentable ne pouvant tromper personne hormis les plus stupides et les plus ignorants ». Le Penny Black fut à nouveau contrefait en mars 1841, cette fois à partir d'un cliché galvano. Dans le premier cas, le coupable ne fut jamais pris. Dans l'autre, un jeune Irlandais fut inculpé pour avoir affranchi d'un faux une lettre à sa petite amie et y avoir glissé un timbre neuf — également faux — pour la réponse.

Les premières contrefaçons visaient toutes à frauder le Trésor. Ce sont les Postes espagnoles qui ont rencontré les plus grandes difficultés dans ce domaine. Elles durent changer le motif de leurs timbres pratiquement chaque année de 1850 à 1879 pour faire échec aux faussaires. Citons quelques exemples célèbres de contrefaçons dans d'autre pays :
France : 20 centimes « Bordeaux » (1870), 15 centimes « Sage » (1886), 25 centimes « La Semeuse » (1923).
Allemagne : 10 pfennig (1899), 10 pfennig (1900).
Grande-Bretagne : 1 shilling (1872), 4 pence « World Cup Winners » (Vainqueurs de la Coupe du Monde) (1966).
Australie : 2 pence « Sydney Harbour Bridge » (Pont du port de Sydney) (1932).
État-Unis : 13 cents « Liberty Bell » (Cloche de la liberté) (1980).
Vers 1860, le développement des collections encouragea l'imitation frauduleuse de timbres par des marchands sans scrupules qui les vendaient aux philatélistes. Dès 1862, le marchand belge J. B. Moens publiait son livre *De la falsification des timbres-poste.*
Les plus anciens faussaires sont les frères Spiro de Hambourg, suivis par Foure (Paris), Panelli (Italie), Benjamin, Sarpy et Jeffryes (le « gang de Londres »), François Fournier (Genève), Georges Zechmeyer (Nuremberg), Erasmus Oneglia (Italie), Samuel Allen Taylor (Boston), Jean de Sperati (Aix-les-Bains) et Raoul de Thuin (Mexique). Certains faux de Sperati possèdent actuellement une valeur marchande supérieure à celle des timbres authentiques !

Des timbres ont été contrefaits par les administrations postales pour des raisons diverses. Dès 1856, le ministère britannique des Postes fit faire des contrefaçons à 1 penny par un graveur, afin de vérifier si les signes distinctifs apposés sur le motif permettaient de reconnaître les vrais des faux. En 1876, le ministère américain des Postes fit exécuter des contrefaçons de timbres de 1847 à 5 et 10 cents par le Bureau of Engraving and Printing, pour les présenter avec d'autres figurines américaines à l'Exposition du centenaire, parce que les poinçons et « coquilles » de l'émission originale avaient été détruits.

Des timbres ont été contrefaits à des fins de propagande à partir de 1918 où le gouvernement britannique autorisa la contrefaçon des valeurs inférieures des séries courantes d'Autriche, de Bavière et d'Allemagne, pour affranchir prospectus, brochures et cartes postales, et faire croire qu'ils provenaient de ces pays ennemis. Ces documents ainsi falsifiés devaient être lâchés au-dessus des pays neutres — Hollande et Suisse — pour les inciter à rejoindre le camp allié, mais il semble que ce projet ait été abandonné. Ce type de timbres n'aurait été utilisé qu'en Allemagne après l'armistice et sous l'occupation alliée de 1919-1920.

Pendant la Seconde Guerre mondiale, l'Intelligence Service se contenta de contrefaire les timbres allemands de l'époque (portrait de Hitler) et de la France de Vichy (maréchal Pétain). Des timbres allemands furent aussi contrefaits à des fins d'espionnage et de propagande, en Suisse et en Union soviétique. Les Britanniques émirent même un faux 6 pfennig avec le portrait de Heinrich Himmler à la place de celui de Hitler. Certains furent mis en circulation à l'époque sur des cartes postales, dans le but de provoquer des dissensions dans les rangs nazis.

De leur côté, les Allemands se livrèrent à de grossières contrefaçons de timbres britanniques courants et commémoratifs (25e anniversaire de 1935, couronnement de 1937), mais tous ces faux disparurent après la guerre.

Plus récemment, l'Allemagne de l'Ouest a contrefait des timbres de l'Allemagne de l'Est avec la mention « UNDEUTSCHE UNDEMOKRATISCHE REPUBLIK » (République non allemande, non démocratique).

Les premiers timbres de guérilla ont été émis par la « République au drapeau noir » à Taïwan en septembre-octobre 1895, immédiatement après la cession de l'île aux Japonais, à la fin de la troisième guerre sino-japonaise. C'était un mouvement clandestin chinois qui se refusait à reconnaître les termes de la reddition, mais que les Japonais démantelèrent rapidement.

On trouve également dans cette catégorie les timbres KKK des partisans d'Aguinaldo aux Philippines (1898), les émissions des commandos boers pendant la guerre d'Afrique du Sud (1899-1902), les timbres de l'IRA utilisés dans le comté de Cork pendant la guerre civile irlandaise (1922-1923), les émissions prolifiques des partisans communistes chinois à partir de 1929, les timbres du Front national de libération du Viêt-nam du Sud (1963-1976) et les timbres républicains surchargés de la mention « free Derry » (1972).

Des sceaux interpostaux furent émis en Égypte entre 1864 et 1890 pour le courrier intérieur. Ils étaient de forme circulaire et apposés au dos des enveloppes. Ces empreintes étaient libellées en égyptien au centre, et en italien, puis plus tard en français, en demi-cercle sur la partie supérieure de la circonférence, avec, dans la partie inférieure, le nom du bureau d'émission. C'est l'Italien Giacomo Muzza qui en répandit l'usage en 1864, lorsque l'Égypte lui accorda le monopole des postes pour dix ans, à condition qu'il achemine en franchise le courrier du gouvernement muni de ces sceaux interpostaux. Le service créé par Muzza connut un succès tel que le khédive Ismail lui racheta sa concession, l'anoblit et le nomma ministre des Postes.

Des timbres-taxes journaux ont été émis par l'Autriche entre 1853 et 1890. Ces timbres ne représentaient pas un affranchissement mais attestaient le paiement de la taxe sur les journaux collectée par le ministère des Postes ; ils autorisaient l'acheminement des journaux franco de port. Ces timbres portaient l'inscription ZEITUNGS-STEMPEL (timbres-journaux). Une certaine confusion naquit de l'émission à la même époque de timbres d'affranchissement pour les journaux et les périodiques, qui, contrairement à l'émission initiale de 1851-1856, ne portaient aucune inscription, le portrait de Mercure suffisant à les identifier. Ce n'est qu'en 1916 qu'une inscription spécifique expliquant leur utilisation fut ajoutée — ZEITUNGSMARKE (timbres-journaux).

Des timbres semblables, couvrant à la fois les frais de port et la taxe sur les journaux, furent émis par la France, en 1868, à 5 centimes (destinés au département de la Seine-et-Oise) et 2 centimes (pour les autres départements). Ces timbres étaient collés sur les journaux avant l'impression, de sorte que la presse les oblitérait automatiquement.

Des matrices à plaques interchangeables furent utilisées par différentes puissances coloniales au XIXe et au début du XXe siècle dans leurs territoires d'outre-mer, de manière à imprimer leurs timbres au meilleur prix. L'idée remonte à la période 1848-1854 où Perkins Bacon émettait des timbres pour l'île Maurice, la Barbade et la Trinité, en utilisant un motif standard représentant Britannia assise sur des sacs de sucre. Des matrices différentes étaient gravées pour chaque colonie à partir de la matrice de base portant le motif central unique, seuls changeaient suivant les pays, tout ou partie du cadre, le nom de la colonie et la valeur faciale de la figurine. Par la suite furent utilisés des jeux de plaques interchangeables, l'une avec le motif central unique, les autres avec les différents cadres requis. Des timbres de ce type ont été émis à Antigua, dans les îles Vierges (1880), à Chypre et dans les îles Turks (1881) et à Sainte-Lucie (1882).

Le procédé Britannia fut ensuite adopté par l'Espagne (1855) et le Portugal (1870), celui des plaques interchangeables en 1897 seulement par le Portugal. La France suivit l'exemple de

Timbres fabriqués avec des plaques interchangeables pour les colonies françaises, allemandes, portugaises et britanniques

la Grande-Bretagne avec son motif Cartouche (1892) et sa série Palmier-Faidherbe-Ballay, dont la diffusion se limita à l'Afrique occidentale française (1906-1908). En 1900-1901, l'Allemagne adopta la formule dite « Hohenzollern » pour ses possessions d'outre-mer. L'Espagne, la Belgique, le Danemark et les Pays-Bas préférèrent la technique Britannia à celle des plaques interchangeables.

Des vignettes ont été ajoutées aux timbres pour des raisons diverses. Des vignettes publicitaires, imprimées a côté des timbres, firent leur apparition dans les carnets allemands en novembre 1910, puis en Bavière en 1911. D'autres pays adoptèrent le même système : la Grande-Bretagne (1924), la Belgique (1927), l'Irlande (1931) et les États-Unis (1962). En 1924-1925, l'Italie émit des timbres courants accompagnés de vignettes publicitaires faisant partie intégrante du timbre (c'est-à-dire sans perforation entre le timbre et la vignette). Ce procédé fut repris en 1942 pour des vignettes de propagande.

Timbres français avec publicité accolée

Timbres belges munis de vignettes de non-distribution dominicale

Les premiers timbres commémoratifs accompagnés de vignettes furent émis par la Tchécoslovaquie, le 1er mars 1935. Ces figurines, célébrant le 85e anniversaire du président Masaryk, étaient émises par planches de cent, plus douze vignettes blanches.
On retrouve ces vignettes blanches sur d'autres émissions, mais depuis celle de la mort de Masaryk, en septembre 1937, elles portent une inscription commémorative ou logo.
Cette formule a été adoptée depuis par d'autres pays, notamment par Israël dont les feuilles de timbres commémoratifs et courants présentent invariablement, depuis 1948, des « tabs » descriptifs sur le bord inférieur.

Les premiers timbres de bienfaisance accompagnés de vignettes portant la surtaxe ou le but de l'émission apparurent en Hongrie en 1913-1916. Ces tabs étaient imprimés en dessous des timbres courants de l'époque. Un procédé analogue fut adopté en 1922 par l'Allemagne qui émit un double en faveur des personnes âgées et de l'enfance, mais cette fois sous une forme inédite, le logo étant imprimé sur une vignette à fond blanc, en bas.
En 1926, la Belgique modifia le timbre de bienfaisance de Saint-Martin de 1910, en incorporant à la base une vignette en faveur des victimes d'inondations.

Des timbres commémoratifs et courants accompagnés de vignettes de non-distribution dominicale furent émis par la Belgique de 1893 à 1914. Ces vignettes portaient en français et en flamand : « Ne pas distribuer le dimanche. » Si la lettre pouvait être distribuée le dimanche, l'expéditeur détachait la vignette.

Timbre de la Croix-Rouge de Bohême et de Moravie à 60 + 40 halers, 1940.

Timbre israélien « Opération tapis volant » (1970) avec tab portant un texte biblique ; timbre de bienfaisance hongrois (1913) ; timbre belge avec vignette de distribution dominicale (1894).

Des timbres d'affranchissement jumelés avec une vignette fiscale ont été émis par l'État mexicain de Sonora, en 1913. Ces vignettes fiscales devaient être détachées avant d'utiliser le timbre, mais il existe des exemplaires de timbres usagés toujours accompagnés de la leur.

Mexique (Sonora) 2 centavos, 1913.

Des vignettes de poste aérienne incluant l'affranchissement ont été émises par le Mozambique en 1932, avec un espace réservé pour inscrire à la main le montant des frais de port. En 1937, cet affranchissement rentra dans le régime général, et la vignette retrouva sa signification première.

Des timbres-taxes, représentant la taxe à payer pour le courrier posté en dehors des heures de levées, ont été émis par plusieurs pays d'Amérique latine : la Colombie (1888-1914), l'Équateur (1945), Panama (1903-1916) et l'Uruguay (1936). En général, ces timbres portent l'inscription RETARDO.

Le seul timbre-poste-loterie connu fut émis par la Norvège le 1er juin 1964. Il représentait l'emblème des Nations unies et portait l'inscription PORTO BETALT LYKKEBREVET (Port payé, chaîne de lettres porte-bonheur). D'une valeur faciale de 50 øre, il était vendu 2,50 couronnes, la différence étant versée au Fonds de secours des réfugiés. De plus, chaque timbre portait un numéro de série pour la loterie dont le tirage avait lieu en septembre. Ce timbre resta en vente jusqu'au 15 juillet et sa validité prit fin le 10 août.

Des timbres d'assurances maritimes ont été émis par la Hollande et les Indes hollandaises, en 1921, pour un service spécial connu sous le nom de DRIJVENDE BRANDKAST (coffre-fort flottant). Le courrier ainsi affranchi était placé dans un caisson en acier spécial, insubmersible, attaché sur le pont du bateau assurant la liaison entre la Hollande et l'Extrême-Orient par quatre bras qui le libéraient automatiquement en cas de naufrage. Ces lettres étaient affranchies à un tarif spécial officiellement fixé au congrés de Madrid de l'U.P.U. en 1920. Ce service fut peu utilisé et rares sont les timbres ayant servi à ce type d'acheminement. Le congrés de l'U.P.U. de 1924 décida sa suppression.
Un service analogue, connu sous le nom de SIMMANDE KASSASKÅP, fut inauguré par les Postes suédoises entre Grisslehamm (Suède) et Ekerö (îles Aland), mais sans émission de timbre spécial.

Les premiers timbres de poste militaire, utilisés par les troupes en service actif, ont été émis le 1er juillet 1879 dans les districts turcs de Bosnie-Herzégovine, à la suite de l'occupation autrichienne l'année précédente. En raison de la résistance des populations locales slaves et

des rebelles turcs, le service postal mis en place fut d'abord réservé aux troupes combattantes. Celles-ci utilisaient des timbres autrichiens et hongrois qui furent retirés de la circulation six mois après l'ouverture partielle du service au public. Les nouveaux timbres portaient le blason des Habsbourg et leur valeur en chiffres, sans mention d'aucune sorte. Le nom du territoire n'apparut qu'en 1906 et, à partir de l'année 1912, les mots K.U.K. MILITÄR POST (Poste militaire impériale et royale) furent ajoutés. Parmi les dernières émissions, certaines omettent les noms de Bosnie et Herzégovine, mais il est possible de les identifier par leur référence à la poste militaire.
Le fait que l'Autriche ait émis au cours de la Première Guerre mondiale des timbres avec l'inscription K.U.K. FELDPOST ajoute à la confusion, mais ils ne servaient que dans les zones occupées par les forces austro-hongroises et furent surchargés (quelquefois dans la monnaie locale) pour être utilisés en Italie, au Monténégro, en Roumanie et en Serbie.

Voici quelques exemples de timbres émis à l'usage de troupes combattantes :

1900 : Timbres indiens surchargés C.E.F. (Corps expéditionnaire chinois), utilisé pendant la révolte des Boxers.

1914 : Timbres indiens surchargés I.E.F. (Corps expéditionnaire indien); occupation franco-anglaise du Togo et du Cameroun.

1918 : Neuvième armée allemande (Roumanie); dixième armée allemande (Ukraine); corps d'armée polonais (Russie).

1919 : Armée tchécoslovaque en Sibérie : armée du Nord, armée du Nord-Ouest et armée de l'Ouest (Russie).

1920 : Poste aux armées de Petlioura en Ukraine de l'Ouest.

1923 : Occupation navale italienne de Corfou.

1940 : Occupation allemande du nord de la France.

1941 : Légion flamande, volontaires français (Waffen SS).

1942 : Légion wallonne (Waffen SS); Forces anglaises au Moyen-Orient; poste des armées polonaises en Russie; Forces françaises libres (Levant).

1943 : Forces d'Afrique orientale (Somalie).

1944 : Légion danoise (Waffen SS); base navale italienne (Bordeaux); place forte de Lorient; Forces militaires allemandes en Macédoine.

1945 : Poste allemande aux armées en Courlande.

1953 : Forces indiennes de contrôle (Corée).

Timbres de Postes aux armées à l'usage du corps expéditionnaire chinois (1900), de la Bosnie (1914), du territoire occupé par les Autrichiens (1915), des forces du Libéria (1918), des troupes polonaises en Russie (1918), des forces d'Afrique orientale (1943), des troupes d'occupation yougoslaves de Trieste (1947) et des forces indiennes des Nations unies au Congo (1962).

1954 : Forces indiennes de la Commission internationale en Indochine (Laos, Cambodge et Viêt-Nam).
1962 : Forces des Nations unies (Inde) au Congo.
1965 : Forces des Nations unies (Inde) à Gaza.

Les premiers timbres de franchise militaire, permettant aux troupes en service actif d'envoyer gratuitement lettres, cartes et colis, furent émis par le Brésil pendant la guerre de 1865-1870 contre le Paraguay. Ces timbres portaient la surcharge EXERCITO EN OPERACOES CONTRA O PARAGUAY (armée en opération contre le Paraguay). Lors de l'expédition espagnole contre le Maroc (1893-1894), des vignettes portant l'inscription FRANQUICIA POSTAL ESPANA CORREOS EJERCITO EXPEDICIONARIO MELILLA 1893 (franchise postale, postes espagnoles du corps expéditionnaire Melilla 1893) furent imprimées à titre privé et distribuées gratuitement aux troupes, avec l'accord du gouvernement espagnol. En dépit des apparences, ces vignettes n'avaient aucun caractère officiel et ne servaient pas à grand-chose, mais elles étaient très populaires par leur côté patriotique.
De 1932 à 1936, les troupes britanniques stationnées dans la zone du canal de Suez en Égypte étaient autorisées à envoyer à leurs familles des lettres à tarif réduit, reconnaissables à des sceaux spéciaux vendus dans les cantines. Ils furent remplacés en 1936 par des timbres spéciaux marqués ARMY POST, fournis par les Postes égyptiennes.

Des timbres surchargés ou portant l'inscription F.M. (franchise militaire) ont été émis par la France à partir de 1901. Des timbres danois surchargés SF *(Soldater Frimaerke)* furent émis en 1917. Parmi les autres pays ayant émis des timbres de franchise militaire, citons la Finlande, l'Allemagne, le Viêt-nam et le Japon. En 1929, la Suède introduisit des franchises militaires apposées sur les rabats des lettres et à découper par le destinataire pour la réponse. L'Allemagne nazie émit des franchises destinées à l'Afrikakorps (1942) et aux colis jusqu'à deux kilos expédiés par les soldats à leurs familles. Des franchises de poste aérienne militaire ont été émises entre 1942 et 1945 pour le courrier des garnisons assiégées sur le front oriental. En 1968, les Postes américaines ont émis un timbre à 1 dollar, portant l'inscription AIRLIFT FOR OUR SERVICEMEN (pont aérien pour nos soldats mobilisés), accordant une réduction sur les tarifs des paquets au personnel militaire et naval stationné en Alaska, dans les îles Hawaii et à Porto Rico.

Timbre français de franchise militaire sans valeur faciale (1946).

Les blocs-feuillets sont de petites feuilles contenant un timbre unique, une paire, un bloc de quatre timbres, une bande ou une série, et présentant des inscriptions et ornements marginaux. Ils sont émis pour commémorer un événement et sont souvent vendus, au but de bienfaisance, à un prix supérieur à leur valeur faciale.

Les ancêtres des blocs-feuillets sont les séries courantes émises par l'Éthiopie en 1894. Celles-ci sont souvent considérées comme les premiers blocs-feuillets du monde, du fait de leur impression avec inscription et ornements

Timbre allemand de poste aérienne à l'usage des militaires (1942); timbre-colis américain à tarif réduit pour les hommes sous les drapeaux (1968).

marginaux. Comme ces timbres n'ont jamais été mis en vente, on ne peut que les classer parmi les précurseurs.

Le premier bloc-feuillet authentique fut émis par le Luxembourg, le 3 janvier 1923. Il s'agissait alors d'une émission spéciale du nouveau timbre courant à 10 francs, imprimé en vert (au lieu du noir) et en spécimen unique sur des feuillets dont la taille s'échelonnait de 78 × 59 mm à 79 × 61 mm, et qui étaient vendus comme souvenirs à l'occasion de la naissance de la princesse Elisabeth.
En 1924, la Belgique émettait un bloc de quatre figurines à 5 francs rouge et marron (au lieu de violet foncé) en souvenir de l'Exposition philatélique de Bruxelles. Par la suite, ces blocs-feuillets ont connu une plus grande variété, au niveau des couleurs, des dentelures souvent absentes ou en fac-similé, de la couleur atteignant les dentelures pour les distinguer des timbres courants encadrés d'une marge blanche.
Le premier bloc-feuillet de France fut émis en 1925 à l'occasion de l'Exposition philatélique internationale de Paris. Il était constitué par un feuillet de 140 × 220 mm ayant au centre un bloc de quatre du 5 francs carmin du type Sage.

Le premier bloc-feuillet composé de plusieurs figurines de valeur ou motif différents fut émis par la France le 4 juin 1927 avec deux timbres à 5 francs bleu et 10 francs rouge du type Semeuse carnée, séparés par une vignette blanche portant la mention STRASBOURG 1927. Ce bloc fut le premier aux couleurs nationales (bleu, blanc, rouge).

Premier bloc feuillet de France, 1925

Le premier bloc à ornement marginal fut émis par Israël en 1960; le timbre, à 25 agorot, représente un messager de la poste de Prague en 1741, d'après une gravure ancienne.

Le plus grand feuillet a été émis par la République démocratique allemande, en 1964, pour célébrer le 15e anniversaire de la république. Il se compose de 15 timbres différents non dentelés, superposés sur la carte du pays, et mesure 210 × 285 mm.

Les timbres de deuil sont des timbres émis en signe de deuil national. Les premiers étaient imprimés en noir et blanc, et dotés d'un encadrement noir assez large, mais, aujourd'hui, ils sont de moins en moins sombres.
Quels sont les premiers timbres de deuil ? On connaît quelques triangulaires du Cap à 4 pence, tirés en noir au lieu de bleu et qui, compte tenu de leur date d'utilisation (1861-1862) auraient pu être émis à la mémoire du prince Albert, mort en décembre 1861. Mais la presse philatélique en parlait déjà avant l'annonce de ce décès au Cap; sans doute s'agissait-il d'épreuves mises en service pour pallier une pénurie de timbres normaux.
Le timbre américain gris et noir à 15 cents de juin 1866 est souvent considéré comme le premier timbre de deuil dú monde. Il représente Abraham Lincoln, assassiné le 14 avril 1865. Mais comme il s'écoula quatorze mois entre la mort de Lincoln et l'émission de ce timbre, et que, par ailleurs, il servit de timbre courant jusqu'en 1869, il est impossible de le considérer comme un timbre de deuil au sens strict, même si le lien avec l'assassinat du président ne fait aucun doute. Le 7 pence britannique gris et noir de 1910 est bien connu de tous comme un timbre de deuil, or il fut émis le 4 mai — c'est-à-dire deux jours *avant* la mort du roi Edouard VII — et avait été prévu des mois auparavant; il s'agit donc d'une simple coïncidence.

Le premier timbre spécialement émis pour un deuil public fut mis en circulation en 1888 par le Courier Stadtbrief Beförderung, un service allemand de poste locale. Il était imprimé en noir et blanc, et représentait Guillaume Ier mort la même année. Quand son fils, l'empereur Frédéric III, s'éteignit à son tour quelques mois après son accession au trône, la société émit une série de figurines de deuil, avec son portrait encadré d'une large bande noire. Les Postes impériales allemandes ignorèrent les deux événements et, de ce fait, l'Allemagne n'émit aucun timbre officiel de deuil avant 1934 et la mort du président Hindenburg.

Le premier timbre de deuil officiel date de septembre 1923, aux États-Unis. C'est le 2 cents noir et blanc, représentant le président Warren Harding mort subitement le 2 août. Le même

Timbres de deuil des États-Unis (1923) et d'U.R.S.S. (1924).

motif, en marron, fut repris sur le timbre à 1 cent 1/2 mis en circulation en 1925. Le second timbre de deuil officiel fut émis par la Russie dans les jours qui suivirent la mort de Lénine, le 21 janvier 1924. Ces timbres étaient imprimés en rouge avec une large bordure noire. Ils ont été réimprimés et réémis pour l'anniversaire de la mort de Lénine, en janvier de chaque année, jusqu'en 1928.

Les premiers timbres de deuil commémorant le décès d'une personnalité étrangère sont apparus en 1945, à la mémoire du président Franklin D. Roosevelt, en Grèce, en Hongrie, à Haïti, au Honduras et au Nicaragua. D'autres pays, parmi lesquels le Salvador, le Guatemala et le Brésil, ont émis des timbres commémoratifs de l'événement pendant plusieurs années de suite.

Le plus grand nombre de timbres de deuil différents à la mémoire d'une même personne a été émis par 73 pays, dans les douze mois qui suivirent la mort de Winston Churchill, en janvier 1965. Viennent ensuite les quelque 183 timbres et 32 blocs-feuillets émis par 44 pays, à l'occasion de la mort de J. F. Kennedy. Les émissions-souvenirs à la mémoire de ces deux hommes ne se comptent plus chaque année depuis leur disparition.

Le timbre de deuil officiel le plus rare est le 10 roupies à la mémoire du Mahatma Gandhi, émis à cent exemplaires par l'Inde, en août 1948, avec la surcharge SERVICE, pour la correspondance du gouverneur.

Les premiers timbres-journaux, couvrant les frais d'affranchissement des quotidiens et des périodiques, furent émis par l'Autriche le 1er janvier 1851. Leur valeur se reconnaissait à leur couleur — bleu (0,6 kreuzer), jaune (6 kreuzer) ou rose (30 kreuzer). En 1856, le jaune des 6 kreuzer fut remplacé par du rouge, mais, comme le Mercure rouge, il fut utilisé très peu de temps ; c'est le plus rare des timbres-journaux du monde. Ces timbres d'affranchissement portaient l'inscription ZEITUNGS POST STEMPEL, pour les distinguer des timbres-taxes journaux de la poste impériale qui portaient l'inscription ZEITUNGS STEMPEL.

Les premiers timbres d'occupation furent émis par les commissaires fédéraux allemands dans le duché du Holstein, le 1er mars 1864, à la suite de l'invasion des troupes autrichiennes et prussiennes. La convention de Gastein confia en novembre 1865 l'administration du Holstein à l'Autriche, qui se chargea désormais d'émettre les timbres locaux. Des émissions conjointes furent faites par l'Autriche et la Prusse dans le duché avoisinant du Schleswig, en 1864-1865, et par la Prusse seule entre novembre 1865 et 1867.

Ultérieurement, la Confédération de l'Allemagne du Nord émit des timbres à l'usage des territoires occupés, en Alsace-Lorraine et dans d'autres régions de France, lors de la guerre de 1870-1871. Ils portaient les inscriptions et valeurs nationales pour ménager la fierté des Français.

Parmi les autres émissions d'occupation, citons :

1878-1883	: Occupation chilienne du Pérou.
1895	: Occupation turque de la Thessalie.
1898-1900	: Occupation de Cuba, des Philippines et de Porto Rico, par les États-Unis.
1898	: Occupation britannique de la Crète.
1899	: Occupation russe de la Crète.
1900-1902	: Occupation britannique de l'État libre d'Orange et du Transvaal.
1912	: Occupation italienne du Dodécanèse ; occupation grecque des îles de la mer Égée.
1913	: Occupation grecque de la Macédoine et de la Thrace.
1914-1918	: Occupation allemande de la Belgique, du nord de la France, de la Pologne, de la Roumanie, de la Russie ; occupation autrichienne de l'Italie, de la Serbie, du Monténégro et occupation grecque du nord de l'Épire ; occupation australienne de la Nouvelle-Guinée

allemande; occupation néo-zélandaise de Samoa; occupation britannique et française du Togo.

1915 : Occupation britannique de Bouchir, Mafia et du Cameroun; occupation française du Cameroun.

1916 : Occupation bulgare de la Dobroudja; occupation belge du Ruanda-Urundi; occupation portugaise de Kionga.

1917 : Occupation britannique de l'Irak, du Tanganyika; occupation française de Koritza; occupation allemande de la Roumanie.

1918 : Occupation britannique de la Palestine; occupation allemande de Dorpat.

1919 : Occupation britannique de Batoum; occupation alliée de la Thrace; occupation française d'Arad, de la Cilicie et de la Syrie; occupation finlandaise d'Aunus; occupation belge d'Eupen et de Malmédy; occupation italienne du Trentin, de la Vénétie Julienne; occupation russe de la Lituanie; occupation roumaine de l'Ukraine et de la Transylvanie; occupation serbe de Baranya et de Timisoara.

1920 : Occupation française de Castellorizo, de Klaïpeda et de la Sarre; occupation grecque de la Thrace; occupation polonaise de la Lituanie centrale.

1922 : Occupation italienne de Castellorizo.

1923 : Occupation italienne de Saseno et de Corfou; occupation lituanienne de Klaïpeda.

1936 : Occupation italienne de l'Éthiopie.

1938 : Occupation allemande des Sudètes.

Timbres d'occupation de la Thessalie (1895), de la Crète (1898), de Mytilène (1912), de l'Epire du Nord (1914), du commandement de l'Est (provinces baltes) (1916), de la Dobroudja (1916), de la Roumanie (1917), du Togo (1914), de Batoum (1919), de la Vénétie Julienne (1918), d'Aunus (1919), de Bagdad (1917), de la Hongrie (Arao, 1919), de Vilnus (1941), de l'Ukraine (1942), de la Carélie orientale (1941), des îles Ioniennes (1943).

1939 : Occupation allemande de la Bohême et de la Moravie, de Dantzig et de la Pologne ; occupation lituanienne de Vilna ; occupation hongroise de la Tchécoslovaquie.
1940 : Occupation grecque de l'Albanie ; occupation allemande de l'Alsace et de la Lorraine.
1941 : Occupation italienne des îles Ioniennes, du Monténégro, de Fiume et de la Slovénie ; occupation allemande de l'Estonie, de la Lettonie, de la Lituanie, de la Russie, du Luxembourg et de la Serbie ; occupation finnoise de l'est de la Carélie.
1942 : Occupation britannique des colonies italiennes ; occupation japonaise de Brunei, de la Birmanie, de Hong Kong, de la Malaisie, du Sarawak, des Indes hollandaises, des Philippines, des îles Andaman et Nicobar.
1943 : Occupation allemande des îles Ioniennes, de la Dalmatie, du Monténégro ; occupation alliée de l'Italie ; occupation française du Fezzan ; occupation thaïlandaise de la Malaisie du Nord.
1944 : Occupation allemande de la Macédoine et de la Slovénie.
1945 : Occupation alliée de l'Allemagne ; occupation yougoslave de la Vénétie Julienne et de l'Istrie.
1946 : Occupation du Japon par les troupes du Commonwealth.
1947 : Occupation alliée de la zone A de Trieste.
1948 : Occupation yougoslave de la zone B de Trieste ; occupation britannique de l'Érythrée, de la Somalie et de la Tripolitaine.
1949 : Occupation française de Ghadamès.
1950 : Occupation nord-coréenne de la Corée du Sud.

Le premier pays à avoir émis des timbres officiels effectivement utilisés est l'Espagne, en juillet 1854. Ces timbres étaient imprimés en noir sur des papiers de couleurs diverses et représentaient les armoiries nationales. Aucune valeur n'était indiquée, seul le poids (s'échelonnant de 1/2 once à 1 livre) était marqué. Une deuxième émission, à cadre ovale, fut mise en circulation en janvier 1855. Ces deux séries ont fait l'objet de multiples contrefaçons. Les autres pays précurseurs en matière de timbres offficiels sont l'Inde (1866), l'Australie du Sud (1868), la Confédération de l'Allemagne du Nord (1870), le Danemark (1871),

Timbres de service d'Espagne (1854), d'Inde (1912) et de Norvège (1955).

l'Islande, Haïderabad et les États-Unis (1873), la Guinée britannique, l'Italie et le Luxembourg (1875).

La plupart des timbres officiels portent les mots OFFICIEL OU SERVICE dans leurs inscriptions, mais les plus originales sont : SARKARI (États indiens), DIENSTMARKE (Allemagne), OFFENTLIG SAK (Norvège), TJENESTE (Danemark), TJANSTE (Suède). On trouve aussi des timbres portant les surcharges : O.S. (Australie), O.H.M.S. ou G. (Canada), O.H.E.M.S. ou O.H.H.S. (Égypte), ces dernières initiales signifiant « au service de sa très haute majesté » (1922) ou « au service de son altesse » (1907-1922), avant que le khédive ne se donne le titre de roi.

L'inscription la plus curieuse apposée sur des timbres officiels est celle D'ARMENWET (loi sur l'Assistance publique), que l'on trouve sur les timbres hollandais de 1921, à l'usage des autorités chargées de la mettre en vigueur.

Des timbres valant ticket de pesée et permettant de calculer le volume de la correspondance officielle ont été émis par deux pays. L'Allemagne a imprimé des séries de timbres portant l'inscription FREI DURCH ABLÖSUNG à l'usage de la Prusse (1903) et du pays de Bade (1905) ; chaque série servait à fixer le montant dû aux

Timbres permettant d'évaluer le volume de la correspondance officielle : Allemagne (1903) et Thaïlande (1963).

Postes impériales pour l'acheminement du courrier gouvernemental, pendant douze mois. Un système similaire fut adopté en Thaïlande en 1963-1964. Des timbres portant l'inscription POUR LES ENQUÊTES STATISTIQUES DES SERVICES GOUVERNEMENTAUX servaient obligatoirement à la correspondance officielle, afin de déterminer le volume traité par les divers ministères.

Des timbres-colis postaux, ayant valeur d'affranchissement et attestant l'acquittement des frais de port concernés, furent émis par des voituriers bien avant la mise en place de services d'acheminement des colis. Le premier est sans doute une étiquette adhésive rouge, ovale, connue pour avoir été utilisée sur un colis entre Dublin, Ludlow et Shropshire, aux environs de 1821. Si ce fait est authentique, il s'agirait *du premier exemple de timbre-poste adhésif.*

Les premiers timbres-colis postaux officiels ont été émis par la Belgique, le 1er mai 1879. Ces timbres, portant l'inscription CHEMINS DE FER et valables sur les chemins de fer belges, sont, de ce fait, à ranger parmi les émissions gouvernementales plutôt que privées. Bien que ce système soit toujours en vigueur aujourd'hui, les Postes belges ont également mis en place depuis 1928 un service pour les paquets et émettent des timbres distincts à son usage. La France a émis des timbres similaires à partir de 1892 pour l'acheminement des colis-postaux par chemin de fer.

Le premier timbre-colis de Grande-Bretagne est un timbre à 9 pence, émis le 1er août 1883, jour où la Poste inaugura son propre service spécialisé. L'Italie adopta les timbres-colis postaux en 1884 (sous forme de doubles depuis 1916). Le service officiel des colis des États-Unis ne date que de 1912.

Les timbres-colis postaux se reconnaissent aux inscriptions suivantes : COLIS POSTAUX (France), POSTCOLLO (Belgique), KOLETNI PRATKI (Bulgarie), ZULASSUNGSMARKE (Allemagne), PACCHI POSTALI (Italie), ENCOMENDAS POSTAIS (Portugal), ENCOMIENDAS (Amérique latine), BUITOS POSTALES (Mexique), TAXA DE FACTAGIU (Roumanie), et PORTE DE CONDUCCION (Pérou). L'Uruguay a même émis des timbres portant l'inscription ENCOMIENDAS DE GRANJA pour les colis agricoles.

Des timbres de remises en mains propres ont été émis par la Tchécoslovaquie le 1er mars 1937. Ce sont des timbres bleus à 50 haleři, de forme triangulaire, avec la lettre V dans chaque angle attestant l'acquittement d'une taxe supplémentaire et garantissant la remise en mains propres au destinataire ; ils étaient apposés par l'expéditeur. Un timbre similaire, rouge, avec la lettre D dans chaque angle, représentait la taxe à payer par le destinataire qui désirait que son courrier lui soit remis en mains propres. Il était apposé par le bureau de poste chargé de la distribution du courrier. Des triangulaires similaires ont été émis par le protectorat allemand de Bohême et Moravie en 1939-1940, et par la Slovaquie en 1940. Un triangulaire à 2 couronnes a été émis par la Tchécoslovaquie, en 1946, mais ce service semble n'avoir fonctionné que peu de temps.

Timbre tchécoslovaque de « Remise en main propre » à 50 h, 1937.

Des timbres de poste pneumatique furent émis par l'Italie, en 1913, pour affranchir les lettres et cartes postales acheminées par un système de tubes pneumatiques mis en service à Rome, Milan, Naples, Turin et Gênes. La France avait déjà organisé en 1866 un système connu sous le

Timbre colis postaux utilisé par un service concessionnaire de l'administration des postes, avec récépissé

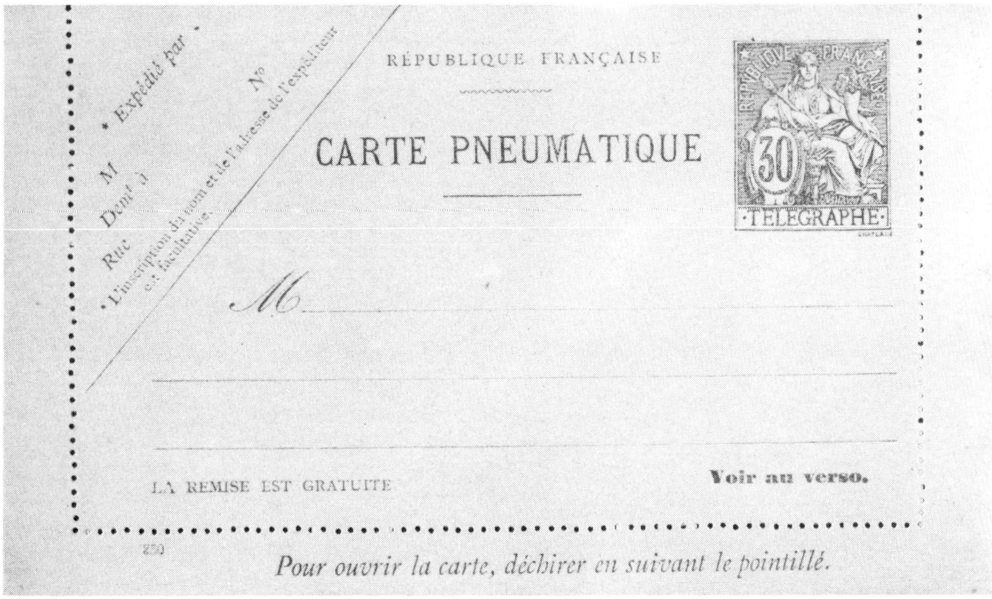

Carte pneumatique française.

nom de réseau pneumatique et émis à cet effet des enveloppes et des cartes spécialement affranchies. L'Allemagne et l'Autriche avaient fait de même en 1867 et 1873. La Grande-Bretagne de son côté avait expérimenté la poste pneumatique dès 1826. La Pneumatic Dispatch Company créée en 1859 ne donna jamais entière satisfaction et disparut en 1873.

Des timbres polaires ont été émis pour la première fois, en 1897, par un Allemand, le capitaine Wilhelm Bade, pour le service local du Spitzberg. Ces timbres à 10 øre représentent un morse sur la banquise.

Les premiers timbres homologués officiellement pour les régions polaires sont des timbres à 1 penny, agréés par la Nouvelle-Zélande pour l'expédition en Antarctique de sir Ernest Shackleton en 1908. Ils étaient surchargés KING EDWARD VII LAND (terre du roi Édouard VII). Trois ans plus tard, des timbres néo-zélandais à 1/2 et 1 penny furent de la même manière surchargés VICTORIA LAND (terre de Victoria) à l'usage de l'expédition du capitaine Scott au pôle Sud. En 1922, les Postes britanniques autorisèrent la surcharge de timbres britanniques pour l'expédition Shackleton-Rowett en Antarctique. Celle-ci tourna court après la mort de Shackleton, mais on connaît quelques figurines de ce type surchargées à la main ENDERBY LAND et TRISTAN DA CUNHA, et utilisés sur le courrier expédié de cette île en mai 1922. Des timbres norvégiens surchargés BOUVET ØYA servirent en 1934 pour la visite du vaisseau *Milford* à l'île Bouvet, possession norvégienne en Antarctique.

Depuis 1944, des timbres ont été créés à l'usage d'expéditions scientifiques dans les Dépendances des îles Falkland (Géorgie, Orcades et Shetland du Sud). Parmi les émissions polaires récentes, celles du territoire antarctique australien (depuis 1957), de la Dépendance de Ross (depuis 1957), et du territoire antarctique

Timbres néo-zélandais surchargés à l'usage de la Terre du roi Edouard VII (1908) et de celle de Victoria (1911); timbres des Dépendances des îles Falkland surchargés à l'usage de l'expédition transantarctique (1955).

britannique (depuis 1963). Des timbres des Dépendances des îles Falkland ont été également surchargés en 1955, pour l'expédition transantarctique Hillary-Fuchs, au cours de l'Année internationale de géophysique.

Depuis 1955, la France émet régulièrement des timbres-poste à l'usage des Terres australes et antarctiques françaises.

Les premiers timbres de propagande politique datent de 1896 au Venezuela. Destinés de façon explicite à honorer la mémoire du général Miranda, ils représentaient une carte où s'exprimaient clairement les prétentions de ce pays sur la région de Guyane britannique située à l'ouest du fleuve Essequibo. Ce problème suscite encore de nos jours l'émission de timbres « revendicatifs » : les derniers, émis par la Guyane, sont surchargés de la mention ESSEQUIBO IS OURS (l'Essequibo nous appartient). D'autres timbres représentant des cartes ont été également utilisés par la Bolivie et le Paraguay lors de la lutte pour le Gran Chaco. En 1959, le Guatemala a émis un timbre portant l'inscription : BÉLIZE ES NUESTRO (Bélize nous appartient). D'autres timbres de revendication territoriale ont été émis par la Bulgarie (1921), l'Argentine (1947-1979), l'Équateur (1961), le Chili (1947-1958), Taïwan (1971), la Jordanie (1964), l'Égypte (1949-1967).

Le premier timbre allemand de propagande est le 2 marks de 1900, représentant une allégorie de la réunification de l'Allemagne du Nord et du Sud. Il porte l'inscription : SEID EINIG, EINIG, EINIG ! (ne soyez plus qu'une, une, une !) et fut utilisé jusqu'en 1920. Pendant la période nazie les timbres furent largement utilisés à des fins de propagande, à commencer par ceux qui revendiquaient la Sarre, en 1934. Parmi les nombreux exemples de cette période, citons également un bloc-feuillet émis pour le 48ᵉ anniversaire du Führer, en 1937 (avec l'inscription : CELUI QUI VEUT DIRIGER LE PEUPLE DOIT PENSER EN HÉROS), les timbres du plébiscite autrichien, en 1938 (EIN VOLK, EIN REICH, EIN FÜHRER), ceux de l'annexion de Dantzig, en 1939 (DANTZIG EST ALLEMANDE) et ceux du 20ᵉ anniversaire du putsch de Munich, en 1943 (ET MAINTENANT IL A TRIOMPHÉ). Lors de l'annexion des Sudètes, des timbres tchécoslovaques furent surchargés d'un swastika et de la mention WIR SIND FREI (nous sommes libres).

L'Union soviétique a largement utilisé ces timbres dans une optique plus spécifiquement politico-économique. La première émission de ce type date de 1929 et visait à promouvoir l'emprunt industriel (PLUS DE MÉTAL — PLUS DE MACHINES !). Les émissions ultérieures comportent une série de propagande contre la guerre (1935), un timbre présentant un jeune pionnier empêchant un garnement de lancer des pierres (1936) et de nombreuses figurines liées aux plans quinquennaux de développement économique. Tous les pays communistes ont utilisé des timbres de propagande à partir des années cinquante. Parmi les exemples les plus frappants par leur outrance, citons un timbre de la Corée du Nord avec une caricature de Nixon (1969) condamnant l'impérialisme américain au Viêt-nam, en Afrique et en Amérique latine (1972), et des séries émises par le Viêt-nam du Nord (1965-1976) allant du timbre de deuil dédié au quaker Norman Morrison, qui s'était immolé par le feu (1965), aux nombreuses émissions célébrant les avions américains abattus et le torpillage du sous-marin américain *Card*.

Les timbres italiens de propagande sont beaucoup plus pacifiques et incitent par exemple les citoyens à payer rapidement leurs impôts (1954-1955). En 1974, le Venezuela a émis une série de vingt timbres dans le même but ! Ces dernières années, de nombreux pays ont émis des figurines visant à promouvoir la sécurité routière (Cuba, Allemagne, Turquie), à développer la production agro-alimentaire (Australie), le planning familial (États-Unis, Inde), ou contre la pollution (Rhodésie), la drogue (Autriche, Nations unies, Italie, États-Unis), le tabac (Éthiopie), et pour la prévention des accidents corporels (Allemagne de l'Ouest).

Des timbres marqués « Porte de mar » ont été émis par le Mexique de 1875 à 1879. Cette inscription signifiait PAR VOIE MARITIME et s'appliquait au courrier destiné à l'Europe et transporté par des bateaux à vapeur spécialement rémunérés pour ce service. Une seconde série fut préparée en 1879, mais ne fut jamais émise, car le Mexique rejoignit l'Union postale universelle (U.P.U.) la même année et abandonna ce système.

Les timbres-taxes sont utilisés par l'administration postale pour indiquer la somme due par le destinataire pour affranchissement insuffisant ou inexistant. Ils sont apposés par le personnel des postes et ne sont généralement pas vendus au public. On peut toutefois en obtenir en

Timbre de propagande du Venezuela (1896) d'Allemagne (1900), timbre antisioniste du Soudan (1974), en faveur de la correspondance privée aux États-Unis (1980), pour inciter les contribuables italiens à payer leurs impôts (1954), pour la prévention des accidents en Allemagne de l'Ouest (1971), timbre antiaméricain de la Corée du Nord, pour la protection de l'environnement aux États-Unis (1969), du pays des Sudètes (1938), pour la protection de la nature à la Trinité et à Tobago (1981), timbre antiaméricain de Cuba contre l'utilisation des armes chimiques au Viêt-nam par les Américains (1966).

s'adressant aux bureaux et aux comptoirs philatéliques. Les inscriptions qui permettent de les reconnaître sont par exemple, POSTAGE DUE ou TO PAY (anglais), A PAYER, A PERCEVOIR, TAXE (français), TE BETALEN (hollandais), SEGNATASSE (italien), PORTEADO, A COBRAR (portugais), MULTA, MULTADA, DEFICIT, CORRESPONDENCIA A DEBE, TIMBRE COMPLEMENTARIO DEFICIENTE, DEFICIENCIA (espagnol), DOPLATIT (tchèque) ou VOM EMPFANGER ZAHLBAR EINZUZIEHEN, PORTO (allemand), TAXA DA PLATA (roumain), DOPLATA (polonais), BAJAR PORTO (indonésien).

Le premier timbre-taxe est le 10 centimes français émis le 1er janvier 1859, resté unique

Timbres taxe français (1859), de Saint-Thomas et des îles du Prince (1904), des États-Unis (1912), du Chili (1898), de Dantzig (1921), de Roumanie (1932) et des Pays-Bas (1924).

jusqu'en 1870 où apparut un 15 centimes, et complété l'année suivante de valeurs allant de 25 à 60 centimes. Le duché de Bade et la Bavière imitèrent la France le 1er octobre 1862. Le premier timbre-taxe américain date du 9 mai 1879. La Guadeloupe en émit en 1876 — huit ans avant ses timbres ordinaires !

Catégories particulières de timbres-taxes :
Timbre-taxe-colis postaux, U.S.A. (1912).
Timbre-taxe obligatoire (pour non-utilisation des timbres de bienfaisance obligatoires), Portugal (1925-1928), Yougoslavie (1933-1963).

La plupart de ces timbres portent des motifs purement fonctionnels, mais on trouve dans de nombreux pays francophones des timbres-taxes illustrés. Les premiers de ce type ont été émis par la Guyane française en 1905, suivie du Dahomey, de la Côte-d'Ivoire, de la Mauritanie, de la Nouvelle-Calédonie, du Sénégal, du Haut-Sénégal et du Niger (1906).

Le timbre-taxe le plus rare est un timbre bavarois, datant de 1895, d'une valeur de 3 pfennig et surchargé d'un petit « 2 » dans chaque coin pour servir de timbre de 2 pfennig. On n'en connaît que six exemplaires, tous utilisés à Aichach.

Des timbres fiscaux pour carte postale ont été émis en Perse en 1904. Ils étaient surchargés de la mention CONTROLE et servaient à prélever un impôt sur les cartes postales photographiques. Ils venaient s'ajouter à l'affranchissement normal.

Les timbres pour imprimés sont des timbres fabriqués spécialement pour les journaux, périodiques et circulaires. Les émissions les plus anciennes et les plus prolifiques nous viennent des colonies espagnoles. Des timbres portant l'inscription IMPRESOS ont été émis pour la première fois aux Philippines en 1886 et ensuite pratiquement chaque année jusqu'en 1896. Cuba suivit cet exemple en 1888. Le seul autre pays à avoir émis des timbres de ce type est la Tchécoslovaquie en 1934 : ils portaient les lettres O.T. (*Obchodni Tiskopis*, imprimés commerciaux). En 1940, le timbre-journaux à 10 haléri utilisé en Bohême et en Moravie reçut la surcharge GD-OT signifiant *Geschäfts Drücksache* et *Obchodni Tiskopis* (imprimés commerciaux en allemand et en tchèque). Sans en porter la mention spécifique, certaines valeurs américaines remplissaient la même fonction. Le 1/2 cent de 1922-1925, les 1 cent 1/4, 1 cent 1/2 et 2 cents 1/2 de 1956-1960, le 1 cent et 1 cent 1/4 de 1967, et les 3,1 cents, 3,5 cents, 7,7 cents, 7,9 cents et 8,4 cents de 1976-1980, utilisés par des associations à but non lucratif et pour les envois en nombre.

Timbre taxe à 10 centimes, France, 1859

Des timbres de prisonniers de guerre ont été fabriqués par les prisonniers des deux guerres mondiales dans leurs camps. Pendant la Première Guerre mondiale, des timbres furent utilisés pour la correspondance interne des camps par les prisonniers britanniques à Ruhleben (Allemagne) et par les prisonniers allemands à Knockaloe (île de Man) et Bando (Japon). Pendant la Deuxième Guerre mondiale, de nombreux timbres furent fabriqués par les prisonniers polonais dans les camps allemands de Murnau, Grossborn, Neubrandenburg et Woldenberg.
Les Postes suisses ont également émis des timbres de franchise spéciaux pour les prisonniers français internés pendant la guerre franco-allemande de 1870-1871 et immédiatement après.

Les timbres provisoires sont des timbres dont la valeur ou l'emploi ont été modifiés par une surcharge ou une inscription. La première surcharge provisoire revient à l'île Maurice en 1854 où des timbres sans valeur faciale représentant Britannia reçurent la mention FOUR-PENCE. L'année suivante, des timbres émis à Cuba et à Porto Rico furent également surchargés de nouvelles valeurs. Rares sont les autres exemples remontant à cette époque. En 1863, le timbre à 6 pence de Sainte-Hélène fut tiré en plusieurs couleurs et surchargé à divers usages. En 1877, les timbres du Honduras, qui avaient été préparés onze ans auparavant mais n'avaient jamais servi, furent surchargés de mentions diverses au moment où les Postes commencèrent enfin à fonctionner. A partir de 1876, l'île Maurice connut une vague de surcharges provisoires et cette pratique se répandit dans d'autres pays, particulièrement en Amérique latine où de nombreux timbres de ce type ont été émis à l'intention des collectionneurs.

Les premières surcharges provisoires permettant l'utilisation dans d'autres pays datent de 1867, sur des timbres de la Compagnie des Indes orientales revêtus d'une couronne et d'une valeur en monnaie locale à l'intention des Établissements des Détroits (Malacca). L'année suivante, ces mêmes timbres furent surchargés d'un ß pour être utilisés à Bangkok.
En 1868, des timbres portugais reçurent des inscriptions permettant leur utilisation à Madère et aux Açores.

Timbre indien surchargé, à l'usage des Établissements des Détroits (Malacca) (1867); timbre des Établissements des Détroits, provisoirement surchargé d'un « B », pour être utilisé à Bangkok (1868).

Les premiers timbres dont la surcharge provisoire reflétait un changement politique furent émis en 1868 en Espagne, à Cuba et à Porto Rico; l'inscription HABILITADO POR LA NACION (valable pour la nation) correspondait en effet au renversement de la monarchie et à l'arrivée au pouvoir d'une junte révolutionnaire.

Les premières surcharges appliquées dans un but commémoratif sont apparues à Hong Kong pour célébrer l'anniversaire de la fondation de la colonie (1891), au Paraguay pour le 4e centenaire de la découverte de l'Amérique par C. Colomb (1892) et à Shanghai pour l'anniversaire de l'installation des Européens (1893).

Des timbres pour enveloppes publicitaires ont été émis par l'Italie de 1920 à 1923. C'étaient des timbres courants surchargés B.L.P. (*Buste Lettere Postali*), vendus par l'État avec une remise de 5 cents sur la valeur faciale à une association d'anciens combattants et collés sur des enveloppes ou des cartes-lettres publicitaires, dans le but de venir en aide aux mutilés de guerre.

Des timbres de chemin de fer ont été émis par les compagnies de chemin de fer pour attester l'affranchissement des lettres et des colis qui leur étaient confiés. Les premiers furent imprimés en 1846 par plusieurs compagnies de chemin de fer britanniques pour les colis.

En Belgique et en France, ces timbres sont fabriqués sous l'égide des Postes.

En 1933, en Angleterre, le Great Western Railway organisa une liaison postale aérienne entre Cardiff et Plymouth, et utilisa à cette occasion des timbres colis-postaux et journaux à 3 pence; par la suite, un timbre spécifique de poste aérienne fut émis[1]. L'année suivante, les quatre plus grandes compagnies de chemin de fer s'associèrent pour fonder le Railway Air

(1) *Considéré comme semi-officiel par certains.*

Timbre de chemin de fer d'Angleterre (1891), de Bavière, du Queensland pour journaux et colis.

Service (service postal aérien des chemins de fer). Il n'avait pas de timbres spéciaux mais utilisait une papeterie particulière et des cachets à main en caoutchouc particuliers.

La Belgique émet des timbres spéciaux pour le courrier officiel acheminé par chemin de fer depuis 1929 ; ils représentent soit l'emblème de la roue avec deux ailes, soit un B dans un ovale, surchargé ou incorporé au dessin.

Les premiers timbres de recommandation, utilisés sur les lettres recommandées, ont été émis par le Victoria le 1er décembre 1854.

Les autres pays ayant émis des timbres de recommandation sont la Colombie (1865-1932), les États colombiens d'Antioquia (1896-1902), Bolívar (1879-1904) et Cundinamarca (1883-1904), Panama (1888-1916), le Libéria (1893-1904), le Salvador (1897), le Venezuela (de 1899 jusqu'à nos jours), les États-Unis (1911), la République dominicaine (de 1935 jusqu'à nos jours) et la République démocratique allemande (depuis 1967). Dans bien des cas (par exemple ceux de la Colombie, de Panama et du Libéria), ces timbres comportaient un espace libre destiné à recevoir le numéro d'ordre du pli, rendant ainsi inutile l'emploi d'une vignette de recommandation séparée. Les timbres de la République démocratique allemande sont, en fait, des vignettes de recommandation que l'on prend dans des machines à sous et portant la mention GEBÜHR BEZAHLT (port payé).

Des vignettes de recommandation ont été utilisées comme timbres-poste en deux occasions. En Perse (Iran), les autorités postales durent avaliser l'emploi de ces vignettes à 1 chahi qu'on trouve de temps en temps à la place de timbres de même valeur ; on a même vu des blocs de six vignettes remplaçant des timbres-poste à 6 chahis aux alentours de 1903. Les vignettes utilisées en Nouvelle-Guinée allemande furent surchargées de la mention G.R.I. (monogramme royal britannique) et de nouvelles valeurs en sterlings, puis utilisées comme timbres-poste à la suite de la reddition de l'administration coloniale allemande aux forces de l'Empire en 1914.

Les timbres scouts trouvent leur origine dans les 1 et 3 pence émis à Mafeking au siège de 1899-1900. Fabriqués sur place, ils représentaient le

Timbre de recommandation d'Antioquia (1899), de Colombie (1889), du Canada (1875), des États-Unis (1911).

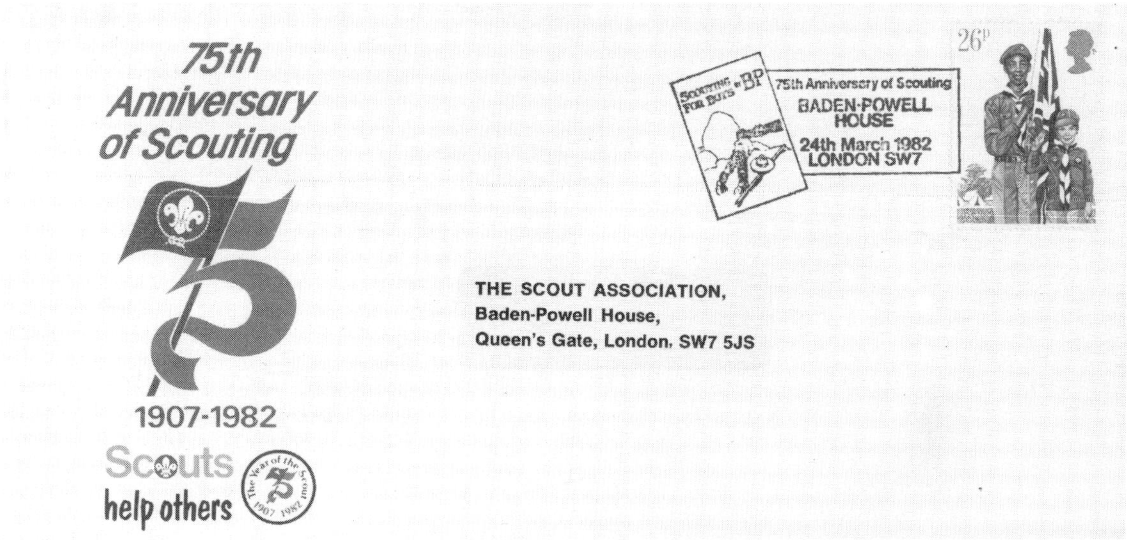

Enveloppe Premier Jour éditée en Angleterre à l'occasion du 75e anniversaire du scoutisme, avec le timbre commémoratif correspondant et le cachet Baden-Powell.

colonel R. S. S. Baden-Powell, fondateur du mouvement et commandant de la ville assiégée, ainsi que le cadet sergent-major Warner Goodyear à bicyclette, souvent considéré comme le premier scout représenté sur un timbre. Baden-Powell fonda son mouvement en 1907 à partir de l'expérience acquise précisément avec les jeunes de Mafeking. Les scouts de Prague se virent confier l'organisation du premier service postal de Tchécoslovaquie après l'indépendance en 1918. Des timbres portant l'inscription POSTA CESKYCH SKAUTU (poste tchèque des scouts) furent émis en 1918.

Le premier timbre représentant des scouts fut émis par la Hongrie en 1925, dans une série sur les sports. Cette figurine à 1 000 korona représentait un clairon et une scène de camp scout. C'est aussi la Hongrie qui fut le premier pays à émettre des timbres commémorant un jamboree, à Gödöllö en 1933.

La première griffe publicitaire en faveur du scoutisme fut apposée par la Tchécoslovaquie à l'occasion du jamboree slovaque de Prague, en juin-juillet 1933.

Les premiers timbres de transport maritime, ayant servi à acquitter les frais d'acheminement par bateaux à vapeur, datent de 1847. C'étaient des timbres à 50 cents pour le courrier transporté par le *Lady McLeod* entre San Fernando et Port of Spain. Avant la création de l'Union postale universelle en 1874, la plus grande partie du transport international du courrier était entre les mains des compagnies maritimes qui fabriquaient leurs propres timbres. Le service assuré par le *Lady McLeod* semble avoir été suspendu à la fin de 1850, mais dans les dix années qui suivirent, la Compagnie de navigation à vapeur du Pacifique continua à faire la navette le long des côtes du Pérou. La compagnie n'utilisa jamais ses propres timbres mais elle les remit aux Postes qui en firent leurs premiers timbres-poste nationaux (1858-1859). La compagnie Gauthier Frères et Cie, naviguant entre Le Havre, New York et Rio de Janeiro, émit deux timbres représentant le SS *Barcelone*, en 1856-1857.

Citons les autres compagnies maritimes qui émirent leurs propres timbres vers le milieu du XIXe siècle :
Saint Thomas et La Guiara, Antilles danoises, 1864-1869;
Ropit (Levant russe) 1865-1914;
Compagnie de bateaux à vapeur du Danube, 1866-1874;
T. B. Morton & Co, Constantinople et Danube, 1866-1872;
Tavastehus-Tammerfors, Finlande, 1867;
Kustendje & Czernavoda, Roumanie, 1867;
Compagnie du canal de Suez, 1868;
Compagnie de bateaux à vapeur d'Asie Mineure, 1868;
Compagnie de bateaux à vapeur de Saxe et de Bohême, 1869;

Saint Thomas (FAF & ZA Curaçao), 1869-1870 ;
Compagnie de transports par bateaux à vapeur de Sainte-Lucie, 1870-1872. Ses premiers timbres étaient des vignettes de prix au cadre bleu, portant la griffe de la compagnie ;
Compagnie Helsingfors-Boback, 1874-1879 ;
Royal Mail Steam Packet Company (Panama-Saint Thomas), 1875 ;
Compagnie des bateaux à vapeur des Indes orientales hollandaises, 1876 ;
Compagnie Chimba (Bolivie), 1876 ;
HAPAG, 1876.

Des timbres de traitement spécial ont été émis par les États-Unis en 1925, en valeurs de 10 à 25 cents. Ils avaient pour but de donner au courrier de quatrième classe qualité de courrier de première classe. Ils furent retirés de la circulation en 1929.

Les timbres spécimens sont, d'une manière générale, des timbres surchargés ou perforés, pour servir d'échantillons (pour être distribués au pays membres de l'Union postale universelle, par exemple) ; ils sont dépourvus de validité.

L'envoi de spécimens à l'Union postale universelle remonte à 1879. Depuis cette époque, chaque membre adresse un nombre d'exemplaires suffisant de chaque nouvelle émission au siège de l'U.P.U. à Berne, pour que trois spécimens de chaque figurine puissent être adressés à chacun des pays membres. La pratique consistait alors à surcharger de la mention *spécimen*

Timbres spécimen surchargés, Costa Rica (1945) et Sri Lanka (1974).

les timbres destinés à l'U.P.U. a progressivement disparu après 1945.

Les hautes valeurs d'Australie et de ses dépendances étaient surchargées de la mention *spécimen* pour la vente aux collectionneurs jusqu'en 1970. D'autres pays (principalement l'Allemagne de l'Ouest, Chypre, Saint Vincent et les Grenadines) surchargent les timbres destinés aux journalistes philatéliques. La Mongolie applique une griffe transversale au dos des timbres dans le même but.

Les termes désignant les timbres spécimens sont : MONSTER (hollandais), MÜSTER (allemand), MUESTRA (espagnol), MALLI (finnois), OBRESTEZ (russe) et SAGGIO (italien), MION (Japon).

Des timbres de grève ont été émis par des services d'urgence mis en place pendant des grèves postales. La première émission de ce type date de 1894 où un service postal à bicyclette Fresno-San Francisco, organisé par Arthur Banta, durant une grève des chemins de fer, émit un timbre à 25 cents en forme de losange. En mai 1909, les postiers français se mirent en grève par solidarité avec cinquante-quatre de leurs compagnons mis à pied par le gouvernement, pour avoir manifesté contre la politique de défense. La Chambre de commerce d'Amiens organisa un service de poste locale et émit des timbres à 10 centimes aux armes de la ville. Le service normal reprit le 19 mai. Parmi les grèves ayant donné lieu à des émissions particulières, citons :
Milan, avril-mai 1920 ;
Tyrol autrichien, décembre 1923 ;
Linz-Vienne, novembre 1924 ;
Orléans (Loiret), août 1953 ;
France (différentes Chambres de commerce), mai 1968 et décembre 1974 ;
Colombie britannique, Port Angeles, 1965, 1968 ;
Albany (New York), mars 1970 ;
Dublin, 1980.

Des timbres de sous-marins ont été émis pour la première fois le 9 août 1916 par la Deutsche Versicherungsbank GmbH de Berlin pour un service de lettres chargées entre l'Allemagne et les États-Unis. Le courrier était transporté par les sous-marins *Deutschland* et *Bremen* avec l'accord des Postes impériales allemandes. Des timbres valant de 5 à 50 marks furent imprimés à cet usage par Giesecke & Devrient, à Leipzig.

Timbres de secours utilisés pendant des grèves postales : Rickshaw, Despatch (Canada) et *Juan de Fuca* (1965), TDR et Londres (G.-B., 1971) et Tyrol autrichien (1923).

Timbre émis par la Chambre de commerce d'Amiens en temps de grève, 1909

Une seconde série dépourvue de la mention LETTRE CHARGÉE SERVICE ALLEMAGNE-AMÉRIQUE fut émise par la suite avec en plus des 75 et 100 marks gravés sur papier recouvert d'une surface métallique en argent ou en or. Les lettres et paquets, que recevait l'agent de la banque de New York, étaient ensuite adressés aux destinataires sous emballage ou enveloppe ordinaire. Ce service prit fin lorsque les États-Unis entrèrent en guerre en mars 1917.

En 1938, pendant la guerre civile espagnole, les communications entre les îles Baléares et le continent furent maintenues grâce aux sous-marins de la Marine républicaine. Six timbres portant l'inscription CORREO SUBMARINO et représentant des sous-marins furent émis au mois d'août; trois d'entre eux furent également livrés sous forme de blocs-feuillets.

Au cours de la Seconde Guerre mondiale, trois postes de sous-marins reçurent des timbres particuliers : *la Base Atlantica* italienne à Bordeaux (1943), la poste allemande aux armées en Crète, à Vukovar, à Rhodes et à Leros (timbres de poste aérienne surchargés INSELPOST [poste des îles]), pour l'expédition par voie aérienne ou sous-marine (1944-1945), et la garnison allemande de la péninsule du Héla, à Dantzig (mars-mai 1945).

Des timbres de distribution dominicale furent émis par la Bulgarie en 1925-1929 et en 1942. Il fallait les ajouter aux timbres-poste habituels sur les lettres à distribuer le dimanche et les jours fériés. Les bénéfices tirés de ces timbres étaient consacrés à l'entretien d'un sanatorium et de maisons de repos des personnels des postes et de leur famille. Ces timbres représentent le sanatorium en question.

Timbre de distribution dominicale, Bulgarie, 1925.

Les timbres à sujet sont des timbres émis en série sur le même sujet et mis en vente pour une période limitée. La première série de ce type fut émise par la république de Saint-Marin, en avril 1953, et représentait différents sports. Des séries plus anciennes (comme la série hongroise des sports de 1925) furent émises pour des raisons spécifiques — soit avec une surtaxe de bienfaisance, soit en l'honneur d'un événement ou d'une personnalité. L'émission de Saint-Marin n'avait d'autre but que d'offrir aux collectionneurs une série dont les motifs traitaient du même sujet. En décembre 1953, Saint-Marin a émis une série de neuf timbres représentant des fleurs, en 1956 une autre, analogue, avec différentes races de chiens, et ainsi de suite à intervalles réguliers.

Plusieurs pays ont émis des séries courantes à sujet — aux États-Unis, la série présidentielle (1938); les costumes provinciaux (1934, 1948) et les paysages (1945, en Autriche); les scènes historiques en Bulgarie (1942); l'effort de guerre au Canada (1942); les produits locaux en Colombie (1932); les bornes territoriales en Tchécoslovaquie (1936); les oiseaux (1939, poste aérienne) et les pionniers de l'aviation (1948), poste aérienne au Liechtenstein; les politiciens, artistes et hommes de science en République démocratique allemande (1948); les républiques du Moyen Age (1946) et les activités des régions (1950) en Italie.

Mais l'une des plus grandes séries est celle des Américains célèbres émise entre le 29 janvier et le 28 octobre 1940 représentant des auteurs, des poètes, des spécialistes de l'éducation, des scientifiques, des compositeurs, des artistes et des inventeurs.

La particularité de cette émission est sa réalisation sous forme d'un feuillet groupant cinq figurines de chaque spécialité. La série entière se compose donc de sept fois cinq timbres.

En 1943-1944, les États-Unis ont également émis une série de treize timbres représentant les drapeaux des nations opprimées. Dans les deux cas, l'émission se poursuivit sur une longue période pendant laquelle les figurines servirent de timbres courants.

La série à sujet la plus longue a été émise par la Turquie en 1958 en 5 et 20 kurus représentant les villes principales du pays, d'Adana à Zonguldak, soit un total de 134 timbres.

Les premiers timbres représentant les sujets les plus populaires (en tenant compte seulement des émissions gouvernementales) sont :

Les avions, U.S.A. (1912).

Les animaux, Canada (1851). Les timbres du

Premiers exemples de sujets plus populaires : les armes de guerre (Alwar 1877), la flore (Terre-Neuve, 1857), les véhicules à moteur (États-Unis, 1901), les locomotives (Nouveau-Brunswick, 1861), les bateaux (Buenos-Aires, 1858), le sport (Grèce, 1896).

maître des postes de Saint Louis (1846) représentant des ours.
Les armes et les armures, Alwar (1877).
Les oiseaux, Bâle (1845), U.S.A. (1851), Australie occidentale (1854).
Les pièces de monnaie, Nouvelle-Galles du Sud (1861).
Les drapeaux, Costa Rica (1863), U.S.A. (1869).
La flore, Nouveau-Brunswick (1851), Nouvelle-Écosse (1853) et Terre-Neuve (1857).
Les bornes territoriales, Égypte (1867).
Les locomotives, Nouveau-Brunswick (1860).
Les cartes, Nouvelle-Galles du Sud (1888), Venezuela (1894).
Les véhicules à moteur, U.S.A. (1901).
La mythologie, France (1849), Autriche (1851).
La religion, Portugal (1895).
Les paysages, Nouvelle-Galles du Sud (1850), Nicaragua (1862).
Les bateaux, Buenos Aires (1858), Nouveau-Brunswick (1860).
Le sport, Grèce (1896).
Les timbres, Sirmoor (1892).

Les timbres fiscaux ou autres modifiés pour servir de timbres-poste sont des timbres dont une partie du motif était ôtée avant l'émission. Le premier exemple de ce type date de 1866, en Inde, lorsque des timbres fiscaux indiens furent réémis à l'usage des postes, après suppression des mentions fiscales et apposition de la surcharge POSTAGE. Macao adopta une procédure similaire en octobre 1887, et en 1892 l'Équateur transforma des timbres munis de surcharges, les destinant à un usage officiel ou aux services télégraphiques, pour en faire à nouveau des timbres-poste ordinaires, et ce en coupant les parties du timbre surchargées. Les comptoirs français des Indes émirent en 1903 des timbres fiscaux coupés en deux, dont la moitié supérieure fut surchargée pour servir de timbres-poste.

Les timbres utilisés à l'étranger, dans les bureaux de poste d'outre-mer, les agences et les bureaux consulaires, sont caractéristiques du courrier international avant la création de l'U.P.U., en 1874, et pendant encore quelques années. Les premiers bureaux de poste d'outre-mer ont été les bureaux étrangers installés par la France dans les pays voisins : le premier fut ouvert à Venise le 24 mars 1561 et fermé le 3 novembre 1675. Un bureau de poste français ouvert à Rome vers 1580 fonctionna jusqu'en 1793. Il fut réouvert en 1801 jusqu'en 1871. Le premier de ces bureaux à avoir disposé d'une marque postale est celui de Genève (DE GENEVE), vers 1695. C'est de cette même année que datent les griffes d'identification utilisées par les troupes françaises engagées à Courtrai et à Suze (Piémont) pendant les campagnes de la guerre de la ligue d'Augsbourg.

Des bureaux de poste permanents et des agences postales furent installés par la France et la Grande-Bretagne dans de nombreux pays au cours du XIXe siècle pour accélérer le traitement du courrier d'outre-mer. L'Australie, l'Italie, la Russie et l'Inde, entre autres, entretenaient également des bureaux de poste hors de leurs frontières : ils y utilisaient leurs propres timbres, et le bureau de départ n'était identifiable qu'à la griffe postale.

Voici les pays dans lesquels étaient utilisés les timbres-poste français ordinaires identifiables uniquement par leur oblitération numérique : Chine (1862-1922), Crète (1897-1913), Égypte (1852-1931), Japon (1865-1880), Libye (1880-1912), Madagascar (1880-1896), Monaco (1884-

1885), Maroc (1862-1913), Roumanie (1857-1875), Tunisie (1852-1888), Turquie (1852-1914) et Zanzibar — qui dépend actuellement de la Tanzanie — (1889-1904).

L'Autriche-Hongrie ouvrit des bureaux de poste dans différentes parties de l'Empire turc. Les timbres de Lombardie-Vénétie y furent utilisés de 1863 à 1867 et des timbres hongrois servirent en Roumanie, de 1867 à 1869.

Des timbres russes ordinaires furent utilisés en Chine (1870-1899), tandis que des timbres allemands circulaient en Chine (1886-1898), au Maroc (1899-1914), en Turquie (1870-1884), en Nouvelle-Guinée (1888-1898), en Afrique orientale (1888-1891), à Zanzibar et en Tanzanie (1890-1891), en Afrique du Sud-Ouest (1888-1897) au Cameroun (1887-1897), aux îles Marshall (1889-1901), à Samoa (1886-1901), au Togo (1888-1901). Des figurines américaines furent utilisées en Chine (1900-1919) ainsi que des timbres japonais de 1876 à 1900.

Des timbres-impôts de guerre servant à récolter des fonds pour la poursuite de la guerre furent émis pour la première fois par l'Espagne en 1874-1877. Marqués IMPUESTO DE GUERRA (impôt de guerre), ils étaient obligatoires sur toute

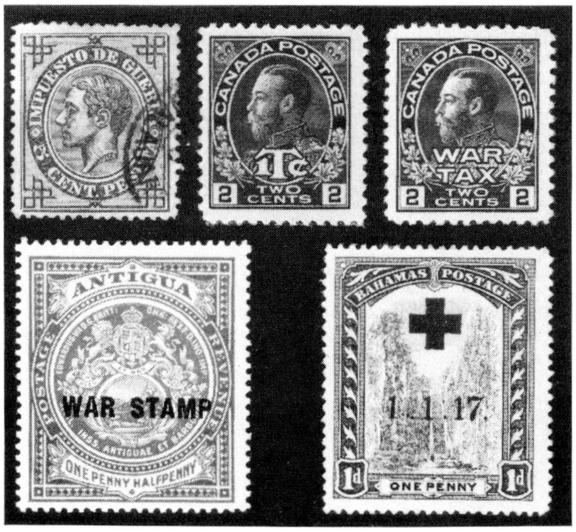

Timbres-impôt de guerre d'Espagne (1874), du Canada (1916), d'Antigua (1916) et des Bahamas (1917).

correspondance à l'époque des guerres carlistes. D'autres apparurent encore en 1898 au cours de la guerre hispano-américaine. Dans plusieurs cas, ces timbres sont restés en usage longtemps après la guerre et jusqu'à 1920 pour certains d'entre eux.
A l'extérieur du Commonwealth, les seuls timbres-impôts de guerre connus furent émis par le Libéria en 1918. Il n'existe aucun timbre de ce type datant de la Seconde Guerre mondiale.

Des timbres zemstvos furent émis dans de nombreuses régions de la Russie des tsars, le mot zemstvo signifiant « rural ». Les Postes impériales russes desservaient uniquement les villes de grande importance et les chefs-lieux. En 1864, les autorités locales reçurent l'autorisation de mettre en place des services postaux dans les campagnes. La première poste dite « zemstvo » ouvrit à Vetlouga en 1864, mais sans émettre aucun timbre. Les premiers timbres de ce service furent émis à Schlüsselburg en 1865. Par

Zemstvo (assemblées locales élues par les classes dirigeantes en Russie) de Starorusk et Stavropol.

décret du 3 septembre 1870, les postes zemstvos bénéficièrent d'une plus grande liberté dans le choix des motifs, et entre cette époque et la révolution bolchévique (qui entraîna leur disparition), les 162 districts concernés émirent 2 500 timbres types divers. Parmi eux figurent les spécimens les plus rares du monde (Kotelnich) et les formes les plus étranges : ovales (Vessiegonsk et Luga), en losanges (Dmitrov et Pskov) et circulaires (Kasimov et Maloarchangelsk). Les services zemstvos disparurent progressivement entre 1900 et 1917.

5

La technologie des timbres

LE DESSIN

Le plus grand nombre de gens mobilisés pour concevoir un seul timbre remonte à 1839-1840 où furent imaginées les premières figurines du monde. Deux mille six cents personnes partici-
Deux mille six cents personnes participèrent en Angleterre au concours organisé par le Trésor à cette occasion, mais c'est l'idée de Rowland Hill qui prévalut : le profil de la reine Victoria sculpté par William Wyon et adapté par Henry Corbould pour être gravé par Charles et Frederick Heath sur un fond guilloché par Jacob Perkins.

Dessinateurs de timbres inattendus. Le prince de Galles (le futur roi George V) et J. A. Tilleard, secrétaire de la Royal Philatelic Society, dessinèrent la série courante canadienne de 1903-1912. Franklin D. Roosevelt, président des États-Unis, le timbre distribution spéciale de poste aérienne à 16 cents de 1934. L'artiste, écrivain et philosophe français Jean Cocteau, le 20 centimes courant à l'effigie de Marianne de 1961. Une religieuse, Sister Frances Randal, les timbres émis en 1980 à l'occasion de la visite du pape au Kenya, et un prêtre, le père Francis Welch, la série du centenaire de la Sierra Leone de 1933.

10 c de Nouvelle-Calédonie dessiné par le Sergent Triquerat, 1859

Des militaires ont également trouvé le temps de concevoir des timbres en dépit de leurs fonctions. Le sergent Triquerat dessina le 10 centimes de la Nouvelle-Calédonie (la première émission de cette colonie française) en gravant le motif sur une pierre avec une épingle (1859), et c'est le capitaine Stanton qui imagina le « Courrier du Désert » du Soudan (1898); plus d'un demi-siècle après, celui-ci fit également le 50 pence de 1951. En 1946, le prisonnier de guerre japonais, W. E. Jones, dessina pendant sa captivité le « Victory » de Hong Kong qui représente un phénix renaissant des cendres de la défaite.

Le plus jeune dessinateur de timbres. C'est une Anglaise du nom de Samantha Brown qui, à l'âge de cinq ans et dans le cadre d'un concours organisé par la B.B.C., dessina le timbre de Noël à 5 p de 1981 représentant saint Nicolas.

En octobre 1958, la Tchécoslovaquie sortit trois figurines représentant des peintures et dessins d'enfants à l'association de l'inauguration de l'immeuble de l'Unesco à Paris. En 1963, Monaco émettait à son tour une série de timbres-poste reprenant des dessins d'enfants réalisés dans le cadre de la Charte des enfants, promulguée par les Nations unies.

Timbres de Monaco, dessinés par des enfants, 1963

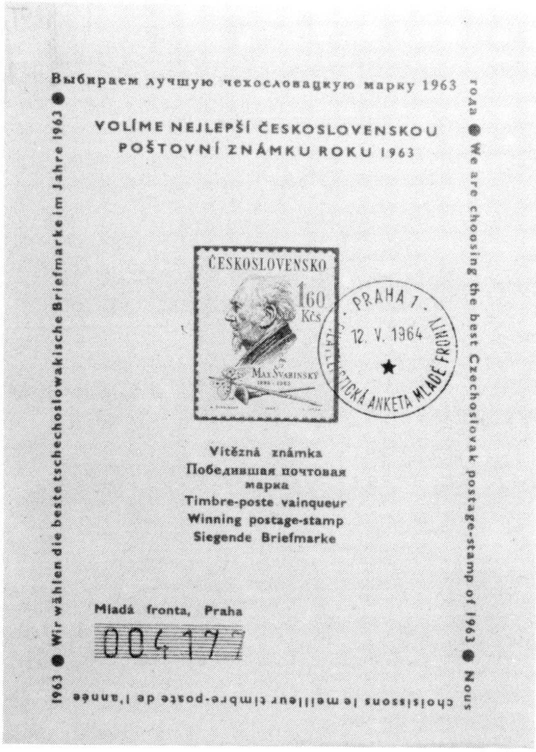

Carte souvenir en l'honneur du 85e anniversaire de Max Svabinsky.

La plus longue carrière. Ferenc Bökrös débuta en 1919, avec les timbres de la République soviétique de Béla Kun en Hongrie, et finit sa carrière avec la série des martyrs antifascistes en décembre 1974 — cinquante-cinq ans plus tard.

Le dessinateur le plus âgé. C'est le Révérend W. Keble-Martin qui, à quatre-vingt-onze ans, dessina pour l'Angleterre quatre figurines représentant des fleurs. Vient ensuite le professeur Max Svabinsky qui dessina en 1963 pour la Tchécoslovaquie un timbre à 1,60 koruna, en l'honneur de son 85e anniversaire personnel.

Le dessinateur le plus prolifique est Gordon Drummond qui dessina 1 227 timbres pour les agents de la Couronne jusqu'en 1981.
L'Américain le plus prolifique est C. R. Chickering avec 53 dessins entre 1947 et 1962. C'est W. Reed qui fit les 50 drapeaux de la série de 1976.

Feuillet de quatre timbres à motif de fleurs dessiné par le Révérend W. Keble-Martin.

En U.R.S.S., Viktor V. Zavialov fut l'auteur d'au moins 577 dessins entre 1925 et 1973, relayé par ses fils qui en firent 118 autres entre 1952 et 1974. Les trois Zavialov participèrent à la série de la marine russe de 1973.

On ne connaît qu'un seul autre « atelier familial » de ce genre, celui des Cundall. En 1921, la Jamaïque confiait à Frank Cundall la réalisation d'une série illustrée (13 timbres) : sa fille conçut les 1 penny et 3 shillings, sa femme le 3 pence, tandis que le cadre des treize figurines était exécuté par Miss Cundall et Miss Wood.

Le premier dessinateur à avoir signé un timbre est Louis Yon dont le nom apparaît dans les grappes de raisin qui ceignent le front de la Cérès de la série lithographiée à Bordeaux en 1870. Six ans plus tard, les noms du dessinateur J. A. Sage et du graveur Eugène Mouchon apparaissaient en marge des timbres courants « Paix et Commerce ».

Mais dès 1852, le graveur général des Monnaies de France J.-J. Barre apposait son initiale B sur timbres à l'effigie du prince-président (10 et 25 centimes).

Une incroyable coïncidence s'est produite une seule fois. La ville d'Alexandria, en Virginie, émit en 1846 son propre timbre à 5 cents, œuvre du maître de postes local, Daniel Bryan. Il présentait une inscription circulaire libellée ALEXANDRIA POST OFFICE entourée d'un cercle de 39 ou 40 rosettes avec au centre la mention PAID 5 . On n'en connaît que quelques exemplaires non oblitérés et un sur papier bleu ; le premier ne fut découvert qu'en 1872.

Aussi incroyable que cela paraisse, deux ans plus tôt, en 1870, la ville d'Alexandria en Russie émettait un timbre à 10 kopecks imprimé en noir sur papier brun clair. L'inscription en caractères cyrilliques POSTE MUNICIPALE D'ALEXANDRIE formait également un cercle entouré de rosettes avec au centre P.Z.M. C'était la réplique exacte du timbre américain de 1846, mais personne ne sait comment l'obscur maître de poste d'une petite ville de Russie aurait pu avoir connaissance de ce timbre dont les philatélistes de l'époque ignoraient jusqu'à l'existence !

Timbres locaux d'Alexandria, U.S.A. et d'Alexandria, U.R.S.S., présentant des motifs pratiquement identiques.

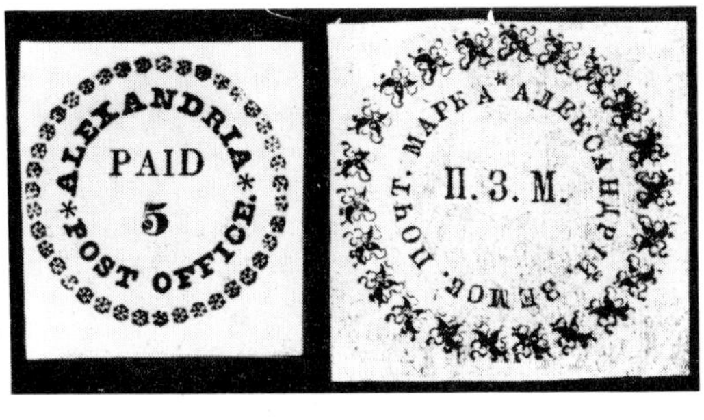

Le plagiat. Le Cérès français a été fidèlement copié par l'État de Corrientes en Argentine (1876). Le 3 cents de Terre-Neuve représentant la reine Victoria a été repris de façon éhontée par l'Uruguay pour son 5 milesimas « Liberté » (1898). Les zemstvos 1900 de Sapozhok reprenaient le dessin des figurines suisses « Helvetia assise » de 1862. Le « Cor postal et chiffre » norvégien réapparaît sur la série crétoise de timbres-taxes de 1901.

Mais le pire exemple de plagiat est sans doute celui du 10 centavos exprès émis par la République dominicaine en 1925, qui reprend le

Crète : timbres-taxes de 1901 inspirés du « Corpostal » norvégien.

Le seul exemple de double plagiat : timbre taxe américain de 1879 copié par le Mexique (1882), la Nouvelle-Galles du Sud (1891) et l'Australie (1902).

10 cents américain distribution spéciale de 1922. La disposition de la légende est habilement adaptée, mais c'est dans le détail de la vignette, représentant un porteur spécial le pied sur le pas de la porte et sa moto au bord du trottoir, que le dessin est recopié trait pour trait. Le timbre imprimé sur la carte postale

Carte postale espagnole de 1870 au timbre inspiré d'une figurine belge de 1869.

espagnole de 1870 est une réplique presque exacte des petites valeurs belges de 1869, avec quelques différences mineures dans le détail et, bien entendu, dans les inscriptions. Toute la série de timbres locaux émise en 1899 par Griazovetz reprenait les motifs contemporains les plus célèbres — exemple amusant d'imitation prenant la forme de la plus sincère flatterie.

Les seuls timbres à avoir été dessinés par ordinateur à ce jour ont été émis par les Pays-Bas le 7 avril 1970 : il s'agit d'une série de cinq timbres de bienfaisance présentant des structures linéaires complexes entièrement réalisées par ordinateur.

Trois des cinq figurines dessinées par ordinateur et émises par les Pays-Bas en 1970.

Les premières erreurs dans le dessin datent de 1852, année où les timbres de Guyane britannique présentaient une devise latine erronée. « Nous donnons et demandons en échange » devenait « et souffrons en échange » (*patimus* au lieu de *petimus*).

Avant la guerre de 1914, une erreur prophétique fit la joie des Alsaciens : l'inscription DEUTSCHES REICH des timbres impériaux d'Allemagne, par suite d'une fausse lettre ou peut-être de la simple usure de la barre inférieure de l'E se transforma en DFUTSCHES REICH, ce qui n'est pas loin de signifier : empire f...ichu.

Les erreurs les plus fréquentes sont les fautes d'orthographe, mais on trouve aussi des fautes de grammaire, de vocabulaire, des erreurs de sujets, des inexactitudes dans le détail, des images renversées, des légendes erronées et des omissions. En voici quelques exemples :

Orthographe

Colombie, 1877, 20 centavos : REPULICA au lieu de REPUBLICA, corrigé en 1889.

Terre-Neuve, 1910, 4 cents : Z de COLONIZATION à l'envers.

Belgique, 1919, 25 centimes : LIÉGE au lieu de LIÈGE.

Portugal, 1935, 10 et 15 centavos : avec ou sans accent sur PORTUGUÉSA.

Erreurs d'orthographe : Nord-Bornéo (JESSELTON et JESSELTON), La Barbade (Hippocanpus et Hippocampus), Lesotho (KIMBERLITE et KIMERLITE sur le même timbre).

Nord-Bornéo, 1950, 50 c : JESSLTON, corrigé JESSELTON (1952).
Barbade, 1965, 3 cents : HIPPOCANPUS, corrigé HIPPOCAMPUS (1967).
Portugal, 1969 : MUSCHIA pour MUSSCHIA.
Lesotho, 1973, 20 cents : KIMERLITE à la place de KIMBERLITE. Ce timbre présente la particularité de porter deux fois le même nom, une fois bien orthographié, l'autre fois mal !

Grammaire
Bulgarie, 1885, 1 stotinka : EDIN STOTINK au lieu de EDNA STOTINKA ; 2 stotinki : DVA STOTINKI au lieu de DVE STOTINKI, les deux chiffres au masculin au lieu du féminin.
Grèce, 1933, 1 drachme : DRACHMAI (pluriel) au lieu du singulier.
Inde, 1919 : 1 1/2 anna ONE AND HALF ANNA — corrigé 1 1/2 annas ONE AND A HALF ANNAS (1921).

« Descartes » erroné et corrigé

Usage
Terre-Neuve, 1910, 4 cents : LORD BACON (il fallait mettre soit SIR FRANCIS BACON soit LORD VERULAM).
France, 1937, 90 centimes : DISCOURS SUR LA MÉTHODE au lieu de DE LA MÉTHODE, titre exact de l'œuvre de Descartes (corrigé par la suite).

Erreurs de sujet
Terre-Neuve, 1897, 20 centimes : portrait de Sebastian Cabot à la place de celui de son père, John Cabot.
Belgique, 1930, timbres de poste aérienne : monoplan Dornier avec des marques d'ailes italiennes au lieu de marques belges.
Philippines, 1932, 18 centavos : chutes de Vernal au Yosémite en Californie, à la place de celles de Pagsanjan annoncées en légende.

R.D.A., 1956, 10 pfennig : Robert Schumann avec le *Wanderers Nachtlied* de Schubert (corrigé par la suite).
Italie, 1961, 205 lires rose : visite présidentielle en Amérique du Sud — carte erronée du Pérou. Redessiné, couleur modifiée pour éviter toute confusion.
Corée du Sud, 1951 : drapeau italien avec la croix de Savoie remplacé par le drapeau républicain.
Chine continentale, 1964 : centenaire de la Ire Internationale, St Martin-in-the-Fields (église anglicane) à la place du St Martins'Hall, Endell Street, où s'était réunie l'Internationale communiste.

Inexactitudes
Terre-Neuve, 1865, 5 cents : phoque avec pattes avant à la place de nageoires (corrigé par la suite).
Brésil, 1890 : constellation de la Croix du Sud tournée vers la droite au lieu de la gauche (corrigé en 1936).
St Kitts-Nevis : Christophe Colomb utilisant une longue-vue plus d'un siècle avant son invention.
Tchécoslovaquie, 1918 : château de Hradcany se détachant sur un soleil couchant considéré comme de mauvais augure à l'aube de la nouvelle république et retiré par la suite.
Iles Cook, 1932, 1/2 dollar : HMS *Endeavour* à l'ancre toutes voiles dehors.
Pakistan, 1948 : croissant islamique tourné vers la droite au lieu de la gauche (corrigé vers 1950-1951).
Inde, 1949 : rallye de Monte-Carlo : joueur de cornemuse écossais tenant devant lui son sac sans bourdon.

Images renversées
États-Unis : le portrait de George Washington

Baleine soufflant en surface (îles Falkland, 1928); bateau à l'ancre, toutes voiles dehors (îles Cook, 1932).

par Stuart tourné vers la gauche (New York, 1845), vers la droite (1847), vers la gauche (1851), vers la droite et la gauche (1861), vers la droite (1869), vers la gauche (1902, 1903, 1932), vers la droite (1954).
Portugal : la reine Maria II tournée vers la droite au lieu de vers la gauche (1953).

Légendes erronées
États-Unis, 1898, 1 dollar : le « Troupeau de l'Ouest dans la tempête » est en réalité un tableau de John McWhirter représentant un troupeau des Highlands et intitulé *The Vanguard*.
Guatémala, 1902, 10 centavos : lac Atitlán baptisé par erreur Amatitlan.
Terre-Neuve, 1928, 1 cent : cap Bauld et cap Norman intervertis sur la carte (corrigé par la suite).
Grande-Bretagne, 1968, 3 pence : Tarr Steps qualifiées de préhistoriques alors qu'elles sont médiévales.
Guernesey, 1967, 1 penny et 1 shilling 6 pence : erreur dans la latitude indiquée, 40° 30' N rectifiée ultérieurement 49 ° 30 ' N.

Omissions
Kenya, Ouganda et Tanganyika, 1935 : sur les

Erreur de portrait (Terre-Neuve, 1897 et Australie 1947); Colomb utilisant une longue-vue un siècle avant son invention (St Kitts-Nevis, 1903); erreurs de date et de légende (Nicaragua, 1957).

Erreurs et corrections de Tchécoslovaquie (1918), de Terre-Neuve (1928), de la Jamaïque (1921), d'Afrique orientale (1935), de Ceylan (1935) et de Guernesey (1967)

5 et 50 cents, une drisse n'est pas attachée au mât — corrigé en 1936 (5 cents) et 1938 (50 cents). Sur le 30 cents, le Jinja Road Bridge est oublié sous le pont de chemin de fer (corrigé en 1938).

Fidji, 1938, 2 et 6 pence : méridien 180° (ligne de changement de date) oublié, corrigé en 1938.

Fidji, 1938, 1 dollar 1/2 : pirogue à balancier sous voile mais vide; pêcheur ajouté en 1940.

Aussi étonnant que cela paraisse, ce n'est pas Terre-Neuve qui détient le record du plus grand nombre d'erreurs. Cet honneur douteux revient en effet à l'Afghanistan qui, en quarante ans (1927-1967), a produit au moins vingt timbres avec des erreurs, surtout des fautes d'orthographe dans les mots français, parce que les dessinateurs locaux connaissaient mal la langue. Ces erreurs étaient rarement corrigées, même les plus flagrantes comme, par exemple, en 1953, les trois erreurs relevées sur le timbre à 125 pence : XXIII au lieu de XXII, ANNIVERAIRE et MADECINE au lieu d'ANNIVERSAIRE et MEDECINE (celles-ci furent néanmoins rectifiées par la suite)[1].

(1) *France, 1982, 1 F 60, recensement de la population : parmi la moisson de chiffres faite par la Marianne, manque le chiffre 7 de la Corse, deux fois par feuilles de 50 (cases 39 et 49).*

PRODUCTION

Les timbres les plus onéreux produits à ce jour par rapport à leur valeur réelle sont les 1 et 2 pence « Post Office » de l'île Maurice (1847). Selon les livres de compte (conservés à la British Library), J. Barnard fut payé 10 guinées (10,50 livres) pour graver la matrice et tirer cinq cents exemplaires de chaque valeur. La valeur faciale totale de l'émission atteignant la somme de 6,25 livres, le coût de production dépassait largement le bénéfice de la vente, sans compter les frais postaux que ces timbres étaient censés couvrir.

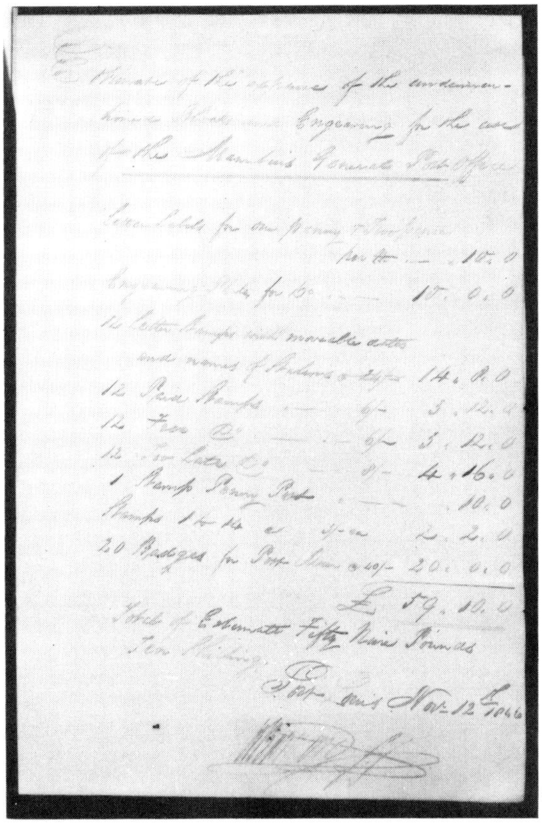

Devis original relatif à la fabrication des « Post Office » de l'île Maurice, 1846.

Le timbre le plus cher en valeur intrinsèque est le 1 200 francs de la série guinéenne de 1972 célébrant la visite du président Nixon à Pékin. Ce timbre de 46 x 37 mm était imprimé sur une feuille d'or de vingt-deux carats, avec des incrustations de rubis. Il est l'œuvre de la Société Pierre Mariotte de Paris.

Le premier timbre à avoir été imprimé dans un pays pour servir dans un autre est le « Colombe de Bâle » à 2 1/2 rappen émis le 1er juillet 1845 et fabriqué par la maison Krebs de Francfort-sur-le-Main en Allemagne pour le compte du canton de Bâle. C'est également le premier timbre multicolore — rouge, noir et bleu — combinant deux procédés d'imprimerie différents, la typographie et le relief (gaufrage).

Des timbres imprimés en partie dans un pays, achevés dans un autre et émis par un troisième sont apparus en Éthiopie en mars 1942, après le départ des Italiens. Ces figurines, qui représentent le roi Hailé Sélassié le jour de son couronnement, étaient lithographiées à Nasik en Inde, tandis que les valeurs étaient typographiées par la suite à Khartoum au Soudan. Plus tard, elles furent entièrement lithographiées à Nasik.

Éthiopie, série Hailé Sélassié, 1942.

Des timbres produits dans trois pays par trois procédés différents furent émis dans les zones anglo-américaines en Allemagne, en 1945, avec l'inscription AM (Forces militaires alliées) POST DEUTSCHLAND. La première série fut typographiée par l'US Bureau of Engraving and Printing à Washington et mise en circulation le 19 mars et le 1er juillet au fur et à mesure de l'avance des alliés. La deuxième émission fut photolithographiée par Harrison and Sons de High Wycombe, en Angleterre, et mise en circulation le 28 août et le 19 septembre. La dernière fut confiée à Westermann de Brunswick qui lithographia les timbres entre la fin de juillet 1945 et janvier 1946. Outre les procédés d'impression, ces timbres se différenciaient par leurs nuances, leur dentelure et d'infimes détails de leurs motifs décoratifs.

La police a produit des timbres en deux circonstances. En janvier 1907, la police de Reefton, Nouvelle-Zélande, surchargea divers timbres de la série 1906 (de 1/2 dollar à 2 shillings) de l'inscription « Official » à l'encre rouge, assortie de la mention GREYMOUTH-PAID (Greymouth-port payé) à l'intérieur d'un cachet circulaire. Les Provisoires de Reefton, comme on les appelle, n'ont eu qu'une existence éphémère et les usagés en particulier sont très rares.

En février 1908, l'inspecteur J. H. O'Sullivan, de la police locale des îles Caïmans, pallia un manque de timbres à 2 pence 1/2 nécessaires pour affranchir le courrier à destination de Cuba, en surchargeant à la main quatre feuilles de timbres à 4 pence avec la valeur manquante.

Des timbres ont été réalisés à plusieurs reprises à bord de navires. En 1915, des timbres du Levant français ont été surchargés à bord d'une unité de guerre, à l'usage de l'île Rouad, occupée par les Français au large de la côte syrienne. En 1928, des figurines françaises ont été provisoirement surchargées à bord du paquebot *Ile de France* pour affranchir le courrier envoyé à terre catapulté par avion.

En 1934, des timbres norvégiens ont été surchargés à bord du HMS *Milford* afin de servir durant le séjour du navire à l'île Bouvet dans l'Antarctique. Ces deux dernières émissions eurent lieu en accord avec les consuls français et norvégien de New York et du Cap.

Les seuls timbres entièrement fabriqués à bord d'un navire, en temps de guerre, sont les figurines destinées à l'expédition alliée projetée au mont Athos, imprimées par procédé photographique, en 1916 à bord du porte-avions HMS *Ark Royal* en mer Égée. Libellées en anglais, en grec et en russe, évaluées en pence, lepta et kopecks, elles portaient la Madone en effigie, motif pour le moins curieux quand on sait que les moines du mont Athos prohibent toute image féminine. L'expédition fut annulée, mais quelques-uns de ces timbres uniques servirent néanmoins à la poste aux armées britanniques de Salonique.

Les premiers timbres assortis de leur date d'émission sont les « Tigres » d'Afghanistan qui portaient des dates islamiques, renouvelées chaque année. Depuis 1935, les timbres canadiens mentionnent la date de leur production en chiffres minuscules incorporés au motif. La France fait de même depuis 1961.

10 cents canadien avec sa date de réalisation dans le coin inférieur droit du motif.

La datation marginale des timbres est apparue en république populaire de Chine en 1952. Auparavant, depuis 1950, une série de chiffres figurait en marge des timbres, en bas à gauche, sous le motif. Le premier chiffre indiquait le numéro de la planche dans le cadre des émissions annuelles, le deuxième le nombre de timbres de la planche d'origine et le troisième le numéro de chaque timbre à l'intérieur de celle-ci. En 1952 vint s'ajouter la date du calendrier chrétien. Tous ces chiffres disparurent à la fin de 1970. Depuis cette date, les chiffres utilisés ne mentionnent plus que le numéro de l'émission dans l'année.

L'Italie a adopté la datation marginale en 1955, suivie de l'Autriche, de la Hongrie et de la R.F.A. en 1969. Après un essai en 1962, la Belgique a préféré incorporer la date au motif, comme le font la France et les principautés d'Andorre et de Monaco depuis 1961.

Depuis le début de 1973, tous les timbres brésiliens (sauf les timbres courants et impôts obligatoires) représentent les deux derniers chiffres de la date accolés en gros caractères au nom du pays. Depuis 1980, les Américains inscrivent le symbole © (droits de reproduction réservés) sur leurs figurines et la date en marge des feuilles.

Les plus anciennes manufactures de timbres. L'Imprimerie nationale espagnole à Madrid

L'Imprimerie des Timbres-poste à Périgueux

produit la plupart des timbres espagnols depuis janvier 1850, à l'exception des émissions républicaines de la guerre civile (imprimées à Barcelone) et des émissions nationalistes (imprimées à Burgos, Vigo, Vitoria et Saragosse, ou par Enshede, de Hollande, et Orell Füssli, de Zurich). L'Imprimerie nationale autrichienne à Vienne produit également tous les timbres autrichiens depuis juin 1850, à l'exception des timbres allemands assortis d'une surcharge provisoire en 1945 et d'une émission réalisée à Washington sous l'occupation alliée. La première figurine française de 1849, la Cérès, réalisée par M. Hulot, fut tirée par l'imprimeur Tacquin. Avant 1880, les timbres-poste furent successivement fabriqués sous le contrôle des Monnaies et Médailles par des entreprises privées, puis par la Banque de France. Depuis 1880, l'administration des P.T.T. dispose de son propre matériel et, depuis le 13 juin 1970, l'Imprimerie des timbres-poste a son siège à Périgueux.

La plus ancienne manufacture privée encore en activité est celle de De La Rue, à Londres et Basingstoke, fondée en 1819 par un citoyen de Guernesey, Thomas De La Rue. A l'origine, celui-ci entendait fabriquer des chapeaux de paille, puis, en 1824, il se mit à la reliure, en 1828, à la fabrication de cartes à jouer et enfin à la papeterie générale en 1830. Vers 1840, sa firme développa un procédé de fabrication d'enveloppes et signa en 1853 sa première commande de timbres fiscaux et de conscription avec l'État anglais. Il passa son premier contrat postal en juillet 1855 pour des timbres à 4 pence, et son premier contrat d'outre-mer la même année avec la Compagnie des Indes orientales. De La Rue a eu le privilège d'imprimer en 1944 et 1945 la série des émissions provisoires de France, connue sous l'appellation

A 5c, « dit de Bordeaux » avec le nom de Yon inscrit dans la grappe

l'Arc de Triomphe avait été imprimée en 1944 à Washington). En près de cent trente ans, De La Rue aura imprimé des timbres et de la papeterie postale pour quelque deux cents pays.

Timbres de De La Rue pour les États confédérés (1861) et la France (1945).

L'American Bank Note Company (manufacture américaine de papier-monnaie) de New York, fondée le 1er mai 1858, regroupait sept imprimeries dont certaines fabriquaient déjà des timbres pour les États-Unis depuis 1845 et le Canada depuis 1851. Cette manufacture peut donc prétendre au titre de plus ancien consortium associé à la production de timbres.

La première entreprise privée à avoir imprimé des timbres est Perkins, Bacon & Petch, de Londres, qui fabriqua des timbres anglais de 1840 à 1880. Elle continua cependant d'imprimer les figurines de quelques pays, notamment Terre-Neuve, jusqu'en 1941. En 1968, l'entreprise Sprague (qui avait repris Perkins & Bacon de nombreuses années auparavant) décrocha plusieurs contrats coloniaux qui lui permirent de faire revivre à cette occasion le nom de Perkins & Bacon avec la série de timbres olympiques des îles Caïmans (octobre 1968), celle du développement de Montserrat (juillet 1969) et du tourisme des îles Vierges britanniques (octobre 1969).

Les pays employant le moins d'imprimeurs sont l'Autriche et la Hongrie. Depuis 1850, tous les timbres autrichiens sont imprimés par l'Imprimerie nationale à Vienne, à l'exception des timbres allemands de 1945 à l'effigie de Hitler (imprimés à l'origine à Berlin et provisoirement surchargés par Hohler ou l'imprimerie Steyermuhl, de Vienne) ainsi que d'une émission de juin-novembre 1945 lithographiée par le Bureau of Engraving and Printing de Washington.

Hormis les timbres-journaux de 1867 à 1873, imprimés à Vienne, tous les timbres hongrois depuis 1871 sont réalisés par l'Imprimerie des timbres-poste, à Budapest. Seule la série florale de 1950 a eu ses vignettes typographiées dans ses ateliers tandis que le cadre en était exécuté en taille-douce par l'Imprimerie nationale du papier-monnaie.

Le pays employant le plus grand nombre d'imprimeurs est la Colombie qui, depuis 1859, a fait appel à trente et un d'entre eux. Vient ensuite l'Équateur avec trente entreprises sollicitées depuis 1885.

Parmi les imprimeurs les plus inattendus figurent :

La Manufacture du Savon Diamant, Kishengarh, 1913-1916.

La Presse de la prison de Jaipur, Jaipur, 1911-1928.

Les Frères capucins, Beyrouth, Syrie (1921-1924), poste aérienne libanaise (1924), Alaouites (1924-1929).

Le couvent orthodoxe grec de Jérusalem, Palestine, 1920.

Le collège salésien du pape Léon XIII, Bogota, poste aérienne colombienne, 1932.

Plusieurs journaux ont également imprimé des timbres :

Royal Gazette, Georgetown, Guinée britannique, 1850-1851, 1862.

Official Gazette, Georgetown, Guinée britannique, 1856.

Zanzibar Gazette, Afrique orientale britannique, 1895.

Fiji Times, Levuka, Fidji, 1870-1871.

Polynesian Gazette, Levuka, Fidji, 1874.

Times of India, Bundi, 1947.

Daily News, St John, Terre-Neuve, poste aérienne Hawker, 1919.

Royal Gazette, St John, Terre-Neuve, poste aérienne Alcock et Brown, 1919.

Bulawayo Chronicle, Rhodésie, provisoires de Matabélé, 1896.

Samoanische Zeitung, Samoa, occupation allemande, 1914.

The Star, Auckland, Tonga, 1894-1895.

De Zoutpansberg Wachter, Pietersburg, 1901.

Les premiers timbres émis par Charkari (1884-1897) furent imprimés un par un à partir d'un poinçon en acier qui demeura la propriété du maharaja.

Les erreurs de fabrication sont légion : bien peu d'émissions échappent aux imperfections tant au niveau de la couleur que de la dentelure. Voici la liste des diverses altérations susceptibles de se produire en cours de fabrication.

Substitution de cliché. Il arrive qu'un exemplaire d'un timbre d'une valeur déterminée soit imprimé sur une planche de figurines d'une valeur différente, ainsi le 15 centimes Cérès dentelé de 1874 dont un cliché s'était glissé dans la feuille du 10 centimes, les deux réales d'Espagne (1851) imprimés dans les feuilles de 6 réales, ou encore les 2 francs du Cameroun de l'émission de 1925-1927 qui s'étaient introduits dans les planches des 5 francs.

Renversement d'une partie du motif. Cela se produit d'ordinaire quand deux couleurs ou plus sont utilisées et que le papier passe sous la presse à plusieurs reprises. Le 4 dollars australien de 1854 présente cependant un renversement du cadre, d'autant plus étonnant qu'il s'agit d'un timbre monochrome, mais imputable à une erreur dans les transferts.

Australie de l'ouest, 4 d à cadre renversé

Les premiers exemples de timbres au centre renversé sont les 4 annas indigo et rouge indiens (1854) et les bicolores de la série américaine de 1869. Le timbre péruvien de 1 dinero (1862) est connu pour avoir son motif couché.

Une interversion de motifs apparaît sur certains timbres de 6 pence de la série du 50e anniversaire de la bataille des Falkland de 1964. Une feuille déjà imprimée en noir avec le HMS *Glasgow* fut incluse par erreur dans un lot à illustration du HMS *Kent*. Elle reçut donc le cadre du 6 pence à la place de celui de 2 pence 1/2. Seuls quinze exemplaires ont été retrouvés à ce jour.

Une erreur de valeur risque de se produire lorsque le chiffre est porté sur la plaque au moyen d'un goujon repère. Ainsi, en 1922, le 12 centimes d'Indochine sortit avec un 11 centimes. On repassa la feuille sous la presse avec le chiffre adéquat : ces timbres portent donc *deux* valeurs, l'une juste et l'autre fausse !

Une erreur de cadre s'est également produite en 1922 sur une feuille de timbres lituaniens à 6 auksinas qui présentait huit exemplaires munis du cadre du 8 auksinas. Elle se composait donc de paires de 6 et 8 auksinas côte à côte, les 8 auksinas étant de couleur et de motif inadéquats.

L'omission de la valeur peut également se produire lorsque celle-ci est imprimée à l'aide de goujons repères. On connaît ainsi trois exemplaires du 5 francs « Napoléon III lauré » sur lesquels le 5 et le F sont absents.

Une omission du motif peut se produire sur les figurines bicolores ou multicolores. L'exemple le plus ancien et le plus spectaculaire est celui des îles Vierges de 1867 dépourvu de l'effigie de sainte Ursule et connu sous le nom de « Missing Virgin ».

Les inscriptions provisoires et les surcharges ont engendré de nombreuses erreurs dont la manifestation la plus commune est la double impression. S'il est banal que la surcharge soit renversée, plus étonnants sont les timbres à double surcharge dont l'une est renversée. Les

Timbres du Burundi, 6,50 francs surchargés Royaume du Royaume au lieu de Burundi (timbre au milieu, 1962).

erreurs de libellé sont également fréquentes, mais la plus étrange est celle qui apparaît sur les timbres de l'Indépendance du Burundi (1962), surchargés ROYAUME DU BURUNDI, certains exemplaires à 50 centimes et 6,50 francs portant la mention ROYAUME DU ROYAUME.

Les erreurs de date. Des timbres guatémaltèques de 1929 portent par erreur 1930, et des timbres de poste aérienne finnois de 1930, 1830.

Des erreurs ont été délibérément commises à deux reprises, pour prévenir la spéculation philatélique. En 1937, l'administration postale grecque fit sciemment imprimer des Croix-Rouge à 50 lepta à inscription renversée dont il n'existait que quelques exemplaires. Et aux États-Unis, lorsqu'une feuille de 4 cents Dag Hammarskjöld du 23 octobre 1962 sortit avec le fond jaune renversé, les Postes américaines en autorisèrent une impression illimitée afin d'empêcher que l'erreur ne devînt rareté. La version renversée des Hammarskjöld est aujourd'hui plus courante que la normale.

Danemark, surcharge de l'Exposition philatélique, 1938.

Mais ce système ne fonctionne pas toujours. Ainsi, lorsque des timbres à 4 cents de la zone du Canal de Panama commémorant le Thatcher Ferry Bridge (12 octobre 1962) apparurent sans le pont, le possesseur d'une feuille de ces erreurs en fit interdire la réimpression par les tribunaux américains. Aujourd'hui le « Pont manquant » vaut quelque 130 000 francs, tandis que la version normale n'atteint que 2 ou 3 francs.

Des erreurs ont été commises de façon clandestine en deux circonstances. On trouve des timbres « Cartes » de la République dominicaine, 1900, avec les noms DOMINICA et HAÏTI de même que ATLANTICO et MAR CARIBE intervertis, et la valeur, de 50 cents, imprimée CINCO (cinq) au lieu de CINCUENTA (cinquante). Ces erreurs furent délibérément commises par le personnel de l'imprimerie (l'Hamilton Bank Note Company de New York) qui comptait en tirer profit auprès des collectionneurs.

La série courante de Géorgie (1921) à l'effigie de la reine Tamara (une héroïne médiévale), présente d'étranges variantes dues à une distorsion des transferts lithographiques. Ces erreurs auraient servi à payer en nature l'ingénieur qui réparait et entretenait les presses d'imprimerie.

Le seul exemple d'inscription mentionnée tous les deux timbres sur toute la feuille date de septembre 1938 au Danemark. Les 5 øre portaient

Zone du Canal, motif central renversé (1906); Grèce, Croix-Rouge surcharge renversée 1937.

alternativement D.F.U. FRIM. UDST. 1938 à l'encre rouge (Exposition de l'Union philatélique danoise). Ces feuilles n'étaient disponibles que sur le lieu de l'exposition et chez quelques marchands qui les cédaient à un prix bien supérieur à leur valeur faciale.

PROCÉDÉS D'IMPRIMERIE

La phototypie n'a été employée que pour un seul timbre — le zemstvo à 1 kopeck émis par Poltava, en Russie, en juillet 1912. Ce procédé de gravure photochimique à plat, dans lequel les négatifs sont reportés sur verre, est très largement utilisé pour l'illustration des livres et a souvent servi à contrefaire les timbres (il permet de simuler et la taille-douce, et la lithographie). C'était le procédé favori de Jean de Sperati.

La seule autre application connue est le feuillet souvenir émis à l'occasion de l'Exposition philatélique internationale de Londres, en 1950, et reproduisant quelques-unes des raretés philatéliques les plus célèbres.

La matrice coupante présente un bord effilé qui sépare chaque timbre de la feuille à imprimer au moment de l'impression. Les premiers timbres ainsi tirés sont les timbres-poste scouts tchèques de 1918. (Les paires et autres multiples sont bien sûr impossibles à réaliser.) Ce procédé fut largement utilisé par la Sierra Leone en 1963, puis par les îles Tonga et Norfolk, pour leurs timbres autocollants.

La gravure en relief est un procédé par lequel l'impression en relief est obtenue en plaçant le papier entre un moule mâle (relief) et un moule femelle (creux). Il a été largement utilisé pour les timbres fiscaux apposés sur les documents depuis la fin du XVIIe siècle. Son utilisation postale remonte à 1838 sur le papier à lettres de Sydney, en Nouvelle-Galles du Sud. Des timbres adhésifs en relief à sec ont été émis par la Sardaigne (1853) et le Natal (1857), alors que des spécimens en relief sur fond coloré avaient précédemment été émis par Bâle (1845) et la province du Sind (1852). Le Portugal, la Russie, la Bavière, l'Heligoland, plusieurs États germaniques et la Gambie ont eu souvent recours à la gravure en relief au XIXe siècle. Au XXe siècle, le procédé fut rarement employé pour les timbres adhésifs, si ce n'est par l'Islande (1911-1912) et la R.F.A. (1953-1955, 1957, 1963-1964, 1969 et 1974).

Notons encore l'utilisation de la gravure en relief pour les surcharges dont la série du congrès Olympique tchèque de 1925 est une illustration parfaite.

Le guillochage est un procédé de gravure généralement utilisé comme fond, dans le but de prévenir les contrefaçons. Jacob Perkins (de Perkins, Bacon et Petch) inventa en 1819 le tour à guillocher qu'il destinait à l'impression du calicot, pour l'adapter plus tard au guillochage du papier-monnaie.
Le guillochage apparut pour la première fois sur le Penny Black et le Twopence Blue en 1840, pour rester ensuite une caractéristique des valeurs inférieures (1/2 penny et 2 pence) jusqu'en 1880.

La similigravure est un procédé photomécanique dans lequel les tons sont obtenus par la variation en taille et en intensité d'une multitude de points. Bien que largement utilisée vers 1890 pour les illustrations des périodiques, elle eut une application philatélique des plus réduites.

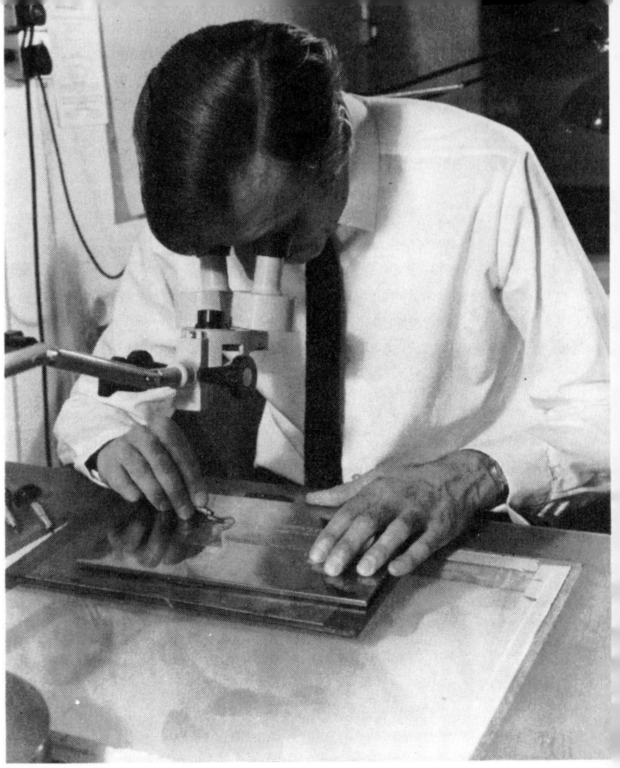

Ci-dessus et page suivante
Le motif choisi est gravé à la main sur le poinçon en acier doux d'environ 5 millimètres d'épaisseur
Les motifs du fond sont ajoutés à la machine
Une fois le poinçon en acier durci par traitement chimique à haute température (cémentation), l'image peut être transférée sur un cylindre en acier doux (molette)
Cette prise d'empreinte s'effectue sur la presse à transfert sous une pression pouvant atteindre 5 à 6 tonnes. Lorsque l'opération est terminée, on a donc sur la molette, en relief et à l'endroit, la gravure originale. La molette est durcie à son tour par cémentation, puis fixée sur une machine à moleter. Cette machine permet de reproduire par pression la gravure de la molette sur un cylindre en autant d'exemplaires qu'il y aura de timbres par planche
Après grattage et polissage des boursouflures qui se sont formées autour des gravures, le cylindre est chromé avant d'être fixé sur rotative
L'impression se fait sur des rotatives taille-douce qui utilisent du papier gommé en bobines. Le cylindre d'impression est encré par contact avec trois rouleaux toucheurs, puis essuyé à la façon d'un rasoir par cylindre en matière plastique. A la bande de papier imprimé vient se superposer une bande de papier pelure destinée à protéger l'impression toute fraîche. Le timbre taille-douce possède une qualité artistique indéniable et un relief qui le distingue des autres. Ce procédé constitue le plus sûr moyen pour prévenir les contrefaçons

On trouve cependant la série Indépendance de l'Uruguay (de 1908) dont les motifs étaient en similigravure et les cadres typographiés, la série du Kishengarh de 1913, celle des Monuments de Lettonie de 1937, les timbres courants d'Orcha de 1935 et la série de Thuringe de 1945. A une époque récente, enfin, elle a été largement utilisée en photolithographie (voir plus loin).

Les timbres frappés à la main étaient très répandus au XIXe siècle dans les pays les moins pauvres.

La taille-douce est un procédé d'impression découvert par les orfèvres florentins au XVe siècle dans lequel l'image est donnée par le creux du cliché. L'artiste grave au burin un seul poinçon en acier, que le sujet comporte une ou plusieurs couleurs. Après cémentation et trempe de ce poinçon, une empreinte de la gravure est relevée sur un petit cylindre en acier doux appelé molette qui, trempé à son tour, est utilisé pour transférer la gravure sur un cylindre en laiton qui servira à l'impression. En France, l'administration des P.T.T. assure la fabrication des timbres-poste par ce procédé depuis 1928. La taille-douce est également utilisée pour la majorité des timbres américains et une grande partie des figurines tchèques et suédoises. Seules les hautes valeurs et quelques commémoratifs britanniques ont été réalisés suivant ce procédé depuis 1913.

La typographie est un procédé dans lequel l'impression est obtenue par le relief du cliché. L'artiste grave pour chaque couleur un poinçon original sur bronze. Diverses opérations permettent ensuite à partir de ceux-ci d'obtenir des « coquilles » en relief, répliques exactes du poinçon original. C'est à partir de ces coquilles ou clichés types que sont fabriqués les galvanos destinés au tirage. Les coquilles galvanoplastiques obtenues sont montées après cintrage sur les cylindres de rotative, à raison d'un cylindre par couleur. Les premiers timbres réalisés par ce procédé sont les Cérès à 20 centimes et 1 franc de janvier 1849.
En France, la typographie n'est plus guère utilisée que pour l'impression des timbres fiscaux et certaines valeurs fiduciaires, entre autres la vignette automobile.

La lithographie. Ce mot vient du grec *lithos* (pierre) et *graphein* (écrire). Inventée par Alois Senefelder vers 1795, elle consiste à dessiner, sur un bloc de calcaire à grain très fin, des images ou un texte imprimable. Les premiers timbres lithographiés — ceux des cantons de Zurich et de Genève (1843), et la première émission de l'Inde (1854), ainsi que de nombreuses émissions allemandes du milieu du XIXe siècle — ont été réalisés à partir de blocs de calcaire. Plus tard est apparue la métallographie qui utilise une feuille de zinc ou d'aluminium en remplacement de la pierre. Aujourd'hui, on utilise largement un autre procédé dérivé de la lithographie, appelé offset. L'offset est un procédé d'impression par double décalque de la forme d'impression sur un blanchet de caoutchouc, puis de celui-ci sur le papier. Il permet d'utiliser un papier qui n'est pas lisse.

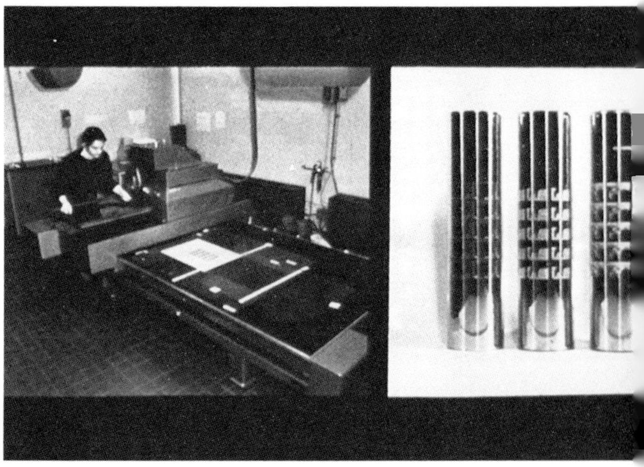

Héliogravure : reproduction du cliché et gravure des cylindres

Timbre représentant une œuvre originale de Bernard Buffet et gravé en taille douce par Claude Durrens

Page suivante : Jeune fille visitant l'imprimerie Harison & sons à High Wycombe et tirage d'un timbre à son effigie par procédé offset à partir d'une épreuve photographique
La maquette est photographiée, puis la pellicule est mise en contact avec une plaque sensible. L'image est transférée sur la plaque par traitement à la lumière et chimique.
Les images en couleurs sont produites à partir de quatre couleurs de base — bleu, rouge, jaune, noir. Chaque couleur est imprimée séparément comme décrit ci-dessus. Les épreuves, comme celles que présente cette illustration, sont faites avec ces quatre couleurs.

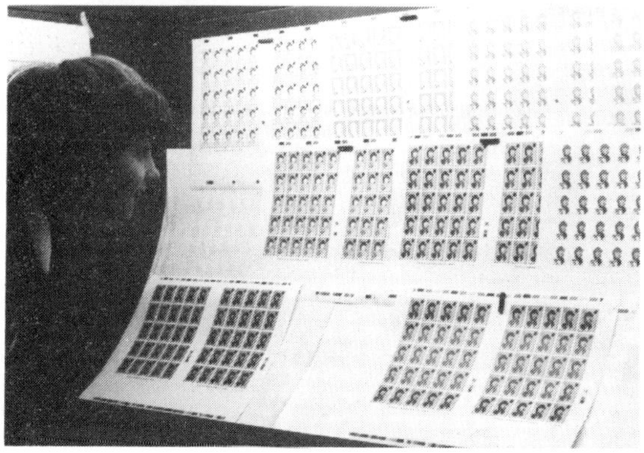

La photographie servit pour la première fois à la fabrication des timbres-poste en 1900, lorsque les 1 penny et 3 pence, émis durant le siège de Mafeking, furent imprimés sur du papier au ferroprussiate, employé pour la reproduction des plans par les dessinateurs industriels. Les 3 pence furent sujets à une erreur produite par l'impression du négatif photographique à l'envers, ce qui donna une image renversée. En Thaïlande, en 1910, un timbre local à 3 satang fut imprimé à partir de petites photos sépia, puis dentelé et gommé. Des photographies noires ou brunes sont à l'origine des timbres semi-officiels de la poste aérienne de Regensburg de 1912, et de timbres chiliens de la poste aérienne de 1919 à l'effigie de Clodomiro Figueroa. Les timbres de l'expédition du mont Athos imprimés à bord du HMS *Ark Royal* (1916) furent également réalisés par procédé photographique.

La photogravure, désignée aussi sous le terme d'héliogravure ou de rotogravure, fut mise au point en Allemagne vers 1890 pour l'impression des illustrations des livres et des revues. Elle servit pour la première fois à la fabrication de la série courante de Bavière en 1914, imprimée par F.A. Bruckmann de Munich. Dans ce procédé le poinçon disparaît et un dessin suffit. Le sujet est reporté photographiquement sur un cylindre de cuivre, gravé ensuite par morsure chimique.

Parmi les pionniers de la photogravure appliquée à la fabrication des timbres, il faut citer Harrison & Sons, dont les premières créations circulèrent en Égypte en 1923, Vaugirard, de Paris (auteur de nombreuses émissions pour les colonies françaises entre les deux guerres) et Courvoisier, de La Chaux-de-Fonds, en Suisse, qui inaugura la photogravure multicolore. Le premier timbre bicolore photogravé est le 1 livre égyptien émis le 5 janvier 1924.

La photolithographie ou lithographie photographique fut développée à la fin du XIXe siècle pour l'impression des vignettes multicolores.

C'est Oskar Consee de Munich qui s'en servit pour la première fois en 1911, en produisant des figurines en l'honneur du 90e anniversaire du prince régent Luitpold et du 25e anniversaire de sa régence.

Le procédé fut repris en 1952 par la R.F.A. pour l'impression de sa Mona Lisa.

La thermographie ou thermoplastique est une technique qui produit un motif en relief et nécessite l'emploi d'une substance qui devient plastique sous l'effet de la chaleur. Elle est rarement utilisée, mais elle est apparue pour la première fois en mai 1965 sur les timbres émis par la Sierra Leone en mémoire de sir Milton Margai et de sir Winston Churchill. Elle fut associée à la lithographie pour produire des empreintes en relief en plastique sur les trois timbres « Céramiques turques » de mai 1966, la série du sultan Soliman de la même année, celle de l'Année internationale du tourisme de 1967, et enfin la paire à l'effigie de la Médaille de l'Indépendance de 1968.

Des timbres en relief ont fait à plusieurs reprises l'objet de réalisations expérimentales, selon des procédés divers.

La première expérience eut lieu en Italie en décembre 1956 avec deux figurines célébrant le premier anniversaire de l'entrée de l'Italie aux Nations unies : lithographiées avec des images rouge et vert légèrement décalées, elles donnent l'impression du relief lorsqu'on les regarde à travers des lunettes colorées adéquates.

Au Bhoutan, une pellicule de plastique prismatique fut posée sur les timbres émis en octobre 1967, en l'honneur des exploits techniques spatiaux et, par la suite, sur des figurines représentant des papillons (1968), des poissons et des oiseaux (1969), des animaux et la conquête de l'espace (1970), des véhicules lunaires et des

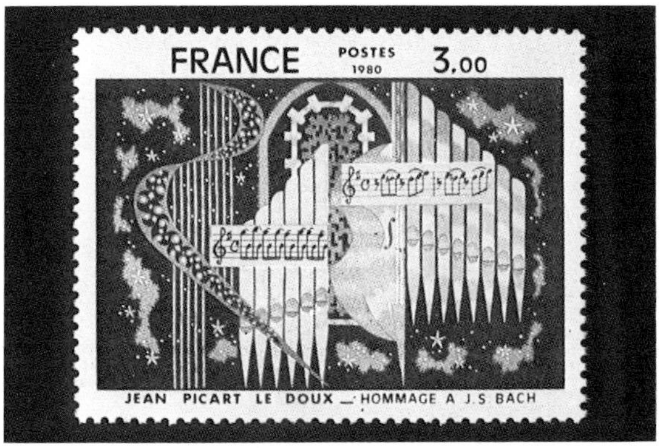

Timbre imprimé grâce au procédé héliogravure en hommage à J.-S. Bach d'après une tapisserie de Jean Picart le Doux

automobiles (1971), ainsi que l'alunissage d'Apollo 11 (1973). Enfin, ce pays tenta de rendre la texture de toiles de maîtres (1970) à l'aide de films plastiques, le relief de sculpture (1971) à l'aide de plastique moulé.

Les premiers timbres imprimés à la machine à écrire furent émis à Mengo en Ouganda entre mars 1895 et novembre 1896, et réalisés par le révérend Ernest Miller sur une machine Barlock. Ils sont connus sous le nom de « Cauris », parce que leur valeur faciale était exprimée dans cette « monnaie » (coquillage de la famille des porcelaines). D'autres autorités ont utilisé ce procédé : Thaïlande (1902), Albanie (1913-1915), Long Island (1916), Colombie (poste aérienne, 1920), Nicaragua (poste aérienne, 1929), Bad Saarow et Eckartsberga (émissions provisoires allemandes, 1945) ainsi que le Pakistan qui surchargea de cette manière les timbres indiens (1947).

Timbres tapés à la machine à écrire, Ouganda (1896), Tonga (1896), Thaïlande (1902), Long Island (1916) et Eckartsberga (1945).

COULEUR

Les deux premiers timbres bicolores (noir et rouge) datent de mars 1843, dans le canton de Zurich.

Les premiers timbres tricolores (rouge, noir et bleu) datent de 1845, dans le canton de Bâle.

Les premiers timbres quadricolores (rouge, jaune, bleu et noir) émis par la poste de Soroka en Bessarabie (Russie), datent de 1879.

Les premiers timbres quadricolores, émis par une administration postale gouvernementale, sont la paire du Salvador de mars 1897 en l'honneur de la Fédération de la Grande République d'Amérique centrale (bleu, rose, or et vert).

Les premiers timbres de plus de quatre couleurs ont été émis par l'U.R.S.S. en octobre 1940. (Dix-sept figurines représentant les pavillons de la Foire agricole de l'Union.)

Les premiers timbres du Cachemire et d'Afghanistan étaient tous de la même couleur, sans tenir compte des valeurs faciales, car ils étaient imprimés côte à côte sur la même feuille. Les émissions de 1866-1877 des provinces de Jammu et du Cachemire, puis celles de 1878-1894, quand ces dernières furent réunies en un seul État, étaient le plus souvent réalisées à la main, à l'aquarelle, sur différentes sortes de papier de fabrication locale. Les timbres afghans de 1871-1877 étaient lithographiés en feuilles de valeurs diverses. Toutefois, entre 1876 et 1880, des séries de timbres furent émises en couleurs différentes pour chacune des villes principales : ceux de Kaboul en gris-vert, ceux de Peshawar en gris ardoise, ceux de Tashkurghan en violet et ceux de Jalalabad en marron.

Réciproquement, le seul pays à avoir émis tous ses timbres en couleurs identiques est l'Heligoland. Les dix-neuf figurines émises entre 1867 et 1890, où l'Angleterre céda l'île à l'Allemagne, étaient imprimées en vert, blanc et rouge, les couleurs nationales, inspirées du vert de l'herbe, du blanc du sable et du rouge des falaises. Les seules exceptions sont le jaune (bordure de l'écusson) sur les 3 et 20 pfennig de 1876, et le noir (valeur) sur les 1 et 5 marks de 1879.

La première tentative d'uniformisation des couleurs des timbres date de 1850, dans le cadre de la Convention postale germano-autrichienne. Celle-ci prescrivait en effet certaines couleurs pour certains tarifs de base, et cette mesure ne fut pas sans effet sur les émissions des pays signataires de la Convention : l'Autriche, la Prusse, les duchés de Bade et du Wurtemberg, la poste de Tour et Taxis, ainsi que les duchés du nord de l'Italie sous influence autrichienne. Mais les tentatives d'uniformisation des couleurs utilisées pour le courrier expédié d'un État à l'autre n'eurent pas de lendemain. L'U.P.U. n'en reprit l'idée qu'au Congrès de Washington en 1898, où elle préconisa l'emploi du vert pour les imprimés, du rouge pour les cartes postales et du bleu pour les lettres.

La couleur d'un timbre fut changée à cause d'une émission commémorative. Le 24 janvier 1893 le 10 cents américain porteur Distribution spéciale passa du bleu à l'orange afin d'éviter toute confusion avec le 4 cents en l'honneur de C. Colomb. Il redevint bleu le 5 janvier 1894, au moment où la série Colomb allait être retirée de la circulation.

L'encrage métallisé « direct » pour la première fois par la Suisse pour les 60 centimes (cuivre-bronze) et 1 franc (bronze-or), émis en mai 1863. Le 1 franc fut imprimé en or « direct » de 1867 à 1882, ainsi que le timbre néerlandais de 50 cents d'octobre 1867 à novembre 1871.

Les premiers timbres à avoir été entièrement imprimés suivant le procédé sont les 2, 3, et 5 drachmes grecs de 1901, respectivement en bronze, en argent et en or. Avant l'avènement de la photogravure multicolore dans les années soixante, l'impression métallisée fut utilisée par le Salvador en mars 1897 pour les commémoratifs de la Fédération de la Grande République de l'Amérique centrale. L'or « direct » a également servi à réaliser l'encadrement de la série iranienne du couronnement (1915) et le 2 pence d'Afrique du Sud représentant le champ aurifère du Rand (1938), tandis que l'argent était utilisé sur les timbres sud-africains célébrant les noces d'argent royales (1948).

PAPIER

Les premiers timbres furent imprimés sur du papier chiffon de bonne qualité et fabriqué à la main par Stacey Wise de Rush Mills, Hardingstone, près de Northampton. Les planches imprimés suivant le procédé sont les 2, 3 et 5 drachmes grecs de 1901, respectivement en bronze, en argent et en or. Avant l'avènement de la photogravure multicolore dans les années soixante, l'impression métallisée fut utilisée variaient en épaisseur et étaient émises avec des bords non ébarbés. Un agent bleuissant, ajouté à la pâte durant sa fabrication, blanchissait le papier. On raconte que ce procédé de bleuissement fut découvert accidentellement en 1746 par Mme Buttonshaw, épouse d'un fabricant de papier, qui, s'apprêtant à laver du linge, fit tomber par inadvertance son sac de bleu dans une cuve de pâte. Elle se garda de rapporter l'incident, mais quand son mari s'extasia sur la belle et blanche couleur du papier provenant de la cuve en question, elle confessa sa maladresse.

Le papier le plus épais jamais utilisé pour des timbres est du carton, pour les 5 centavos d'Argentine de mars 1867 et les 5 centavos du Chili de 1879-1899.

Le papier le plus fin utilisé pour des timbres est une espèce de papier connu sous le nom de pelure en Nouvelle-Zélande (1862) et au Transvaal (1876).

Les papiers les plus hétéroclites ont été employés dans la fabrication des timbres, notamment : des bouts de billets de banque des bolchéviques et des antibolchéviques, le verso de cartes d'état-major allemandes, des vignettes de

Timbres de Lettonie imprimés sur des « bouts » de billets de banque.

paquet de cigarettes et le papier quadrillé des cahiers d'écoliers en Lettonie (1918-1919), en Équateur (1872) et au Mexique (1884-1887), du papier d'emballage de paquets de sucre (Guinée britannique, 1856), du papier nervuré et plissé (1 cent américain de 1873 et 5 cuartos des Philippines de 1859), du papier de riz (Salvador, 1 centavo, 1888), du papier-monnaie français de couleur bleue (Guernesey, 1942), du papier journal (Jersey, 1944), et enfin des paquets de cigarettes, des copeaux de bois, du papier hygiénique (poste des camps de concentration polonais, 1941-1944).

Les marges gommées des feuilles de timbres furent utilisées une seule fois comme timbres par la Poste française de Zanzibar le 20 juillet 1897, durant une période de pénurie des 2 1/2 annas (25 centimes) et 5 annas (50 centimes). Les marges étaient surchargées de l'inscription POSTE FRANCE/ZANZIBAR et les valeurs exprimées en monnaies française et indienne.

Autres matériaux inhabituels utilisés pour la fabrication des timbres : de la baudruche fut utilisée en 1886 pour les valeurs supérieures des timbres-colis postaux de l'Empire germanique. Ils étaient imprimés au dos de la membrane et gommés *par-dessus* l'encre. L'idée était qu'une fois collés sur le colis, il serait impossible de les réutiliser. Ils n'étaient pas vendus au public mais apposés par les employés.

Des timbres imprimés sur tissu ont été pour la première fois émis par la Hongrie en septembre 1958. De la soie végétale fut utilisée pour une série de timbres émis par le Bhoutan en 1969 et représentant des tapis de prière.

Des feuillets d'aluminium ont servi de support au 5 forints poste aérienne de Hongrie, le 5 octobre 1955, pour célébrer le Congrès international des industriels du métal léger à Budapest. Le 17 octobre 1961, l'Union soviétique réalisa un timbre à 1 rouble sur feuillet

Timbres du Bhoutan sur soie, feuillet d'acier et plastique simulant la toile du peintre

d'aluminium pour célébrer les vols spatiaux de l'année. Il fut réémis six jours plus tard avec une surcharge en l'honneur du XXIIe Congrès du parti communiste. En juin 1963, l'île Tonga émit ses premiers timbres circulaires gravés à sec sur feuillet métallique, originalité reprise par la Sierra Leone, le Burundi, la Jordanie, Sharjah, Umm al Qiwain, le Bhoutan, ainsi que par de nombreux États de la Communauté française (Guinée, Bénin, Cameroun, Empire centrafricain, Tchad, Congo, Gabon, Côte-d'Ivoire, Mali, Mauritanie, Niger, Togo et Haute-Volta). Le gaufrage ou gravure à sec sur métal est devenu une spécialité de l'imprimerie Walsall Security en Angleterre et des entreprises françaises Boccard et Pierre Mariotte. La plupart de ces expériences se multiplièrent aux alentours de 1969-1970, avant d'être abandonnées.

Le record d'utilisation de matériaux hétéroclites revient au Bhoutan : métal gaufré (1966, 1975), pellicules de plastique prismatique (1967-1973), pellicules de plastique gravé (1968-1970), plastique moulé (1971), sans oublier la soie végétale des tapis de prière de 1969, l'acier ou le papier d'Arménie ; mais sa création la plus originale est sans conteste la série de sept timbres réalisée en 1973 sous la forme d'un disque phonographique jouant l'hymne national, accompagné d'un commentaire sur l'histoire du pays ! Cet essai de « timbres parlants » reste unique au monde.

GOMME

La colle utilisée au dos du Penny Black était élaborée à partir de fécule de pommes de terre, d'amidon de blé, de résine d'acacia. Les services postaux lui donnèrent le nom de « ciment » et les premiers timbres portaient imprimé en marge : « En humectant le dos, prenez garde à ne pas enlever le ciment. » Ce qui eut pour effet de susciter la panique parmi les utilisateurs qui se refusaient à « consommer » du ciment ! Une commission d'enquête fut créée en 1852, avec pour mission d'analyser la composition de l'empois. Charles Dickens publia en mai 1852 un article intitulé « Le grand secret de la colle britannique » dans une revue de consommateurs *Household Words*. Quelques timbres américains furent encollés avec de la colle anglaise, d'autres avec de l'extrait de tapioca. De la colle colorée en vert fut utilisée pour les 6 pence anglais de 1854, afin que l'imprimeur pût distinguer le bon côté du papier, tandis que de la colle rougie était utilisée pour les émissions du Hanovre (1850-1859). Et pourtant plusieurs exemplaires anglais sont imprimés sur le côté encollé ! Vers 1860, une gomme à base de dextrine fut utilisée et resta en usage jusqu'en 1968, année où apparut la gomme polyvinylique qui, elle aussi, suscita des réactions hostiles : absorber de l'alcool de polyvinyle (dont la gomme était tirée), quelle horreur !

La Chine est le seul pays à émettre des timbres non gommés, des pots de colle étant mis à la disposition du public sur les comptoirs des bureaux de poste.

La gomme de la série tchèque Anniversaire de la république (1923) est disposée de manière à figurer les initiales de la république (C.S.P.). De nombreuses émissions allemandes au lendemain de la Deuxième Guerre mondiale n'ont été que partiellement gommées, par souci d'économie. Le gommage des timbres allemands de 1921 se présente en lignes ondulées et sur ceux de 1934 apparaît un motif géométrique comme sur les timbres de la Suisse et du Liechtenstein (1936-1939).

Les premiers timbres autocollants, avec support en papier amovible, ont été émis par la Sierra Leone le 10 février 1964.

DENTELURE ET PERFORATION

Les premiers timbres étaient émis sans dentelures et devaient être découpés au ciseau. C'est, dit-on, un Irlandais, Henry Archer, qui eut le premier l'idée de denteler les timbres après avoir vu à l'œuvre une perforatrice de tickets, alors qu'il était employé au Chemin de fer.

Le premier pays à avoir émis des timbres dentelés perforés à usage public est l'Angleterre en 1854, suivie de la Suède (juillet 1855). Les Postes suédoises perforaient aussi des timbres pour la Norvège en novembre 1856. Aux États-Unis, les premiers timbres dentelés furent réalisés par Toppan, Carpenter & Co, qui utilisèrent une machine à pédale fournie par Bemrose, de Derby, en Angleterre, en février 1857.

Les peignes actuels présentent 3 380 pointes, mais il semble que les perforateurs rotatifs soient appelés à les supplanter partout. Ces derniers, utilisés aux Étas-Unis, peuvent perforer

Préparation du cylindre perforateur et mise en place de la machine pour la production de timbres

7 500 planches de 400 unités par jour. Les presses Jumelle, qui opèrent l'impression des timbres anglais, ont un perforateur rotatif capable de perforer 30 000 000 de timbres à l'heure.

L'odontomètre fut inventé par le Dr Jacques Amable Legrand de Paris en 1866. Cet appareil qui mesure le nombre de dentelures sur une longueur de 2 centimètres est universellement utilisé et permet aux philatélistes de mesurer avec précision le nombre et le genre des dentelures. Ainsi un timbre dentelé 14 doit présenter 14 dents pour 2 centimètres et sur les 4 côtés. Les dentelés 15 × 14 ont 15 dents sur 2 centimètres en haut et en bas, et 14 sur les côtés.

Les plus grosses dentelures se trouvent sur les timbres américains à 1 et 2 cents de 1908 (8 1/2). Ces timbres, réalisés en feuilles de 400 unités non dentelées et destinées à des distributeurs de timbres privés, furent découpés en roulettes, sans dentelures en haut et en bas, et séparés verticalement de façon rudimentaire. Les timbres présentant des dentelures dites « Attleboro » ou « Schermack » ont deux dents rectangulaires ou de deux à cinq grandes dents de chaque côté. Les plus grosses dentelures entourant un timbre se trouvent sur les figurines françaises émises en janvier 1861. Dentelées 7, elles furent perforées par les frères Susse de Paris.

La plus petite dentelure appartient à la série courante imprimée par De La Rue pour les États malais en 1949-1955, dentelée 17 1/2 × 18. En pratique, toute dentelure supérieure à 15 rend le maniement des feuilles extrêmement délicat.

Malaisie, timbre de Johore, dentelé 17 1/2 × 18.

Les timbres présentant les dentelures les plus inégales ont été émis par la Pologne à l'intention de la haute Silésie, en 1922. Le 5 mark jaune-brun, par exemple, ne compte pas moins de 64 types de dentelures. Seuls les catalogues philatéliques les plus spécialisés se sont donné la peine d'en dresser le tableau. Yvert et Tellier se contente de dire : « dentelés 9 à 14 1/2 ». Les timbres de Bosnie-Herzégovine (1879-1900) présentent quinze types de dentelures différentes de ceux des Pays-Bas de 1872-1891 douze.

Le perçage diffère de la dentelure au sens strict, dans la mesure où ce procédé aboutit plutôt à un découpage ou à un hachurage du papier. La terminologie décrivant l'emploi et le tracé de la roulette est française. Le tracé le plus commun, dit « percé en lignes », présente une succession de petits tirets.

Divers tracés recensés :
Percé en arc : Brunswick, 1864-1865.
Percé en croix : Madère, 1868.
Percé en lignes obliques : Tasmanie, 1866-1867.
Percé en points : Mexique, 1872-1874.
Percé en lignes de couleur : Queensland, 1899 ; Tour et Taxis, 1866-1867.
Percé en scie : La Guaira (Venezuela).
Percé en serpentine : Finlande, 1860.
Percé en demi-lune : Tasmanie, 1868-1869.
Percé en pointes : semblable au percé en scie, mais avec des entailles plus courtes : Grèce, 1911-1923 ; Allemagne, 1923.

Des timbres combinant dentelure et perçage existent en Afrique du Sud, série Bantam de 1942, au Duttia, 1/4 anna de 1912, au Queensland (1897) et en Papouasie (Nouvelle-Guinée), série Art Elema de 1969, et à Gibraltar, timbre de Noël de 1969.

Papouasie, Nouvelle-Guinée, série Art Éléma, perforée et percée.

DISPOSITIFS DE SÉCURITÉ

Les premières marques utilisées pour déjouer les contrefaçons sont les filigranes — dessins imprimés dans la pâte du papier et visibles par transparence. Le premier filigrane est la petite couronne qui apparaît sur les Penny Black et les Twopence Blue de 1840.

Normalement, les filigranes sont réalisés par amincissement du papier, mais de rares exemples d'épaississement existent sur les timbres de Russie de 1858 et de Tannou-Touva de 1926-1927. Les filigranes combinant amincissement et épaississement du papier caractérisent les figurines allemandes de 1933 à 1940.

Des marques de sécurité frappées à sec ou imprimées, imitant le filigrane, sont visibles au verso de certains timbres suisses (1862) et roumains (1889-1890), ainsi que sur des figurines de Nouvelle-Zélande (1925), d'Argentine (1922) et du Salvador (1935). Une bande burelée (rayée) apparaît au verso des timbres du Queensland (1879, 1896).

Filigranes erronés. L'erreur la plus commune est le tête-bêche (image à l'envers), l'interversion ou le décalage du filigrane dus à une mauvaise mise en place de la feuille de papier dans la presse, mais certains filigranes (en particulier, ceux des timbres en carnets ou roulettes pour distributeurs automatiques) sont délibérément décalés ou renversés. Des erreurs de composition des caractères sur le rouleau filigraneur, sur lequel est posée la pâte à papier durant la fabrication, apparaissent sur les timbres anglais de 1856-1867 (une rose au lieu d'un chardon) et sur les timbres coloniaux britanniques de 1950-1952 (couronne manquante) et de 1957-1958 (couronne inadéquate).

Filigraneur au travail. Ce rouleau recouvert d'un grillage qui porte le dessin du filigrane passe sur la pâte à papier encore humide et imprime celui-ci dans la texture même du papier.

Un fil de soie inséré dans le papier, analogue au ruban métallique des billets de banque, fut utilisé comme dispositif de sécurité pour les timbres de trois pays. Ce procédé breveté au nom de Dickinson entre 1809 et 1839 servit en Angleterre pour les enveloppes et papiers timbrés Mulready, ainsi que pour un essai d'impression de timbre à 1 penny.
Un dispositif semblable fut utilisé par la Bavière (1849-1868) et par la Suisse (1854-1862).

Un autre dispositif de sécurité, le burelage, fut d'abord utilisé pour les timbres danois de 1851-1854. C'est un fond de lignes légères, parallèles ou croisées, sur lequel se détache la gravure du

Burelage du premier timbre du Danemark (1851) et sur l'émission du Honduras britannique de 1915.

France, 50 francs de poste aérienne, 1936, avec motif burelé en sous-impression pour prévenir les contrefaçons.

timbre. Il figure également sur les timbres du Hanovre (1855-1856), de Wenden (1863-1866) et de la République dominicaine (1881), tandis qu'il formait le principal élément décoratif des figurines françaises d'Alsace-Lorraine (1870-1871). L'encre incolore (carbonate de plomb) fut utilisée pour appliquer un motif burelé sur les timbres de Prusse et de la Confédération de l'Allemagne du Nord, et quelques-unes des premières émissions d'Italie. L'intérêt de cette encre invisible était d'empêcher tout lavage de l'oblitération, car toute immersion dans un liquide faisait ressortir l'encre. La phénolphtaléine servit à imprimer un motif de sécurité sur les timbres allemands vers 1890. On ne découvrit le procédé qu'à l'occasion du naufrage du SS *Eider* sur la côte de l'île de Wight le 31 janvier 1892, où un lot de timbres qui avait séjourné dans l'eau révéla le dispositif.

Le nettoyage et la réutilisation des timbres oblitérés se heurtèrent aux États-Unis, de 1868 à 1871, à l'impression d'un motif de grille à petits carreaux qui avait pour effet de briser les fibres du papier et de faire pénétrer l'encre en profondeur. Les philatélistes ont répertorié onze types de grilles différentes.

Des lignes en diagonale furent appliquées au vernis à la surface des timbres autrichiens de 1901-1907, pour parer à leur réutilisation. On en connaît de trois largeurs différentes.

Autriche, lignage au vernis (1901); Mexique, nom du district surchargé (1875); Allemagne de l'Est, surcharge consécutive à la réforme monétaire (1948).

L'encre fugitive, qui s'efface à la moindre tentative de nettoyage, brevetée au nom de De La Rue, fut utilisée sur les timbres fiscaux à partir de 1853 et des timbres-poste à partir de 1855. Vers 1880, deux encres fugitives — lilas et verte — furent employées par mesure de précaution supplémentaire.

Des timbres furent surchargés afin de prévenir l'utilisation d'exemplaires pillés en Équateur, en juillet 1902, à la suite de l'incendie de la poste de Guayaquil. Des timbres américains reçurent l'inscription KANS. et NEBR. en mai 1929, à l'usage du Kansas et du Nebraska à la suite du pillage des stocks de ces deux États. La réévaluation importante de la monnaie utilisée dans la zone allemande occupée par les Soviétiques en juin 1948 entraîna la surcharge provisoire des timbres Occupation alliée alors en usage, afin de distinguer ceux des zones anglo-américaines de ceux de la zone soviétique. Les timbres furent donc surchargés du nom des différents districts postaux et du numéro d'*Oberpost direktion,* avec plus de 1 900 cachets à main différents dans quelque 1 100 districts. Tous ces exemplaires furent remplacés le 3 juillet 1949 par les timbres courants des alliés surchargés SOWJETISCHE BESATZUNGS ZONE (zone d'occupation soviétique).

Des marques de sécurité fluorescentes ont été utilisées pour la première fois par les îles Cook en octobre 1968. Elles représentent de minuscules armoiries insérées dans un motif d'ensemble couvrant toute la surface du timbre. Ces marques sont visibles à l'œil nu, si on examine le timbre en lumière rasante.

L'Équateur a adopté en 1969 un système semblable avec des marques invisibles à l'œil nu, mais qui apparaissent clairement sous une lampe à ultraviolets. Il en existe de quatre sortes. D'autres timbres présentent au verso sous la gomme des marques de sécurité vertes en forme d'écusson inscrit dans une double couronne portant l'inscription GOBIERNO DEL ECUADOR.

IMPRESSIONS DIVERSES

Autres matériaux ayant servi pour les timbres : étiquettes de pots de confiture : Compagnie de navigation à vapeur de Sainte-Lucie, 1870; vignettes lithographiées sur images de paquets de cigarettes : Compania Colombiana de Navegacion Aeria, 1920; roulettes de tickets : Poste

Colombie : vignette de paquet de cigarettes convertie en timbre de poste aérienne, 1920.

aérienne de l'île Lundy, 1935; vignettes fiscales des boîtes de cigares : Équateur, 1924-1940; étiquettes de boîtes d'allumettes : île de Man, 1971; vignettes de couvertures de livres : Gonzales, Texas, 1861.

Le record de la plus petite impression appartient à Cuba qui a émis à plusieurs reprises des timbres portant des inscriptions en caractères microscopiques. En janvier 1961, une série de trois timbres à l'effigie du patriote José Marti, présentait en arrière-plan et réparti sur les trois valeurs le texte du discours de La Havane de Fidel Castro. Ce texte était imprimé en anglais, en français et en espagnol, ce qui portait à neuf le nombre des figurines émises. Deux autres timbres, à l'effigie de Raul Gomez Garcia et de Fidel Castro, émis en juillet 1964, à l'occasion du 11e anniversaire de la révolution, portaient également en fond des extraits de leurs déclarations. La publication du deuxième discours de La Havane de Fidel Castro donnait lieu en décembre 1964 à l'émission de deux valeurs dont chacune était imprimée en bandes de 5, avec le texte complet de la déclaration disposé sur une carte de l'Amérique latine, soit environ 25 000 caractères, reproduits en lithographie offset.

Texte du deuxième discours de La Havane de Castro sur une bande de timbres, 1964.

Les premiers timbres avec une inscription au verso furent émis par la Grèce en 1861.

Jusqu'en 1880, les figurines du type « Tête de Mercure » portaient des chiffres évidés indiquant la valeur, imprimée au verso sous la gomme.
Autres exemples d'impression au verso :
1867-1882 : timbres anglais avec noms ou initiales de l'Oxford Society et quatre autres organismes ou entreprises, comme mesure de sécurité.
1886-1891 : Suède, courants, à cor postal bleu.
1887 : Angleterre, essais PEARS SOAP, 1/2 et 1 penny.
1893 : Nouvelle-Zélande, publicité commerciale.
1895 : Portugal, prière de saint Antoine au dos des timbres célébrant le 700e anniversaire du saint.
1901-1932 : Espagne, numéro de sécurité sur timbres courants et commémoratifs. Procédé étendu aux colonies espagnoles en 1902 et à l'Andorre en 1926.
1916 : Fiume, POSTA DI FIUME imprimé trois fois sur chaque timbre.
1920 : Fiume, emblème de l'Arditi (serpent et étoiles).
1925 : Hongrie, série des Sports, explication de la surtaxe de 100 %.
1966 : France, timbres de roulettes numérotés en rouge (un essai en vert) tous les dix exemplaires.
1969 : Gibraltar, série des Uniformes militaires ; les descriptions imprimées *par-dessus* la gomme, disparaissant à l'humectage, les séries ultérieures (jusqu'en 1976) reçurent une impression sous la gomme.
1978-1981 : commémoratifs portugais.
1971 : île Maurice, série Tourisme.
1972 : Portugal, série courante.
1973 : États-Unis, série des Employés du service postal.

Impressions au verso des timbres : de droite à gauche, chiffres (Grèce, 1861) ; bande burelée (Queensland), traits (G.-B., 1957) ; inscription explicative (U.S.A., 1973).

6

Papeterie postale, vignettes et divers

Les premiers spécimens de papier timbré vendus au public à usage postal trouvent leur origine au royaume de Sardaigne dans un décret du 12 août 1818. Les feuilles furent mises en vente dans les bureaux de poste et dans les débits de tabac (monopole de la royauté) à partir du 7 novembre. Connues sous le nom de *Carta postale bollata* (papier postal timbré), elles étaient

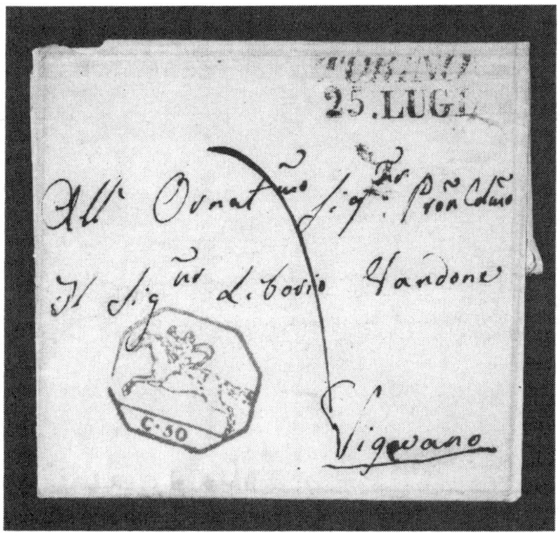

Sardaigne, *Cavallino* 50 centesimi, sur une lettre de 1829.

vendues en trois valeurs différentes reconnaissables au format des cachets : 15 centesimi (circulaire), 25 centesimi (ovale) et 50 centesimi (octogonal). Tous représentaient un chérubin sonnant du cor sur un cheval au galop ; les philatélistes les appellent les *Cavallini* (petits cavaliers). Toutes les feuilles de papier timbré devaient porter ce cachet dans la mesure où il représentait un impôt. Certains historiens le classent plus volontiers parmi les timbres fiscaux que parmi les timbres-poste.

Les premiers papiers timbrés à usage exclusivement postal furent émis par la Nouvelle-Galles du Sud en 1838, mais n'eurent guère de succès. Ils disparurent en 1850 avec l'introduction des timbres adhésifs.

Certains pays utilisèrent plus longtemps ce qu'il est convenu d'appeler la papeterie postale et tardèrent à adopter les timbres adhésifs. Ce fut le cas des pays suivants (la première date est celle de l'introduction du papier timbré, la seconde celle de l'utilisation du timbre adhésif) :

1845, Russie, 1858 ;
1845, Finlande, 1856 ;
1846, Tour et Taxis, 1852 ;
1849, Hanovre, 1850 ;
1858, Pologne, 1860.

La première bande d'envoi de périodiques avec timbre imprimé fut utilisée par les États-Unis à la fin de 1857.

La première carte postale fut éditée par l'Autriche en octobre 1869. Elle était l'œuvre du Dr Emmanuel Herrmann de l'Institut militaire de Vienne. Mais comment le public allait-il accueillir ce procédé qui violait le secret de la correspondance ? Méfiante, l'administration autrichienne fit inscrire sur les cartes : « La Poste se dégage de toute responsabilité quant au contenu du texte. » D'autres pays, y compris la Grande-Bretagne, adoptèrent les cartes postales en 1870.

Les premières cartes-réponses furent éditées par la Bavière et l'Empire germanique en 1872. Elles comprenaient deux cartes jointes, l'une pour le message de l'expéditeur, l'autre pour la réponse du destinataire. L'Angleterre adopta ce type de cartes en 1882 et ne les retira qu'en 1970, sur recommandation de l'U.P.U.

Première carte postale du monde, Autriche, 1869.

William Mulready, 1786-1863, inventeur pour Rowland Hill du premier papier à lettre postal illustré (1840).

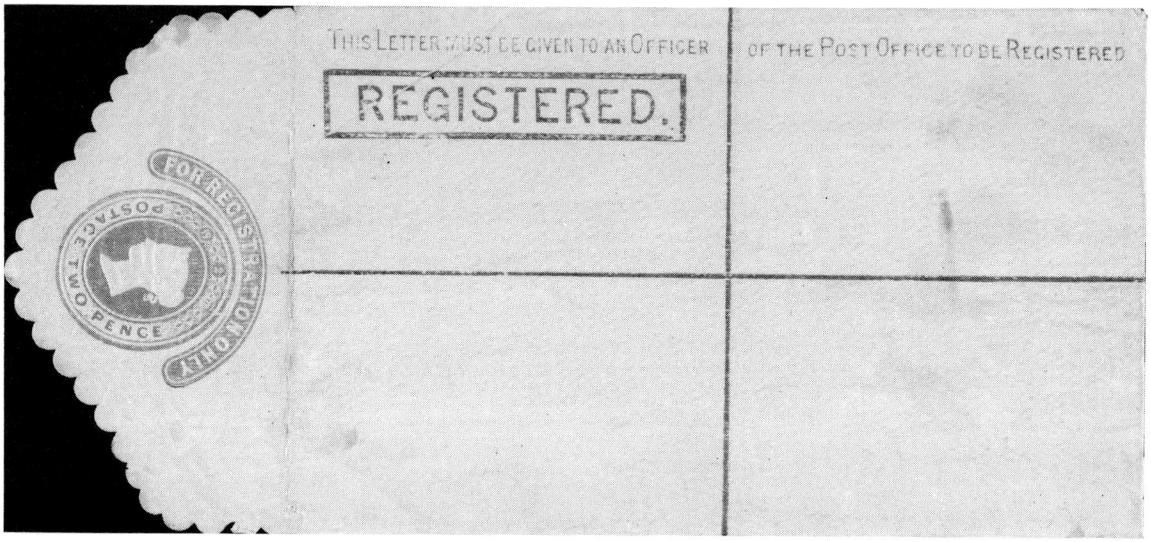

Première enveloppe recommandée du monde, Grande-Bretagne, 1878

Les premiers récépissés timbrés pour le courrier recommandé datent de 1871 en Finlande. Ils portaient l'empreinte des timbres imprimés à 10 pennia.

Les premiers entiers de poste aérienne, constitués de cartes postales, de papier timbré imprimé d'inscriptions et de motifs héraldiques, furent édités à Paris pour le transport en ballon durant le siège de 1870-1871 sur initiative privée mais officiellement agréée. Des enveloppes portant l'empreinte d'un timbre et l'inscription POSTE AÉRIENNE furent éditées par la Belgique en 1913.

Les premières lettres par avion timbrées sous leur forme moderne furent conçues par Douglas Gumley et émises par l'Irak le 15 juillet 1933. Ce papier portait l'inscription AIR MAIL LETTER CARD (carte-lettre par avion). Les premières lettres par avion anglaises (1941), destinées aux prisonniers de guerre, portaient des inscriptions en anglais, en français et en allemand. Les « aérogrammes » à l'usage du grand public suivirent le 18 juin 1943.

Des enveloppes recommandées furent mises en circulation par l'Angleterre dès le 1er janvier 1878.

Des timbres adhésifs devaient être apposés au recto de l'enveloppe, mais un timbre de recommandation à 2 pence était gravé au verso sur le rabat de l'enveloppe.

Des enveloppes de bienfaisance furent éditées par la Prusse en 1867 au bénéfice du Victoria National Invaliden Stiftung, organisme charitable patronné par la princesse Victoria en faveur des blessés de guerre autrichiens et prussiens à la suite de la guerre des Sept Semaines. Ces enveloppes étaient affranchies à 4 pfennige, quels que fussent leur poids et leur taille (certaines mesuraient jusqu'à 61 centimètres).

Le premier papier à lettre postal commémoratif fut émis par les États-Unis en juillet 1876 sous la forme d'enveloppes portant l'empreinte d'un timbre à 3 cents vert ou vermillon, célébrant l'Exposition du centenaire de Philadelphie.

Les cartes et enveloppes à l'usage de la Poste aux armées pour les troupes du front furent éditées par la Confédération de l'Allemagne du Nord, en 1870, durant la guerre franco-allemande. Des enveloppes timbrées pour les soldats et les marins furent émises par l'Inde en 1879. La France fit de même pendant la guerre de 1914-1918 à l'usage des troupes alliées.

VIGNETTES DIVERSES

Les premières vignettes adhésives commémoratives, sans validité d'affranchissement, furent éditées, par l'Autriche (1845), sous la forme d'impressions métallisées noir et or, à l'effigie de l'empereur Ferdinand Ier à l'occasion de l'Exposition de l'industrie nationale à Vienne.

Un « timbre » rectangulaire gravé sur enveloppes fut utilisé par les officiels de la Grande Exposition de Londres (1851). La plupart des premières vignettes furent émises à l'occasion de ces expositions. La première à s'être démarquée de cette tradition fut celle émise par la France en 1855, en faveur de la congrégation du Sacré-Cœur.

La première vignette de collecte de fonds fut émise en Italie en 1860. A l'effigie de Garibaldi, elle portait l'inscription SOCCORSO A GARIBALDI (secours à Garibaldi) et avait pour but de collecter des fonds pour sa campagne contre le royaume des Deux-Siciles.

La première vignette commémorant un événement historique fut émise par l'Angleterre en 1864 pour marquer le tricentenaire de la naissance de William Shakespeare. Elle était vendue 1 penny afin de rassembler l'argent nécessaire à la construction d'un monument à sa mémoire.

Vignette commémorative anglaise, 1864

Les premiers sceaux de bienfaisance de Noël furent émis par le Danemark en décembre 1904, à l'initiative d'Einar Holboell, fonctionnaire des Postes danoises. L'idée se propagea en Suède et en Norvège, et fut adoptée par les États-Unis en 1907. En 1979, la Poste d'Afrique du Sud émit un timbre pour fêter le 50e anniversaire des sceaux de bienfaisance; enfin Einar Holboell figure sur un timbre belge de 1955.

Des vignettes destinées à sceller officiellement le courrier recommandé furent émises par la Colombie en 1865. Connues sous le nom de *Cubiertas* (couvertes), elles représentaient le drapeau national en couleur et portaient l'inscription SIN CONTENIDO ou CON CONTENIDO (sans

Étiquettes de recommandation du Mexique, de la Poste autrichienne à Constantinople, de Bagdad et d'Athènes.

ou avec déclaration de valeur). De grandes vignettes dentelées avec la mention REGISTERED (recommandé) furent émises par les États-Unis en 1872 pour un usage analogue.

Les premières étiquettes de recommandation portant le numéro d'ordre du bureau de départ des plis furent émises en Allemagne en 1870 et expérimentées en Alsace occupée. Vers 1880, le procédé s'étendit à toute l'Europe et le Congrès de l'Union postale universelle de 1880 préconisa la standardisation du dessin avec un R majuscule imprimé d'un côté de l'étiquette à compter du 1er janvier 1883. Les États-Unis adoptèrent ce type d'étiquettes en 1883, la France en 1900 et l'Angleterre en 1907.

Les premières étiquettes de poste aérienne marquées FLUGPOST (par avion) furent émises le 18 février 1912 à l'usage du courrier transporté par « Grade » entre Bork et Brück. Elles comportaient un espace réservé au timbre d'affranchissement.

L'inscription PAR AVION apparut pour la première fois sur un cachet violet apposé sur le courrier transporté par le lieutenant Rouin, de Villacoublay à Bordeaux, le 15 octobre 1913. L'U.P.U. stipula que les étiquettes de poste aérienne devraient porter l'inscription PAR AVION en français et dans la langue du pays

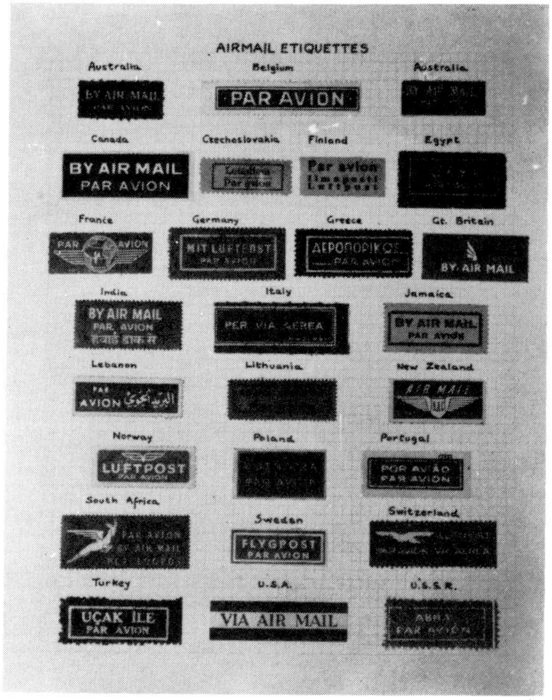

Choix d'étiquettes par avion.

émetteur. L'Angleterre sortit sa première étiquette en 1920, en même temps que le Danemark, les Pays-Bas et la Suède.

7

Philatélie

Le premier collectionneur de timbres non postaux fut John Bourke, receveur général du timbre en Irlande, qui, en 1774, rassembla une collection de timbres fiscaux dans un album qu'il intitula *Une collection des impressions sur peau, velum, parchemin et papier, dans la manière et la forme dont il est fait état ci-dessous.*

Le premier collectionneur de timbres-poste adhésifs fut le Dr John Edward Gray du British Museum, qui acheta un lot de Penny Black le 1er mai 1840 et les garda en souvenir du décret du Uniform Penny Postage, pour lequel il s'était passionné. Gray compléta progressivement sa collection au fur et à mesure des émissions.

Le terme philatélie fut forgé par le Parisien George Herpin qui jugea bon de substituer au mot pseudo-scientifique de *timbromanie*, en usage vers 1960, un mot d'origine grecque. Toutefois dans le sens étymologique strict, le mot philatélie, *philos* (amour) *a* (négation en grec) *telos* (taxe, impôt), veut dire amour de ce qui n'est *pas* taxé, ce qui n'est pas précisément le cas des timbres. Les Grecs, dont on pourrait penser qu'ils connaissaient mieux leur propre langue, adoptèrent, pour leur part, le mot *philoteleia* (amour de l'impôt).

Autres termes pseudo-scientifiques désignant les diverses branches de la philatélie :
Erinnophilie : étude des étiquettes et vignettes.
Marcophilie : étude des cachets et oblitérations postales.
Maximaphilie : étude des cartes « maximum » (cartes postales dont le motif est identique à celui du timbre et du cachet).

Les plus grandes collections de timbres. Le comte Philippe La Rénotière von Ferrary (1848-1917), Thomas Keay Tapling (1865-1893) et Frederik Breitfuss (1851-1911) passent pour les plus grands collectionneurs du XIXe siècle à la fois par le nombre et par la valeur de leurs timbres. Ferrary légua sa collection au Reichpost Museum de Berlin, mais le gouvernement français s'en empara pour la vendre au titre des dommages de guerre entre le 23 juillet 1921 et le 26 novembre 1925. La collection Tapling fut léguée au British Museum et elle est aujourd'hui exposée à la Kings Library. A l'origine, la collection Breitfuss devait être mise en vente au profit du peuple russe par le grand-duc Alexis Michaelovich en 1895, mais la vente n'eut pas lieu en raison de la mort de ce dernier. Charles Phillips de chez Stanley Gibbons acheta l'ensemble de la collection en 1907, à l'exception de quelque soixante-dix albums de timbres russes, conservés par Breitfuss et vendus après sa mort.

Aucun collectionneur ne pourrait aujourd'hui réunir des collections aussi prodigieuses. Les dernières grandes collections mondiales furent celles d'Alfred Caspary (vendue pour 2 750 000 dollars en 1958) de Maurice Burrus (vendue par Robson Lowe pour 1 272 699 livres en 1962-1965) et de Josiah K. Lilly (vendue en 1968 pour plus de 3 000 000 dollars).

Les plus grands philatélistes du monde ont été honorés par le Liechtenstein dans une série de timbres (1968-1972) à l'effigie de sir Rowland Hill, du comte Ferrary, de Maurice Burrus, de Carl Lindenberg, de Théodore Champion, d'Emilio Diena, d'André de Cock et de Theodore Steinway.

Parmi les chefs d'État philatélistes, on trouve, en Angleterre, le roi George V (dont la magnifique collection se trouve aujourd'hui au palais de Buckingham), le roi Edouard VIII, le roi

George VI et la reine Élisabeth II qui continue la collection royale ; en Égypte, les rois Fouad et Farouk, le roi Carol de Roumanie, le roi Alfonso XIII d'Espagne, le prince Rainier III de Monaco et le président Franklin D. Roosevelt. Des timbres à l'effigie de Roosevelt avec son album ont été émis par Monaco, le Nicaragua et les îles Samoa.

Le premier marchand de timbres fut Jean-Baptiste Moens (1833-1908) de Bruxelles, qui possédait par ailleurs une librairie dans la galerie Bortier, au marché de la Madeleine. Il devait devenir une autorité incontestée en matière de philatélie et publia revues et catalogues.

La maison Stanley Gibbons, sur le Strand à Londres, est la plus ancienne maison spécialisée du monde encore en activité. Elle fut fondée en

Ci-contre : Edward Stanley Gibbons et le premier magasin Stanley Gibbons, 391 Strand, Londres.

Ci-dessous : le prince Rainier III de Monaco, chef d'État philatéliste.

Quelques catalogues de timbres français et l'*Echo de la timbrologie*

1856 par Edward Stanley Gibbons. Né la même année que le Penny Black, ce dernier travailla dans la pharmacie de son père à Plymouth, avant de créer sa boutique de timbres en 1864.

Le premier album imprimé spécialement pour les timbres fut publié par le Parisien Lallier, en 1862, en versions française, anglaise et allemande. Peu de temps après, Edward A. Oppen publiait le premier album anglais.

Les charnières de timbres furent inventées en 1869. Le 1er janvier 1869, *The Stamp Collector's Magazine* conseillait aux collectionneurs (qui collaient leurs timbres sur les pages de leur album) : « Découpez en petites bandes la bordure gommée d'une feuille de timbres », et leur expliquait comment les plier pour en faire des charnières.

Le premier catalogue de timbres et d'entiers postaux fut imprimé par Oscar Berger-Levrault de Strasbourg et circula dans les cercles privés en 1861. Peu volumineux et intitulé simplement *Timbres-poste,* il ne cotait pas les neuf cent soixante-treize entiers répertoriés.

Le premier catalogue illustré publié à des fins commerciales fut compilé par Alfred Potiquet et publié conjointement par Edouard de Laplante et Eugène Lacroix en décembre 1861. Ce catalogue intitulé *Catalogue des timbres-poste créés dans divers Etats du globe* ne s'inspirait pas du système de classement adopté par Berger-Levrault. Il comportait l'énumération de 1 080 timbres et de 132 entiers postaux.

Le premier catalogue avec prix fut publié par les marchands allemands Zschiesche et Koder de Leipzig (juillet 1863). Le premier catalogue avec prix, en tant que publication originale, fut publié par le Parisien Arthur Maury un peu plus tard la même année.

En France, les catalogues Yvert et Tellier éditent annuellement, et ce depuis 1896, un catalogue illustré et cotant les timbres de tous les pays des cinq continents. La dernière édition composée de six volumes totalise plus de mille pages.

Depuis 1942, la maison Cérès édite annuellement un catalogue spécialisé reprenant les timbres émis par la France et les pays d'expression française. Il fut le premier à reproduire les timbres de France en couleur.

Le dernier-né des catalogues français est dû à l'initiative de la Fédération des sociétés philatéliques françaises. Cet ouvrage consacré exclusivement aux timbres français a un caractère encyclopédique de grand intérêt pour les collectionneurs de France.

Le premier catalogue spécialisé était consacré aux timbres fiscaux et fut publié par F. Trifet de Boston, Massachusetts, 1879.

Le premier catalogue de timbres de poste aérienne fut publié par le Parisien Théodore Champion en 1921 et s'intitula *Catalogue historique et descriptif des timbres de la Poste aérienne.*

La presse philatélique française. *L'Echo de la timbrologie* créé en 1887 est la plus ancienne des publications périodiques spécialisées. *Le*

Monde des Philatélistes édité mensuellement depuis 1951 est le seul exemple d'édition spécialisée offerte par un quotidien d'information, en l'occurrence *Le Monde*. La Fédération des sociétés philatéliques françaises publie quant à elle, depuis 1947, un journal mensuel d'information et de formation philatéliques.

Le premier cercle ouvert aux collectionneurs de timbres fut l'*Omnibus Club* de New York, fondé en 1856, qui accueillait aussi les collectionneurs de pièces, de médailles, de sceaux, d'autographes et d'emblèmes héraldiques.

C'est George Herpin qui fonda le premier club réservé aux philatélistes à Paris en 1865, mais son existence fut éphémère. La même année se créa une autre société philatélique à Nevers que l'on considère comme la plus ancienne de France. La plus ancienne société philatélique française encore existante est l'Union créée à Strasbourg en 1877. L'Excelsior Stamp Association de Saint John (Nouveau-Brunswick), créée au Canada en 1866, est néanmoins considérée comme la plus ancienne du monde. La plus ancienne société du monde encore existante est la Royal Philatelic Society de Londres créée en 1869, mais issue de la London Philatelic Society.

La première vente aux enchères de timbres se tint à l'hôtel Drouot à Paris, le 29 décembre 1865, et concernait la collection du marchand J.W. Elb, décédé.
La vente rapporta 800 francs, les enchères les plus élevées allant à des exemplaires égyptiens, acquis pour M. Riester. La deuxième vente — la première en Amérique — eut lieu dans la salle des ventes de Clinton, à New York, en mai 1870. La vente organisée par J. Walter Scott et conduite par Leavitt, Strebeigh & Co, rapporta 500 dollars.

La plus grande vente aux enchères fut organisée par Peter Rapp à l'hôtel International de Zurich du 7 au 15 novembre 1980. Quelque 11 300 lots trouvèrent acquéreurs en 21 séances au cours d'enchères qui se poursuivirent jusqu'à 22 heures chaque soir. Plus de 86 000 offres furent lancées. Estimée initialement à environ 27 millions de francs, la vente en rapporta environ 83.
Une autre vente menée par David Feldman à Zurich du 18 au 26 septembre 1981, et portant sur 14 000 lots, ne fit que 50 millions de francs.

La plus forte somme jamais payée pour un seul timbre se monte à 1 million de dollars, lors de la vente Feldman à Genève, en mai 1981, pour le seul exemplaire connu du *Blue Boy* d'Alexandrie sur enveloppe. Le vendeur l'avait acheté 8 200 000 francs en 1975.
Le premier salon philatélique de France s'est tenu lors de l'Exposition universelle de 1855 à Paris. Un cachet à date spécial y fut utilisé (1).

Les premières expositions philatéliques avec participations internationales ont eu lieu en 1852 à Bruxelles, en 1870 à Dresde, en 1873 à Vienne, en 1877 à Berlin, en 1878 à Paris. Depuis 1930, les expositions internationales patronnées par la Fédération internationale de philatélie, fondée en 1926 à Paris, portent un nom spécifique : PHILATEC, Paris 1964, ARPHILA, Paris 1975 et, la dernière en date, PHILEXFRANCE, Paris 1982.

MUSÉES POSTAUX

Le premier embryon de musée postal fut une petite collection de timbres et de documents postaux rassemblée vers 1865 par le Dr William Vaux du British Museum. En 1871, Whitfield King, marchand de timbres à Ipswich, proposa au musée une collection de plus de dix mille timbres, mais, faute des fonds nécessaires, l'achat n'eut pas lieu. La collection Vaux resta ce qu'elle était jusqu'en 1891, date à laquelle elle s'enrichit de la collection Tapling, léguée au musée par son propriétaire.

Le plus ancien musée postal proprement dit est le Reichpost Museum de Berlin, fondé par Heinrich von Stephan en 1872. Le musée fut partiellement détruit par les bombardements alliés de la Seconde Guerre mondiale et pillé par l'Armée rouge en 1945.

En France, la Maison de la poste et de la philatélie, 34, rue de Vaugirard à Paris, XVe, fut inaugurée en 1973. En province, le charmant Musée d'histoire des P.T.T. d'Alsace à Riquewihr est particulièrement vivant et attrayant.

Les deux plus grandes collections appartenant à des musées sont, d'une part, la Smithsonian Institution, à Washington DC et, d'autre part, celle de la British Library à Londres. Toutes deux prétendent à la première place, mais, aucune n'ayant encore fourni le nombre astronomique d'exemplaires qu'elles détiennent respectivement, la controverse reste ouverte.

(1) *Une vente aux enchères publiques fut interdite par l'État italien, en l'occurrence celle de la collection d'Ignazio Mormino, réalisée en faveur de la Banque de Sicile. Considérant que la dispersion de cette inestimable documentation dans le monde philatélique priverait l'Italie de son patrimoine, un mouvement public réussit à faire pression sur le gouvernement et à conserver finalement la collection à son pays d'origine.*

LES TIMBRES, LA LITTÉRATURE ET LES ARTS

La première œuvre de fiction inspirée par les timbres est une nouvelle, « My Nephew's Collection » publiée dans le magazine *All the Year Round,* le 19 juillet 1862.

Les ouvrages français inspirés par les postes et la philatélie ne manquent pas : *Le Roi du timbre-poste* de G. de Beauregard et H. de Gorsse (Paris, 1898), *Le Facteur des postes* de D. Delvin (Lessines, 1921), *Ces Dames des P.T.T.* de Jacques des Roches (Paris, 1930), *La Poste aux chevaux* d'Henri de Lacretelle (Paris, 1860), *Histoire d'un timbre-poste* de Marie Laubet (Paris, non daté), *Monsieur Maubenoit* de Frédéric Lefevre (Paris, 1941), *Le Timbre-Poste de Sabine* de Bénédicte Quincay (Paris, 1912), *La Directrice de la poste* de Marie-Ange de Tréverdy (Tours, 1894). La philatélie figure même au royaume de la science-fiction avec *La Philatélie interplanétaire* de J. Suizalley (Méricourt, 1904). L'épopée de l'aéropostale est magnifiquement évoquée dans les ouvrages d'Antoine de Saint-Exupéry *Courrier-Sud* (1928) et *Vol de Nuit* (1931).

Les timbres ont inspiré des poèmes quelquefois élogieux, telles ces ballades qui, en 1653, vantaient la Petite Poste de Renouard de Villayer.

Dans *La Muse historique* qui en annonçait l'inauguration, Loret écrivait :
Si l'on veut savoir combien
Coûtera le port d'une lettre
Chose qu'il ne faut point omettre,
Afin que nul n'y soit trompé
Ce ne sera qu'un sou tapé.

D'autres étaient plus satiriques, tel que celui-ci publié en 1842 par le colonel Sibthorpe dans le *Punch* :
Quelle singulière folie frappe donc ces bêtas
Qui courent comme des fous après tous ces cra-
[chats
Que sur les timbres de la poste on lança ?
Par Swift ! Quel sujet de mélancolie que ce
[spectacle-là !

Le premier poème sur le service postal est une œuvre de M. de Cubières-Plamezeaux intitulée *Chamousset ou La Boîte aux lettres,* poème en quatre chants, publié à Paris en 1816. Notons aussi *Le Vieux Timbre* de R. P. Delaporte (Paris, 1891), *Philatélie* de Thomas Brun (Paris, 1910), *Philatélie 47* de Jacques Broussier (Paris, 1947), *The Overland Mail* de Rudyard Kipling.

La philatélie inspira des pièces de théâtre dont une comédie *La Famille Benoiton,* jouée à Paris en 1864. L'un des personnages principaux est un jeune garçon fort précoce appelé Fanfan qui spécule en Bourse sur les timbres confédérés.

L'évolution des postes inspira le caricaturiste français Daumier au milieu du XIXe siècle. Une lithographie de cet artiste représente en effet les maîtres de poste regardant les trains qui leur passent sous le nez... et dont le nez, précisément s'allonge à l'idée qu'ils vont perdre leur gagne-pain. Une autre lithographie de la même époque imagine des chevaux de poste en train de danser de joie à l'idée que l'avènement de la vapeur va leur permettre de se reposer.

La philatélie a également inspiré le cinéma. *The Mailman,* produit par le Film Booking Office et sorti à New York le 14 décembre 1923, avait pour thème la poste. Et les timbres rares sont au centre de *Barbados Lady,* avec Tom Conway, et de *Charade,* avec Cary Grant.

La poste devait enfin inspirer le rock and roll avec Elvis Presley et son *Return to Sender* de 1962, **et la musique symphonique** de l'ère post-victorienne avec *Postman's Knock* et *Stamp Gallop,* dont les partitions étaient ornées de motifs philatéliques.

Index

D

E

F

G

H

I

J

L

M

N

O

U

V

W - Y - Z

BIBLIOGRAPHIE

Amis de l'histoire des P.T.T. d'Alsace : *Deux mille ans de communications en Alsace.*
E. de BEAUFOND : *Le Marcophile.*
F. BILLIG : *Encyclopédie philatélique.*
J. BOESMAN : *Bellonposts World Catalogue 1793-1962.*
P. BREMARD : *Catalogue des oblitérations mécaniques françaises.*
G. CHAPIER : *Les Timbres de fantaisie et non officiels.*
Diligence d'Alsace : *Études sur l'histoire de la poste.*
J. DURAN et R. PLAGNES : *L'Époque héroïque des bureaux de poste ambulants.*
H. GACHOT : *Histoire de la poste aux lettres à Strasbourg.*
H.-H. GERLACH : *Atlas pour la philatélie,* éditions Richard Borek GmbH.
Groupement philatélique Bourgogne Franche-Comté : *Guide illustré de la philatélie.*
U. HÄGER : *Lexikon der Philatelie.*
G. HEYD : *Die Ballons von Paris.*
W. HOFINGER : *Monographie der französischen Briefmarke.*
H. KOHL : *Briefmarken Hanstuch.*
L. LENAIN : *La Poste de l'ancienne France des origines à 1791.*
Le Monde des philatélistes : Mensuel, brochures spécialisées et journaux.
Le Monde et Sélection du Reader's digest : Atlas universel.
L'Union marcophile : Bulletin mensuel.
A. MAURY : *Catalogue et histoire des timbres-poste France.*
MICHEL : Catalogues spécialisés; *Europe Ouest-Est,* tome I à V Monde, « Spezial » Allemagne.
Philatélie française : Mensuel.
P. ROULLE : *Encyclopédie philatélique.*
SCOTT : Spécialiste des États-Unis.
SILOMBRA : *Catalogue des timbres de la poste aérienne.*
F. STAFF : *The Penny Post.*
STANLEY GIBBONS : Spécialiste de Grande-Bretagne.
STANLEY GIBBONS : *Commonwealth.*
STORCH, FRANCON et BRUN : *Catalogue France.*
E. VAILLE : *Histoire générale des Postes françaises.*
E. VAILLE : *Histoire du timbre-poste.*
YVERT et TELLIER : Catalogues spécialisés, Cérès.
ZUMSTEIN : Catalogues spécialisés.

ORGANISATION PHILATÉLIQUE EN FRANCE

Un grand nombre de sociétés philatéliques françaises datent du dernier quart du XIXe siècle. Le besoin de les regrouper se faisant sentir, une réunion préparatoire à la création d'une fédération nationale eut lieu en 1922 à Mulhouse, suivie en 1923 de la création de la Fédération des sociétés philatéliques française.

Après la Deuxième Guerre mondiale apparurent également des groupements régionaux de sociétés philatéliques.

Aujourd'hui, la Fédération nationale a son siège à Paris, 7, rue Saint-Lazare. Elle regroupe 21 groupements régionaux constitués par environ 610 sociétés comptant approximativement 80 000 sociétaires adultes et 15 000 jeunes.

Les principales activités de la Fédération sont :
— l'édition d'un mensuel d'information et de formation (tirage de l'ordre de 20 000 exemplaires);
— l'édition en collaboration d'un catalogue spécialisé de France;
— la coordination des activités philatéliques : exposition nationale annuelle, Journée du Timbre, etc.;
— la lutte contre les faussaires;
— la défense des collectionneurs;
— l'aide aux chercheurs pour la publication de leurs travaux;
— les relations avec le ministère des P.T.T., les autres fédérations nationales et la fédération internationale de philatélie;
— la co-organisation des expositions internationales en France (Arphila en 1975, Phileafrance en 1982).

Remerciements

Nous tenons à remercier les personnes et organismes suivants pour l'aide qu'ils nous ont apportée dans la rédaction de cet ouvrage : le ministère des Communications, Kaboul, Afghanistan ; le ministre des Postes, Aitutaki, Artimpex, Tirana, Albanie ; le ministère des Communications, Buenos Aires, Argentine ; le Bureau philatélique, Melbourne, Victoria et le directeur des Relations publiques, Direction des Postes, Melbourne, Australie ; Österreichische Post und Briefmarkenversandstelle, Vienne, Autriche ; le Service de presse, ministère des Postes, Nassau, Bahamas ; le Service des collectionneurs, Administration des Postes, Bruxelles, Belgique ; Bangladesh Action, Relations publiques, Londres ; la Bhutan Stamps Agency, Nassau, Bahamas ; le Bureau philatélique, GPO, Bahreïn ; Administracao Central, Empresa Brasileira de Correios e telegrafos, Rio de Janeiro, Brésil ; Filatelia, Sofia, Bulgarie ; Agence philatélique, Bujumbura, Burundi ; le Service philatélique canadien, Ottawa, Canada ; James Hu et le Département philatélique de la Direction générale des Postes, Taipeh, République de Chine ; Dirección Nacional de Correos y Telecommunicaciones, Santiago, Chili ; le Bureau philatélique, ministère des Postes, Rarotonga, îles Cook ; Officina Filatelica, San José, Costa Rica ; la Division philatélique du ministère des Communications, La Havane, Cuba ; le Département des Postes, ministère des Communications, Nicosie, Chypre ; Département philatélique Artia, Prague, Tchécoslovaquie ; Postens Filateli, Copenhague, Danemark ; l'Office philatélique, Le Caire, Égypte ; l'Agence philatélique d'Éthiopie, du Rwanda et de Tunisie, Bruxelles, Belgique ; la Direction générale des Postes et Télégraphes, Helsinki, Finlande ; le Service philatélique (France et Andorre), Paris ; Agence philatélique d'outre-mer, Paris ; Post-Zentrales Postverkehrsamt, Berlin, République démocratique allemande ; Bundesministerium für das Post und Fernmeldewesen, Bonn, Allemagne de l'Ouest ; Deutsche Bundespost Landespostdirektion, Berlin-Ouest ; le Service philatélique, Athènes, Grèce ; l'Agence philatélique, Conakry, Guinée ; Philatelia Hungarica, Budapest, Hongrie (Hongrie et Mongolie) ; Frimerkjasalan, Reykjavík, Islande ; la Section philatélique du Service postal, Bandung, Indonésie ; Ufficio Filatelico Centrale, Amministrazione delle Poste e delle Telecommunicazioni, Rome, Italie ; les Services philatéliques, Tel Aviv-Jaffa, Israël ; le Service d'Information philatélique, Département des Postes et Télégraphes, GPO Dublin, République d'Irlande ; le Bureau du Directeur général, Postes et Télégraphes, New Delhi, Inde ; l'Agence philatélique, Poste centrale de Tokyo, Japon ; Société d'Import-Export de publications coréennes, Pyongyang, République démocratique et populaire de Corée ; l'Agence philatélique, Poste centrale, Séoul, Corée du Sud ; le Département des Postes, Monrovia, Liberia ; le Service philatélique officiel, Vaduz, Liechtenstein ; la Direction des Postes, Office des Timbres, Luxembourg ; Oficina Filatélica Mexicana, Mexico, Mexique ; Office des Emissions de Timbres-Poste, Monaco ; Filatelistische Dienst Netherlands ; le Bureau philatélique, Wanganui, Nouvelle-Zélande ; le Bureau philatélique, Willemstad, Curaçao, Antilles néerlandaises ; Département des Postes et Télécommunications, Vila, Vanuatu ; Oficina de Control de Especies Postales y Filatelia, Managua, Nicaragua ; le Bureau philatélique, Niue ; Postens Filatelitjeneste, Oslo, Norvège ; le Directeur des Postes, île Perhyn, îles Cook ; le Directeur du Bureau philatélique, Port Moresby, Papouasie-Nouvelle-Guinée ; le Bureau des Postes, la Division philatélique et des Timbres, Manille, Philippines ; Entreprise d'Import-Export « Ruch », Varsovie, Pologne ; Reparticao de Filatelia, Lisbonne, Portugal ; le Bureau philatélique, Salisbury, Zimbabwe ; Rompresfilatelia, Bucarest, Roumanie ; Mezhdunarodnaya Kniga, Moscou, URSS ; Services philatéliques de Saint Vincent, Antilles ; le Bureau philatélique, GPO Apia, Samoa ; la Section philatélique, GPO Freetsown, Sierra Leone ; le Bureau philatélique, GPO Singapour ; Ufficio Filatelico, Saint-Marin ; le Bureau philatélique, Pretoria, République d'Afrique du Sud ; Dirección General de Correos y Telecommunicaciones, Madrid, Espagne ; le Bureau philatélique, Département des P.T.T., Colombo, Sri Lanka ; la Direction des Postes, Office philatélique, Damas, Syrie ; le Directeur général, Département des P.T.T., Khartoum, Soudan ; la Direction générale des Postes, Division des Timbres, Stockholm, Suède ; la Direction générale des P.T.T., Office philatélique, Berne, Suisse ; le Centre de promotion philatélique, Département des Postes & Télégraphes, Bangkok, Thaïlande ; ministère des Transports et des Communications, Tunis ; P.T.T. Isletme Genel Mudurlugu, Posta Dairesi Baskanligi, Filateli Servisi, Ankara, Turquie ; la Section des Timbres, GPO Nukualofa, Tonga ; Administration postale des Nations-Unies, Palais des Nations, Genève, Suisse ; Ministère des Postes, Washington DC, U.S.A. ; Département philatélique Xunhasaba, Hanoi, République démocratique du Viêt-nam ; Ministerio de Comunicaciones, Oficina Filatelica Nacional, Caracas, Venezuela.

Nous adressons des remerciements particuliers à John Hayball et au personnel de la Division « H » des Crown Agents, Sutton ; Mike Orbell et David Luke de l'Administration postale de Jersey, Saint-Hélier, Jersey ; J.-J. Bonar et le personnel du British Philatelic Bureau, Edimbourg ; Mrs Jean Farrugia, Mrs Celia Constantinides et le personnel des Archives postales, Londres ; Victor Kneale, George Christian et Peter Newbold des Postes de l'île de Man ; et Sam Malamud de l'Inter-Governmental Philatelic Corporation, New York, NY, U.S.A.

Nous ont également aidé Kathleen Wowk, Service de Presse de Stanley Gibbons, Michael C. Goodman, le prince Dimitry Kandaouroff, le défunt Halley Grant d'Edimbourg et l'IDC Construction de Stratford-upon-Avon.

L'auteur et les éditeurs tiennent à remercier pour les illustrations : Musée de la Poste de Paris, Lionel Barthe, Claude Bodin, Roger Couard, Nadine Duvallet, Jean Poirié, Jean-Claude Roche, Patrick Thielleux; Direction Générale des Postes, Direction de la production bureau A.5., Juliette Labau, Françoise Rouanet.

Ils tiennent également à remercier pour leur aide et leur assistance : Jean-Louis Bénéteau du Monde des philatélistes; Janet Adams d'Action Lines Business Consultants; F.R. Coe et ses collègues de Bradbury Wilkinson & Co Ltd; John Goodhind et Alan Greene de la Hale Paper Company; Derrick Howlett et Steve Green de Harrison & Sons Limited, Malcolm Hardstaff, responsable du Département de Biologie, Marlborough College et Nigel Fitt des Postes.

CRÉDITS PHOTOGRAPHIQUES

ARTHUR GUINNESS Son et Co Ltd : 29. BRADBURY WILKINSON et Co Ltd : 172, 173. EUROPHIL : 192. Mrs SHEILA GOLDSMITH : 153. HARRISSON et SONS : 195. MICHAEL HOLFORD : 9 ILLUSTRADED LONDON NEWS : 25, 64, 187. MINISTÈRE DES P.T.T. - SIC PARIS : 18, 19, 67, 168, 174. MUSÉE DE LA POSTE DE PARIS : 22, 24, 27, 30, 50, 51, 54, 55, 123, 125, 126, 128, 130, 132, 133, 135, 138, 142, 146, 150, 155, 159, 160, 163, 168, 176, 193. PITNEY-BOWES : 57, 58. SERVICES DES POSTES ANGLAISES : 31, 61. STANLEY GIBBONS LIMITED : 60, 61, 76, 192. VIGGINS TEAPE (Mill Sales) Ltd : 182. ROGER VIOLLET : 36. PETER WILSON : 160.

COULEUR

HARRISON et SONS : 93, 94. Ministère des P.T.T. - SIC Paris : 95. Musée de la poste de Paris : 95, 96.

Réalisation
PHILIPPINE
PRODUCTIONS

Avec la collaboration d'Isabelle Arthus,
Laurence Baumer, Françoise Bayle,
Jean-Michel Borgnon, Valérie Pauliac,
Véra Sauval, Catherine Sims,
et de
Jean Larue, Roberte Marchand.

Photocomposition : S.C.P. Bordeaux
Imprimé en France sur les presses de l'Imprimerie du Marval
à Vitry-sur-Seine
Dépôt légal : 7227 - Novembre 1983
49 .03.0125.01
ISBN 2.86391.076.0

49.0125.2